재미있는 서양사 여행

이 도서의 국립중앙도서관 출판사도서목록(CIP)은 e-CIP홈페이지(http://www.nl.go.kr/ecip)에서
이용하실 수 있습니다.

재미있는 서양사 여행

2013년 3월 31일 초판 1쇄 펴냄
2015년 1월 20일 초판 2쇄 펴냄

지은이 | 권오신 김호연 김용태 안영민 홍종규
펴낸이 | 김준연
펴낸곳 | 도서출판 단비
편   집 | 최유정
등   록 | 2003년 3월 24일(제2012-000149호)
주   소 | 경기도 고양시 일산서구 일중로 30 505동 404호(일산동, 산들마을)
전   화 | 02-322-0268
팩   스 | 02-322-0271
전자우편 | rainwelcome@hanmail.net

ISBN 978-89-967987-8-1   03900
값 13,000원

재미있는
서양사 여행

권오신

김호연

김용태

안영민

홍종규

단비
danbi

1.

　'지금, 여기'를 살아가는 우리는 어디를 향해 가고 있는가. 단순히 '과거로의 회귀'를 지향하는 사람은 패배로 나아가고, 미래를 지향하는 사람은 성공을 예감할 수 있다고 한다. 성찰 없는 진보는 있을 수 없고, 과거를 딛고 일어서지 않는 미래는 밝지 않다고 했던가. 이는 개인도, 사회도, 그 어떤 것도 예외는 아닐 것이다. 우리가 '오래된 미래'인 '과거'를 살펴보고자 한 까닭이 바로 여기에 있다. 다음의 비유를 스스로 익혀보자.

　아름드리 나무가 햇살 가득한 오후 시간을 보내면서 햇병아리 나무를 향하여 정감어린 시선을 보내고 있는데 토끼와 거북이가 경주를 하면서 그 곁을 지나고 있는 모습이 보였다. 지칠 대로 지친 상태에서도 거북이는 기고 또 기어간다. 토끼는 실눈을 떠 거북이의 모습을 지켜보고는 이내 널부러져 자게 된다. 그 경주 모습을 지켜보면서 햇병아리 나무는 토끼의 승리가 당연하다고 예견하고 있었다. 기는 것보다는 달리는 것이 빠를 것이라는 단순논리에 근거한 예측이었던 것이다. 누가 과연 '거북이가 이긴다' 고 생각하겠는가. 그러나 아름드리 나무는 토끼의 패배를 확실히 예견하고 있었다. 왜, 그리고 어떻게? 세월의 풍상을 지내온 그 아름드리 나무는 모든 이야기를 알고 있었고, 그 결과를 비교적 정확히 예측할 수 있었던 것이다. 오랜 세월동안 이런저런 이야기들을 들어왔고, 그 이야기들에서 교훈을 얻어온 까닭이다.

여기서 '이야기'는 전개되어온 인류의 역사이다. 경주를 진행했던 '토끼와 거북이'는 인류의 삶을 전개해온 우리 자신들과 같은 역사의 주인공들이다. '아름드리 나무와 햇병아리 나무'는 그러했던 역사를 구성하는 역사가들이다. 그들이 과거지사를 어떻게 바라보고, 어떻게 파악하느냐에 따라 실제적 구성의 면면은 큰 차이를 드러내는 것이다. 특히나 그 현상을 "있었던 사실 그대로"로 구성시켜가는 것도 중요하겠지만 그것에다 과연 어떻게 "의미를 불어 넣는가" 하는 점이 관건으로 다가온다. 인류의 과거지사를 달달 외워야 했던 우리의 역사 학습 방법은 그래서 우리 모두에게 짜증 나는 것이었다. 그래서 우리는 다르게 접근해야 한다. 인류 역사의 주인공 우리 자신들은 과거에 진행되어왔던 사건과 사실들의 전개과정보다는 그것이 제공해주는 의미 파악에 초점을 둠으로써 발전적 자아의 발견, 그리고 성공적인 미래 구축을 위해 과거를 반추하는 순기능에 더욱 천착해야 한다. 그래서 역사는 '재미난 유익 덩어리'라 할 수 있다. 그렇기에 우리는 그 유익 덩어리를 찾아 과거의 시간 속으로 여행을 떠나고자 하는 것이다.

2.

    필자들은 흥미진진한 서양 역사 여행을 준비하기 위해 나름대로 개별 주제들을 선정하였고, 그 내용을 재구성하기 위한 노력을 했다. 세미나를 진행하면서 우리는 서양세계를 넘나들며 중요 해당 사안의 성립과 전개과정을 간단히 제시하고, 그 사안들이 세계사 속에 어떤 의미로 자리매김할 수 있는가라는 점에 초점을 모았다. 이 과정에서 가능한 한 '의미를 크게 부여할 수 있는 거시적인 주제들'을 중심으로 이야기를 전개하려고 애썼다. 이는 이 책이 전문적인 역사가를 꿈꾸는 사람들을 위한 책이라기보다는 어린아이부터 성인에 이르기까지 역사에 관심을 갖고 있는 사람들이라면 누구나 손쉽게 읽을 수 있는 이야기를 그려내는 것이 지적 허기를 느끼는 이들에게 더 큰 도움을 줄 수 있으리라 생각했기 때문이다. 더구나 진리의 탐구가 상아탑에만 머물러 인문학의 위기니 붕괴니 하는 '지금, 여기'에서 조금이나마 대중과의 소통을 원활하게 하는 것이 수행적 지식의 중요성이 대두하는 시대 흐름에 부합한다고 생각했기 때문이다.

    책의 내용은 크게 4부로 구성하였다. 세계사 전개를 시대적 전개에 따라 편의적인 방법으로 4구분법이나 5구분법으로 설명하는 방법이 있기도 한데 이 책에서는 시대적 대표성/총체성을 찾아보려는 모습으로 접근하였다. 고대: 문명의 탄생에서 통일국가 혹은 제국의 시대로. 중세: 분열을 넘어 통합의 시대로. 근대: 팽창하는 서양, 확장된 세계. 그리고 현대: 흔들리는 서양, 뒤섞이는 동서양이라는 타이틀 롤을 제시하면서 해당 시대와 관련된 주제들을 섭렵하고 있다. 한마디로 이 책의 서술목적은 서양세계의 역사적 성립과 변화양상들을 재구성하고, 나아가 역사적 개별 사안들에 대해 의미를 확실히 부여해보고자 하는 것이다. 결국 이런 내용의 역사 여행을 통해 독자들은 "살아 숨 쉬는 과거"를 만나게 되리라 확신한다. 원래 위험한 사랑은 브레이크를 떼고 시작한다고 했던가. 역사에 대한 사랑에서는 브레이크를 약간만 떼고 시작해봄이 어떨지.

3.

새롭게 세미나를 시작했을 때 모두 의욕에 넘쳐났다. 어느 필자는 그 공간에 있다는 것만으로도 상쾌한 공기 같은 존재였다. 그러나 공격적 비판을 받고 나면 얼어붙은 뒤에 조용히 앉아 있기만 했다. 모두가 어려움을 느꼈다. 시간이 흐르면서 기획 의도나 주제 설정을 새롭게 하기도 하였고, 발표, 토론을 끝없이 지속했다. 오늘을 살아가고 있는 우리에게 동, 서양의 통합이 아닌 서양만 따로 떼어 '따로국밥'을 먹는 것은 지적인 영양배급에서 미진한 모습으로 비춰질 수도 있겠다. 하지만 일차적으로 지역적인 범위와 대상을 서양편으로 제한하지 않을 수 없는 현실적 제약이 있어 아쉬움으로 남기도 한다. 결국 단 한 번에 모든 것을 이루는 과정보다는 차근차근 걸어서 결과를 이끌어나가는 수순을 밟았다. 서양세계를 넘나들며 인류가 켜켜이 쌓아올린 역사의 형상물이 녹여났던 것처럼.

이 책의 지적 자양분을 제공해준 많은 선학들의 지적 여행이 있었기에 우리는 기억의 몽상과 희망의 꿈 사이에서 새로운 여행을 떠날 수 있었다. 이미 오래전 선학들이 걸었던 과거로의 여행을 함께 걸으면서,

우리의 시야는 확장되었고, 우리만의 정체성을 찾을 수 있었기에 그 고마운 마음을 표하지 않을 수 없다. 선학들의 지적 여정에 누가 되지 않기를 바라는 마음 간절하다. 이런 우리의 마음이 빛날 수 있도록 기회를 주신 도서출판 단비의 관계자들께도 깊은 감사를 드린다.

서양 역사로의 여행을 떠나면서
저자 일동

중세: 분열을 넘어 통합의 시대로

근대: 팽창하는 서양, 확장된 세계

현대: 흔들리는 서양, 뒤섞이는 동서양

고대
★
문명의 탄생에서
제국의 시대로

빛은 오리엔트로부터

　문명이란 무엇이고, 언제 출현했을까? 최초의 문명은 우리가 너무도 잘 알고 있는 메소포타미아와 이집트, 인더스, 그리고 황허문명이다. 이들 문명의 공통점은 대략 5천 년 전, 큰 강을 낀 기름진 평야지대에서 출현했다는 것이다. 문명이 출현하기 전 인류의 삶은 대체로 수렵과 채집을 하며 떠돌아다니는 군집생활 수준이었다. 이 점에 유의해서 문명을 간단히 정리하자면, 문명이란 방랑하던 사람들이 한 곳에 정착해서 집단을 이루고 '문화'를 일궈나간 '농경'과 '도시혁명'을 이른다.

　한편 문명의 조건을 이루는 세 요소인 도시와 문자 그리고 금속은 문명의 발상기에 이미 인간의 삶이 일정한 수준에 올라섰음을 뜻한다. 이는 잉여가 충분한 정도의 농업 생산성 없이는 수공업과 예술 등의 다양하고 복잡한 분업체계를 갖춘 '도시'가 등장할 수 없다는 점—때문에 농경의 출현과 문명 사이엔 수천 년의 간격이 있다—을 가리킨다. 이런 농업생산성을 확보하기 위해서 도시의 지배자들은 치수사업에 심혈을 기울였다.

문명이 태동하고 있던 큰 강에 대한 통제는 강수량과 범람 주기에 대한 정확한 기록을 필요로 했고, 관개와 배수를 위한 인력동원과 배치의 필요성은 '절대적인 권력'을 낳았다. 도시들이 팽창하고 경쟁하여 보다 강력한 도시가 인근의 약한 도시를 흡수하게 되면서 드디어 '고대국가'가 등장하게 되었다. 이것이 기원전 3000년경 오리엔트 지역의 상황이었다.

인류 최초의 문명, 메소포타미아

문명의 빛은 이미 기원전 8000년경부터 농경이 시작된 지역인 메소포타미아에서 처음으로 타올랐다. 메소포타미아란 그리스어로 중간을 뜻하는 메소와 강을 가리키는 포타모스를 합친 말로, 유프라테스강과 티그리스강 사이에 위치한 지역을 가리킨다. 이 지역은 연 강수량이 250~500mm이고, 기후의 변화가 적으며, 매년 봄 강의 범람으로 충적토가 쌓여 농경에 유리한 자연환경을 지니고 있었다.

수메르인이 기원전 3000년경 하류지역에 최초의 도시국가를 세운 이후 페르시아에 의한 대통일이 이루어지기까지 메소포타미아 지역은 수많은 민족의 침입과 약탈, 정복과 이주가 계속되는 다소 복잡한 변화를 겪었다. 주위에 지리적 장애물이 없어 인력과 물자의 이동이 자유로웠던 만큼 방어하기에도 어려운 지역이었다. 더욱이 이 지역은 기름진 토양 말고는 다른 천연자원이 절대적으로 부족했다. 따라서 무역으로 부족한 자원을 보충할 수밖에 없었고, 이렇게 이루어진 무역은 반대로 메소포타미아문명을 주위에 퍼뜨리는 역할을 해주었다. 그래서 메소포타

우르제국 깃발

미아문명은 전반적으로 파괴와 건설이 반복되었다는 점, 그리고 거대한 국제사회 속에서 활발한 교류가 이루어졌다는 점을 특징으로 한다.

최초의 도시국가를 건설한 수메르인은 기원전 1900년경 바빌로니아 왕국의 건설과 더불어 역사의 뒤안길로 사라지지만, 메소포타미아문명의 윤곽을 마련해준 장본인이었다. 수메르인들의 정치형태는 방대한 치수사업과 인원 동원을 위해 신적 권위를 지닌 강력한 전제정을 취했고, 통치행위와 상공업의 발전으로 인한 기록의 필요성이 쐐기문자(설형문자)를 낳았다. 수학체계를 마련하여 60진법과 10진법을 같이 사용했고, 태음력을 만들었으며, 도량형이 통일되고, 학교가 운영되면서 문학이 발달하고, 백과사전이 편찬될 정도로 고도의 문명을 갖추고 있었다. 종교는 다신교였고, 그 내용은 설화 형식을 빌려 표현했는데, 세계 창조, 대홍수, 낙원에서의 추방이 담긴 '길가메시 서사시'는 메소포타미아의 영향권 안에 놓여 있던 유대지방에 전해져 '구약성서'의 내용에 절대적인 영향을 미쳤다.

고도의 물질문명은 사회구성원 간의 갈등을 증폭시킴으로써 갈등을 조율할 '법'의 형성을 촉진하였는데, 오늘날까지 전해지는 최초의 성문

법이 바빌로니아의 왕, 함무라비가 편찬한 '함무라비 법전'이다. "이에는 이, 눈에는 눈"으로 우리에게 익숙한 이 법전은 이전의 수메르어로 씌어진 기록들에서 가치 있는 여러 판결을 모아 비석에 새겨 공표한 것이다. "강한 사람이 약한 사람을 학대하는 일이 없고, 피붙이가 없는 여자아이와 과부에게 정의를 가져다주기 위해서"라는 법 취지와 여러 조항에서 발견되는 매우 합리적인 판단은 기존의 야만적인 '동태복수同態復讐' 조항에만 익숙한 우리를 놀라게 한다. 이외에도 함무라비 법전은 가족, 결혼, 남녀의 지위, 소유권, 다양한 전문 직업 등 당대 메소포타미아 사회 구석구석의 생생한 모습을 우리에게 전해주고 있다.

나일강의 선물, 이집트문명

수메르인이 유프라테스강과 티그리스강 사이에서 도시국가를 건설하고 있던 비슷한 시기에 이집트에서도 나일강에 의지하여 문명이 건설되고 있었다. 사막을 가로질러 지중해에 이르기까지 장장 6,700km를 흐르는 나일강은 척박한 땅을 푸르른 땅으로 변화시켜 문명을 만들어내고 살찌웠다. 그렇기 때문에 흔히 이집트문명을 '나일강의 선물'로, 나일강을 '이집트문명의 젖줄'이라고 말한다.

나일강은 매년 범람하는데, 일단 범람했다가 수량이 줄어들면 1년에 이모작이 가능할 정도로 높은 생산량을 지닌 양질의 토양이 생겨났다. 기원전 3100년 최초로 통일체를 형성한 이집트는 주변을 둘러싸고 있는 폭포와 바다, 사막과 같은 자연환경으로 인해 메소포타미아와는 달리 비교적 긴 기간 동안 평화와 안전을 누릴 수 있었다. 예외적인 경우가

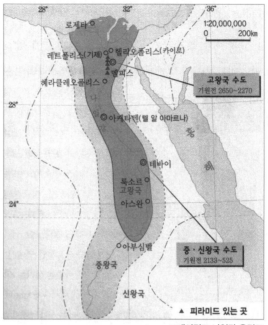

고대이집트 나일강 유적도

아니면 외부 세력이 이집트로 들어오는 일도, 또 이집트가 바깥으로 팽창해나가는 일도 거의 없었다. 이렇게 안정된 상황에서 이집트는 3천 년 동안 지속되었다. 처음에 이집트는 나일강의 상류와 하류에 형성된 개개의 문명으로, 흔히 상上이집트와 하下이집트로 일컬어지다가 메네스 왕에 의해 통일되었고, 그 후 제국 자체는 그대로 보존되고 31개 왕조로 이어지다가 기원전 30년 로마에 흡수되었다.

이집트에서 '파라오(본래 큰 집 또는 궁전을 의미했다)'라 불린 왕의 권력은 높은 경제력과 사회 · 정치적 안정성을 기반으로 매우 집중적이었고, 절대적이었다. 왕권이 정점에 다다른 시기는 왕국 내에 평화와 질서가 확립된 고왕국(B.C. 2700~2200) 시기였는데, 이때 왕은 살아있는 신이자 법의 원천이었다. 그들은 가족이나 마음대로 임명할 수 있는 관리를 이용하여 통치했고, 세심하게 통제받은 농민의 세금(생산물의 1/5)으로 거대한 부를 축적했다. 당시 왕의 권력을 한눈에 확인할 수 있는 것이 바로 '피라미드'인데, 기제에 위치한 쿠푸왕의 피라미드는 한 변의 길이가 230m, 높이가 146m에 이르고, 2.5t의 돌을 무려 230만 개나 쌓아올려 만들었다 한다. 헤로도토스가 보고한 바에 따르면, 20년 동안 10만 명이 동원되었다지만, 실제로는 연간 4,000명 정도를 동원한 것으로 밝혀졌다.

여기서 피라미드에 대한 잘못된 정보 한 가지를 집고 넘어가자! 『구약성서』의 「출애굽기」와 영화 〈십계〉에선 이집트 관리의 채찍에 신음하는 '유대인 노예'들이 피라미드를 쌓은 것으로 그려지고 있는데, 이러한 모습은 실제 사실과 거리가 있다. 근래에 들어 여러 고고학적 발굴 성과는 피라미드 건설에 동원된 사람들이 노예가 아닌 일반 자유민이었고, 건설 목적이 왕의 위엄이나 사후 세계에 대한 염원과 함께, 일종의 '공공근로' 또는 '영세민 취로사업'이었음을 확인해주고 있다.

이집트에서 종교는 파라오의 통치와 일치하거나, 긴밀하게 연결되어 있었기 때문에, 사실상 종교가 모든 것을 지배했다고 해도 과언이 아니다. 이집트인들의 종교적 심성이 다른 민족들보다 훨씬 강했던 이유도 여기에 있다. 이집트인들은 언제나 찾아오는 나일강의 범람이 새로운 생명을 싹틔우듯 죽음 이후에 부활이 찾아와서 영생을 얻게 될 것이라고 믿었다. 시신을 썩지 않도록 가공 처리한 미라와 무덤을 장식한 화려한 벽화, 실물 크기의 배나 음식 등의 부장품은 바로 부활과 영생을 준비하기 위한 사전 조치였던 셈이었다. 이처럼 이집트인들은 왕으로부터 일반인에 이르기까지 부활을 준비하기 위해 죽음을 준비했기에 현실적으로 볼 때, 마치 '죽음에 집착한 문명'으로 그려지기도 한다.

투탕카멘 황금 마스크

나일강의 범람이 비단 이집트인의 종교적인 심성에만 영향을 준 것은 아니었다. 홍수와 이에 의존한 관개농업은 천문학과 측량술, 산수와 기하학의 수준 높은 발전과 태양력의 사용을 낳았다. 한편 미라를 만들기 위해 필요했고, 제조과정을 통해 터득한 인체에 대한 상세한 정보는 이집트 의술을 상당한 수준에 도달케 하였다. 독자적인 기록 체계 또한 이집트문명의 중요한 구성요소인데, 처음에는 그림문자로 시작했다가 점차 음운 표시를 곁들여 상형문자로 발전했다. '신성문자'라고도 부르는 이집트의 상형문자는 파피루스나 벽화로 전해졌지만 18세기까지 해독이 불가능했다. 1799년 나폴레옹의 이집트 원정 중 나일강 하구에서 발굴된 일명 '로제타석'으로 인해 해독이 가능해지면서, 당시까지 전승과 추측으로 얽혀 있던 이집트문명의 실타래가 한 올 한 올 풀리게 되었다.

빛은 오리엔트로부터

우리가 살펴본 메소포타미아문명과 이집트문명은 오리엔트문명을 구성하는 두 축이다. 사실 두 문명을 하나의 문명으로 묶는 것은 다소 무리가 있을 수 있다. 거의 3000년간 원형을 유지했던 이집트문명과 다양한 민족의 침입과 정복이 혼합적인 문명을 일궈낸 메소포타미아문명은 여러 면에서 차이가 있기 때문이다. 하지만 두 문명이 직선거리로 2000km 밖에 떨어져 있지 않고 그 사이에 특별한 지리적 장애물이 없었다는 점을 감안한다면, 두 문명은 일찍부터 서로의 존재를 알고 있었고, 왕래가 잦았음을 충분히 짐작할 수 있다. 한편 두 문명 사이에 위치해 있어 문명의 영향권에 놓여 있던 동지중해 연안, 즉 오늘날의 시리아와 이스라엘, 팔레스타인 지역에서도 문명의 분위기가 무르익어가고 있었다.

기원전 18세기 힉소스족이 이집트를 침략함으로써 두 문명권의 교류는 보다 활발히 진행되었다. 기원전 2000년기 전반기엔 메소포타미아의 바빌로니아가 그리고 후반기엔 이집트의 상왕국이 문명의 주도권을 탁구공처럼 주고받으면서 발전하였다. 이 시기에는 또한 소아시아에서 히타이트가, 두 강 상류지역에서 미탄니가 새로 일어나고, 그들 사이의 전쟁과 외교문서의 교환 등 직접적인 접촉이 활발해짐으로써 오리엔트 세계는 역사적인 상호연관성을 가진 하나의 국제사회를 형성하게 되었다.

이처럼 기원전 3000년경 메소포타미아와 이집트에서 시작된 문명은 교류를 통해 오리엔트 세계의 공통된 문명으로 성장하게 된다. 오리엔트 지역의 수준 높은 문명은 인근 지역의 문명화를 자극하고, 양분을 공급하는 젖줄 역할을 떠맡게 된다. 오리엔트문명으로부터 뻗어나간 문명의 빛이 에게해를 비춤으로써 비로소 서양 문명의 씨앗은 싹을 틔울 수 있었던 것이다. 서양 문명의 빛은 오리엔트로부터 왔다!

참고한 책, 더 읽어볼 거리

김주한, 『서양의 역사』, 역사교양사, 1998.
김창성, 『세계사 산책』, 솔, 2003.
남경태, 『종횡무진 서양사』, 그린비, 1999.
로버트 램, 이희재 옮김, 『서양 문화의 역사 I 』, 사군자, 2000.
주경철, 『문화로 읽는 세계사』, 사계절, 2005.
찰스 반 도렌, 홍미경 옮김, 『지식의 역사』, 고려문화사, 1999.

함무라비법전

메소포타미아 지역에는 기록들이 아주 많이 남아 있어서 이 문명의 여러 측면에 대해 비교적 자세하게 알 수 있다. 이 가운데 가장 유명한 자료는 아마도 '함무라비법전'일 것이다. 함무라비(1792~1750 B.C.)는 주변의 많은 적들을 물리치고 메소포타미아를 다시 통일한 바빌로니아의 군주이다. 그는 이전에 수메르어로 씌어진 기록들에서 가치 있는 여러 판결을 모아 비석에 새겨 공표하였는데, 그 내용을 보면 기본적으로 가족관계 및 소유 규정이 있고, 그밖에도 직업, 채무·이자·담보 따위에 관한 사항들이 기록되어 있다. "눈에는 눈, 이에는 이"로 잘 알려진 '동태복수법同態復讐法'의 여러 조항을 보면 최초 문명기 인류 사회의 무지막지함을 느낄 수 있지만, 다른 조항으로 시각을 돌려보면 인간사회의 삶에 대한 매우 합리적인 규정을 포함한 내용도 눈에 들어온다.

함무라비 왕은 "강한 사람이 약한 사람을 학대하는 일이 없고, 피붙이가 없는 여자아이와 과부에게 정의를 가져다 주기 위해" 법을 정비하였고, 법을 새긴 돌비석(이때 세워진 검은 돌비석 덕택으로 오늘날 우리는 함무라비법전의 내용을 확인할수 있다)을 세워 모든 사람이 법을 알고 이해할 수 있도록 했다. 이처럼 법전을 편찬하고, 그것을 돌비석에 새기도록 한 이유는 동태복수 조항에서 보이는 차가움, 엄격함, 무시무시함과는 거리가 있어 보인다. 어떻게 보면 따뜻하고 인간적이며 공정하기까지 하다. 함무라비법전의 대표적인 조항들을 살펴봄으로써 함무라비법전이 야만적인 동태복수 조항만이 아니라 오늘날의 시각에서도 합리성을 인정받는 내용으로 채워져 있었음을 확인할 수 있을 것이다.

6조. 누구든지 사원이나 궁전의 재산을 훔친 자는 사형에 처하며, 훔친 재산을 받은 사람도 사형에 처한다.

7조. 증인이나 계약서 없이 다른 사람의 아들이나 노예에게서 은, 금, 남녀 노예, 소, 양, 노새 등을 구매하거나 넘겨받은 자는 도둑으로 간주하며 사형에 처한다.

128조. 어떤 사람이 한 여자를 부인으로 취하되 계약을 체결하지 않은 경우에는 이 여인은 그 사람의 부인이 아니다.

136조. 어떤 사람이 자기 도시를 버리고 도망가서 그의 부인이 다른 남자의 집으로 가게 되었는데 전 남편이 돌아와서 부인을 다시 취하려고 한다면 남편이 자기 도시를 버리고 도망갔기 때문에, 이 도망자의 부인은 자기 남편에게 돌아가지 않아도 된다.

137조. 만일 어떤 사람이 자신에게 아기를 낳아준 씨받이 또는 아기를 낳아준 신전 여사제와 헤어지려고 한다면, 그는 지참금을 되돌려주고 전답과 다른 재산의 용익권의 반을 주어서 그녀가 아이들을 키울 수 있도록 해주어야 한다. 그녀가 아이를 다 키운 후에는 그 권리의 반을 그 아이에게 주고 그녀는 아들 한 명분의 몫을 받는다. 그리고 그녀는 마음에 드는 사람과 재혼할 수 있다.

194조. 어떤 사람이 아이를 유모에게 맡겼다가 그 아이가 죽었는데, 유모가 죽은 아이의 부모 몰래 다른 아이도 맡아서 키웠다는 것이 밝혀질 경우 이 유모의 유방을 잘라낸다.

195조. 아들이 아버지를 때릴 경우 한 손을 잘라낸다.

196조. 다른 사람의 눈을 뽑은 사람은 그의 눈을 뽑아낸다.

197조. 다른 사람의 뼈를 부러뜨린 사람은 그의 뼈를 부러뜨린다.

200조. 만일 자신과 동등한 신분을 가진 사람의 이를 부러뜨릴 경우, 그의 이를 부러뜨린다.

에게, 신화 속에 녹아든 문명

대체로 신화는 비현실적이고, 허무맹랑한 이야기로 구성되어 있다. 하지만 신화를 말 그대로 신들의 이야기만으로 읽는 것은 신화라는 그릇이 담고 있는 다양한 음식의 맛 보기를 포기하는 것이나 다름없다. 신화 안에는 신화가 탄생하여 세대로 전승되면서 변화되고 새롭게 덧붙여진 수 겹의 역사와 문화가 고스란히 배어 있다. 신화는 특히 문자가 발명되기 전 초기 문명의 자취로 들어가는 유일한 통로로서 그 역사적 가치를 부정할 수 없다.

그리스신화는 신화가 지닌 역사·문화적 색채를 그 어느 신화보다도 짙게 드리우고 있다. 인간적인, 너무나 인간적인 신들의 모습 속엔 그리스인들의 삶과 세계관이 덕지덕지 묻어 있고, 수많은 신과 영웅들의 일화는 역사적 사건을 우회적으로 드러내고 있다. 폴리스로 형성된 그리스 세계가 출현하기 전, 그리스 문화의 원형을 제공해준 문명을 신화는 어떻게 그리고 있는지 살펴보기로 하자.

소아시아에서 얻은 제우스의 선물 – 크레타문명

그리스 본토에서 폴리스가 형성되기 훨씬 전에 서구문명의 중심지는 에게해에 떠 있는 여러 섬들이었다. 크레타섬을 중심으로 번영을 누린 문명('크레타문명' 또는 '미노아문명'이라고 함)이 그리스 본토로 계승('미케네문명'이라고 함)되면서 독특한 그리스문명 형성의 모태가 되었는데, 이 문명을 '에게문명'이라고 한다. 다음의 신화에선 에게문명이 앞서 말한 오리엔트문명의 영향과 장기적인 교류를 통해 등장한 신생 문명이었음을 확인해준다. 신화의 세계로 빠져보자.

화창한 어느 날 올림포스 최고의 신 제우스는 아름다운 풍광이 넘치는 소아시아로 나들이를 갔다. 느긋한 마음으로 주위를 감상하던 그때, 해변에서 놀고 있는 아리따운 처녀가 제우스의 눈에 들어왔으니, 이 처녀가 바로 페니키아의 왕녀 에우로페였다. 미녀라면 신이든 인간이든 가리지 않고 자신의 여자로 만들어야 직성이 풀리는 이 바람둥이 신은 처녀를 꼬드기기 위해 멋진 황소로 둔갑하고는, 이내 에우로페를 등에 태워 의기양양 다시 그리스로 발길을 돌렸다. 바람둥이가 조강지처의 눈길을 벗어날 수는 없는 법! 헤라의 눈에 딱 걸린 제우스는 혼비백산 바다로 뛰어들었고, 크레타섬에 이르러 에우로페와 첫날밤을 치렀다. 이렇게 해서 태어난 이가 바로 미노스 왕이다.

크레타섬을 중심으로 번성한 초기 에게문명인 미노아문명은 바로 신화의 인물인 미노스 왕의 이름에서 비롯되었다. 서방 최초의 문명이 그리스 본토에서가 아니라 크레타라는 에게해의 섬에서 시작된 이유는 무

제우스

엇일까. 이유는 크레타섬이 지닌 지리적 위치 때문이었다. 크레타섬은 이집트, 시리아, 소아시아 및 그리스 본토를 잇는 교역로의 중심에 있었기 때문에 교역과 수공업의 번성으로 풍요로운 생활을 누릴 수 있었다. 농경에 기초한 오리엔트문명과는 달리 에게문명이 상공업에 기초한 해양문명의 성격을 띤 이유도 여기에서 찾을 수 있다. 특히 유럽에 청동기가 보급된 기원전 2000년기, 유럽이 외부로부터 주석과 구리 모두를 의존하면서 크레타의 위상은 보다 더 커졌는데, 키프로스산 주석을 유럽에 공급해주는 중개기지로서 크레타의 역할 때문이었다. 그밖에 크레타는 보다 오래된 선진 문명이 신생 문명에 미치는 모든 영향력이 집중되는 곳이기도 하였다. 다시 말해 크레타문명은 그리스 본토에

크노소스궁의 백합왕자

오리엔트문명을 전파하는 문명의 젖줄이었던 셈이었다.

미노아문명의 전성기는 대략 기원전 2000년에서 기원전 1450년에 이르는 기간이었다. 이때 크레타인들은 이집트 상형문자를 수용해 '선상線狀 A문자'를 만들어 사용하였고, 정교한 도자기를 제작하였으며, 크노소스에는 미노스 왕의 미궁迷宮으로 알려진 장려한 궁전이 건조되었다. 문명 초기엔 여러 군소왕국들이 분립하고 있었지만, 기원전 16세기에 이르자 크노소스의 지배자가 섬 전체를 통일적으로 지배하게 되었다. 교역과 수공업을 통해 풍요로웠던 크레타 사회의 일반적 분위기는 쾌활했고 개방적이었다.

크노소스는 기원전 1450년경에 완전히 파괴되었다. 파괴의 원인은 여전히 논란거리이다. 한쪽에선 기원전 1450년 갑자기 등장하는 '선상 B문자'로 크레타문명이 그리스 본토인인 미케네인의 침입으로 붕괴되었을 가능성을 제기했지만, 1960년대 새로운 고고학적 발굴성과는 크레타 북쪽에 있는 테라섬의 화산 폭발로 인한 화재와 대해일의 결과였음을 확인해주었다. 정리하자면, 연거푸 일어난 자연재해로 약화될 대로 약화된 미노아문명을 최종적으로 붕괴시킨 사람들이 바로 미케네인이었던 것이다.

크레타에서 출토된 뱀의 여신

미케네문명의 홀로서기

미케네의 문자인 '선상 B문자'의 해독으로 미케네문명의 담당자는 그리스인의 선조라는 것이 확인되었다. 소아시아에서 이주한 크레타인과는 달리 인도유럽어족에 속하는 그리스인은 일찍이 기원전 2000년경부터 파상적으로 남하하여 중부 그리스 본토와 펠로폰네소스반도에 많은 소왕국을 건설하였는데, 그중 미케네는 펠로폰네소스의 여러 왕국 중 가장 부강한 나라였다. 미케네는 선진문화인 미노아문명의 강력한 영향 아래에서 발전하였다. 특히 기원전 16세기에는 그리스 본토의 '미노아화化'라고 할 수 있을 정도로 미노아의 영향은 실로 거대했다. 우리가 두 번째로 살펴볼 신화의 내용은 바로 이때부터 시작한다.

제우스와 에우로페의 아들 미노스는 바다의 신 포세이돈에게 부탁한 신통력으로 크레타의 왕으로 선출되었다. '화장실 들어갈 때와 나올 때 마음이 다르다'고 왕으로 선출된 미노스 왕은 포세이돈과의 약속을 어기고 제사를 드리지 않았다. 포세이돈이 미노스 왕에게 괘씸죄를 물어 내린 벌은 아주 특이한 것으로, 왕비가 소에게 연정을 품도록 만든 것이었다. 어느 날부터인가 왕비는 소만 보면 왠지 모르게 가슴이 뛰고, 볼이 화끈거리면서 끓어오르는 욕정을 참을 수가 없었다. 왕비는 만능 재주꾼이었던 왕의 직속 대장장이 다이달로스(날개를 만들 정도로 그 솜씨가 대단했다)에게 암소 틀을 만들어 달라고 부탁하고는 그 속에 들어가 사랑하는 수소에게 다가갔다. 사랑에 성공한 왕비의 배는 시간이 지나면서 불러왔고, 열 달 뒤 건강한 아들을 낳았다. 그런데 이게 어찌된 일인가! 이 사내아이의 모습은 정말이지 괴이했다. 몸뚱이는 사람인데, 머리는 소인 괴물이었던 것이다. 이 괴물의 이름이 바로 미노타우로스인데, 식성도 별나 사람 고기만을 먹었다. 미노스 왕은 사람들이 볼까 민망해서 다이달로스에게 절대 빠져나올 수 없는 미궁을 만들게 한 뒤―공범인 다이달로스도 아들 이카루스와 함께 미궁에 갇히게 된다―그 속에 미노타우로스를 가두었다.

왕이 무슨 생각으로 미노타우로스를 사육하려고 했는지는 알 수 없지만, 인육을 먹는 미노타우로스의 특이한 식성을 충족시키기 위해 9년마다 7명의 선남선녀를 바쳐야 했던 속국이 바로 테세우스가 왕자로 있던 아테네였다. 테세우스는 이러한 부당한 국제관계(!)를 해결하기 위해 7명의 선남선녀에 끼어 크레타로 떠나게 된다. 조국을 크레타로부터 해방시켜야 한다는 사명감으로 똘똘 뭉친 테세우스가 크레타에 도착해서 처음 한 일은 이 나라 공주 아리아드네와 연애하는 것이었다. 사람은 고로 잘나고 볼 것이다! 이쯤 되면 이야기 전개가 대충 어떻게 흘러갈 것

아가멤논 황금가면

인지 짐작이 간다. 왜냐하면, 이러한 이야기는 '호동왕자와 낙랑공주'에
서 이미 들어본 경험이 있기 때문이다. 사랑은 국경을 초월한다고 했던
가! 사랑에 눈이 먼 아리아드네는 아무리 흉악한 몰골이라 하더라도 오
빠인 미노타우로스를 죽이는 데 한몫 단단히 한다. 미노타우로스를 죽
일 수 있는 칼과 미궁을 빠져나오는 '실타래' 비법을 아리아드네에게 전
수받은 테세우스는 미노타우로스를 죽이고 복잡한 미궁을 빠져나오는
데 성공하게 된다. 이로써 아테네는 크레타로부터 자유와 해방을 얻게
되었고, 테세우스는 그리스 세계의 영웅이 되었다.

이상에서 살펴본 테세우스의 영웅신화는 아테네를 비롯한 본토 세력이 크레타에 예속되어 있다가 그로부터 벗어나서 독자적인 발전을 이루어나가기 시작한 것을 상징적으로 나타내고 있다. 미노아문명의 품에서 문명의 젖을 받아먹고 자란 그리스 본토의 여러 왕국들이 자연재해로 약화된 크레타를 지배하게 되면서(1450 B.C.), 에게해의 패자로 부상하게 되었고, 그리스 본토에서 꽃핀 미케네문명을 건설하기에 이르렀던 것이다. 트로이전쟁(1240~1230 B.C.)은 호메로스가 전하듯 트로이 왕자 파리스가 스파르타의 왕 메넬라우스의 왕비 헬렌을 유괴한 데서 기인한 것이 아니라, 강성해진 그리스 본토의 소왕국들이 미케네를 맹주로 소아시아로 진출하면서 발생한 충돌이었다. 그 후 미케네는 쇠퇴하여 '해상민족'에게 시달림을 받다가 기원전 12세기 철기로 무장한 도리스족의 남하로 철저히 파괴되고 만다.

고전기 그리스문명이 형성되기까지

고고학적 발굴을 통해 드러난 미케네문명의 성격은 미노아문명과는 달리 상무적이며 군사적인 성격이 강했다. 아마도 이주로 인한 원주민과의 충돌 또는 중소 왕국들 사이의 첨예한 경쟁 때문으로 추측된다. 기본적인 생산은 농업과 목축이었고, 왕실을 중심으로 분업화한 수공업도 발달하였다. 외국과의 교역은 매우 활발하고 광범위하여 에게해를 지배했고, 히타이트, 페니키아, 이집트 등과도 접촉을 가졌다.

'선상 B문자'의 해독은 미케네문명에 대한 풍부한 정보를 제공해주었다. 중앙에 궁정이 있고, '아낙사'라는 왕이 있어 제사를 관장하면서 '신정정치'를 폈지만 오리엔트 세계와 같이 강력한 중앙집권적 전제통치가 시행된 것은 아니었고, 중앙과는 별도로 '바실레우스'라는 전사 귀족이 지방을 통치했다. 신분적 서열의 다음 단계는 일종의 관료인 서기들이 위치해 있었고, 그 밑에 상인과 농민이 그리고 최하층에는 노예가 있었다. 토지의 사유화가 어느 정도 진전되어 공동체의 성원인 평민이 경제적 자립을 누릴 수 있었는데, 이것이 미케네 국왕의 오리엔트 '전제군주화'를 억제한 중요한 요인이었다. 이처럼 미케네 사회는 그보다 앞선 오리엔트 사회와 후에 나타나는 고전기 그리스 사회와의 중간적인 형태를 띠었다.

폴리스로 구성된 '고전기 그리스문명'이 태동하기 위해선 미케네문명이 붕괴한 이후 수백 년간 지속된 '암흑의 시대'(1100~750 B.C.)를 경험해야만 했다. 이 시기에 그리스 세계는 그때까지 축적한 모든 문명을 파괴당했는데, 이동하는 자들과 방어하는 자들 사이의 살아남기 위한 처절한 사투는 그리스 세계가 '선상 B문자'를 잊어버릴 정도로 굉장히 강력한 충격이었다.

고전기 그리스문명은 수 세기 후 도리아 민족이 그리스 반도의 끝머리인 펠로폰네소스에 자리를 잡고 난 뒤 미케네문명의 폐허 위에서 새롭게 시작한 문명이었다. 기존의 전통이 철저히 파괴된 상황에서 사람들은 모든 것을 처음부터 시작해야 했다. 자연과 인간에 대한 본원적인 탐구를 의미하는 철학(본래 의미는 '지혜에 대한 사랑')은 바로 이 같은 상황의 결과물이었다. 한편 새로운 문명을 일구기 위한 또 다른 노력은 선진 문명(오리엔트문명)의 적극적인 수용으로 나타났는데, 그중 하나가 바로 페니키아의 문자인 '알파벳'의 수용이었다. 앞서 소개한 두 개의 신화는 바로 새로운 문명이 시작하기 전 문자의 상실로 구전을 통해서 이어진 '암흑의 시대' 이전에 대한 그리스 인들의 집단적인 기억을 표현한 것이다.

참고한 책, 더 읽어볼 거리

김주한, 『서양의 역사』, 역사교양사, 1998.
김창성, 『세계사 산책』, 솔, 2003.
남경태, 『종횡무진 서양사』, 그린비, 1999.
로버트 램, 이희재 옮김, 『서양 문화의 역사 I』, 사군자, 2000.
이윤기, 『이윤기의 그리스 · 로마신화 I』, 웅진닷컴, 2000.
주경철, 『문화로 읽는 세계사』, 사계절, 2005.
찰스 반 도렌, 홍미경 옮김, 『지식의 역사』, 고려문화사, 1999.

신화의 모티브를 제공하는 지리적 환경

　인간이 만든 문화와 문명 속에는 자연과 환경의 흔적들이 숨어 있기 마련이다. 고대의 신화와 전설 역시 인간들에 의해 전승되어 내려온 문화적 유산으로 그 속에는 환경의 영향 하에서 많은 것이 형성되있음을 보여주고 있다. 북방 지역의 신화에는 산신, 암석, 곰, 호랑이, 이리, 늑대 등이 많이 보이고 있다. 곰과 호랑이는 우리나라 단군신화에 등장하고 있는데, 이는 우리 민족의 기원이 산과 동물이 많은 북방 지역의 영향을 많이 받았음을 보여주는 것이라 할 수 있다. 몽골민족의 신화에는 푸른 이리와 늑대가 등장하는데, 이 역시 많은 늑대와 이리가 서식하는 초원의 생태적 현상이 몽골민족의 신화에 그대로 반영된 것이라고 할 수 있다. 중국 남방의 신화에는 더운 기후에서 많이 사는 뱀, 원숭이 등이 많이 보인다. 삼황오제의 신화에 등장하는 반인반수의 다양한 모습들은 그 지역에 살던 다양한 동물들을 신격화한 것들이라 할 수 있다.

　환경은 음식에도 많은 영향을 주고 있다. 황허유역은 기후가 거칠고 수전농사가 진행될 수 없었기 때문에 벼를 재배할 수가 없었다. 이 때문에 많은 양의 밀이 경작되었으며, 자연스럽게 밀을 재료로 하는 면류의 음식을 즐겨 먹을 수밖에 없었다. 반면 양쯔강 유역에는 이미 신석기 시대에 벼 재배의 흔적들이 보이고 있으며, 수전농사를 통해 다량의 쌀을 생산할 수 있었다. 이 때문에 북방에 비해 볶음밥 등 쌀을 재료로 하는 음식문화가 많이 발전하였다.

　이러한 측면에서 인류문명의 발전과정이 지리적 환경의 극복과정으로 설명되기도 하지만 여전히 환경이 문화발전의 조건이 되고 있음을 볼 수 있다. 중국 근대화의 도화선이 된 아편전쟁 등은 동남해안에서 시작하였고 이를 시점으로 개혁과 개방의 움직임이 시작되었는데, 이것은 지리적인 조건상 다양한 교류와 정보, 문화적 충격 등이 가장 먼저 도착할 수 있는 지리적인 특성을 우선적으로 가지고 있었기 때문이라고 할 수 있다. 곧 지리적인 환경이 문화발전에 많은 영향을 끼치고 있음을 알 수 있다.

고대 그리스의 맞수,
아테네와 스파르타

기원전 1200년 혹은 1100년 무렵에 말과 철제무기, 그리고 전투용 이륜마차(경전차)로 무장한 도리스족이 그리스 반도로 남하하기 시작했다. 이오니아인들이 이루어놓았던 찬란한 미케네문명은 이들 새로운 이주민에 의해서 철저히 파괴당했다. 이들의 파괴행위와 뒤이은 선주민과 이주민 사이에 전개된 일상적인 전쟁이 얼마나 격렬했던지 그리스 세계는 그동안 사용했던 선문자 체계를 완전히 잊어먹고 그야말로 '암흑시대'로 들어가버릴 정도였다. 거의 모든 것이 후퇴했다. 교류와 금속의 사용이 감소했고, 정치체계도 해체되었으며, 도시 문명이 농업 촌락사회로 수축되었다.

외부 세력에 밀려난 선주민들과 심지어는 침략해 들어온 도리스족까지 모두 일대 혼란 속으로 떠밀려가 새로운 정착지에 살 곳을 마련해야 했다. 사람들은 자신들의 생명과 재산을 방어하기에 유리한 언덕을 중심으로 모여들어 주위를 성으로 둘러쌓아 비교적 작은 규모의 집단적인 주거지를 만들었는데 이를 바로 '폴리스('도시국가'로 번역하는 폴리스는 원래 '요새', '성곽'을 의미했다 한다)'라고 한다. 폴리스는 크게 신전이 세워져 있어 신의 법이 통하는 영역인 아크로폴리스와 시장이 서고, 학교나 극장과 같은 공공건물이 있어 시민들의 일상생활이 이루어지는 광장인 아고라 그리고 거주지 등으로 구성되어 있다.

도리스족이 펠로폰네소스반도에 정주하면서 주변상황이 비교적 안정되었던 '암흑의 시기' 후기가 되면서 이러한 형태를 갖춘 폴리스는 그리스 세계로 빠르게 퍼져나갔다. 이때 비교적 규모가 큰 폴리스가 정주민과 이주민 집단 사이에 등장하는데, 그것이 곧 아티카 지방의 아테네와 펠로폰네소스반도의 스파르타였다. 두 민족을 대표하는 아테네와 스파르타는 그리스 고전기의 찬란한 문명을 떠받친 두 기둥이자 라이벌이었다.

데모크라티아의 나라 아테네

폴리스의 크기는 지역마다 다양했지만 2,500km²로 시민 수가 4만, 전체 주민이 30만 명에 달했던 아테네는 제주도보다 조금 큰 땅에 약간 적은 수의 사람들이 살고 있었던, 당시로서는 그리스 세계의 초강대국이었다. 아테네는 시민 대표자 회의인 민회만 해도 1년에 약 40차례, 대략 9일에 한 번 꼴로 빈번하게 열렸을 정도였고, 재판도 수시로 열렸기 때문에 시민의 정치참여는 귀찮을 정도로 일상적이었다. 아테네는 그야말로 도시의 거의 모든 정책을 시민의 참여를 통해 결정하는 민중지배, 즉 '데모크라티아(Demokratia, 민주주의)'의 나라였던 것이다. 아테네인들이 선택한 민주주의라는 정치체제는 아테네 내부에서의 격렬

아테네의 아크로폴리스

한 계급투쟁의 역사 속에서, 그리고 대외정책과 그 외의 다양한 요인들의 복잡한 결합에 의해 마련되고 실행에 옮겨진 제도였다. 왕정으로부터 귀족정 그리고 참주정으로 이어지는 정치체제의 변화는 상공업의 발전과 전술의 변화로 성장한 민중세력과 대지주로서 여유 있는 경제력을 바탕으로 권력을 향유했던 귀족들과의 대립과 갈등을 상징적으로 나타낸다.

솔론(640?~560? B.C.)은 채무노예 해방과 토지소유 상한제 및 권력의 제한적인 분배를 통해 귀족과 평민간의 깊어만 가는 갈등의 골을 메우려했지만, 완벽한 해결책이 되지 못한 그의 중재안은 양 세력의 대립을 격화시켜 결국 평민의 힘을 등에 업고 무력으로 권력을 장악한 참주僭主(tyrant)를 등장시켰다. 참주 페이시스트라토스는 일부 귀족세력의 제거를 통해 권력을 장악한 인물이었지만, 솔론의 국법을 준수하여 온화한 정치를 폈으며, 상공업과 농업을 후원하고 문예를 장려함으로써 아테네의 '황금시대'를 이끌었다. 그가 죽은 뒤 참주가 된 그의 아들

히피아스는 그야말로 참주다운 정치를 실행하여 자신의 통치를 위협할 만한 귀족을 탄압했다. 해외로 탈주한 유력가문의 귀족들을 중심으로 참주를 타도하고 귀족 우위의 질서를 회복하려는 '반참주운동'이 출현했지만, 민중의 지지를 받지 못했다. 그러자 그들은 이웃 나라인 스파르타의 도움을 받아 히피아스를 몰아내는 데 성공했다. 일단 권력을 장악했지만 장기간의 참주지배로 그 힘이 약화될 대로 약화되었고, 참주가 추방된 후 실권을 장악하는 과정에서 귀족들은 분열되었다. 반참주운동의 선봉장이었던 클레이스테네스는 광범위한 평민들의 지지를 얻기 위해 이참에 아예 민주적인 방식을 밀어붙이게 된다.

그가 주도한 개혁의 골자는 독재자 또는 참주가 되려는 자를 한시적으로 국외로 추방해버리는 오스트라키스모스(도편추방제)를 제도화하고 귀족의 권력토대인 혈연적인 부족제를 개편하는 것이었다. 클레이스테네스는 아테네 전역을 시내, 해안, 산지 세 지역으로 분류한 다음, 각 지역권을 10개의 트리티스(3분의 1이라는 뜻)로 나누고 각 지역의 트리티스 하나씩을 묶어 새로운 하나의 부족을 만들었다. 그리고 이 부족 내의 촌락이 시민명부를 관리하게 하였는데, 새로운 행정 단위가 된 이 촌락들을 데모스Demos라고 한다. 혈연적 유대가 파괴됨으로써 귀족들의 영향력은 제거되었고, 힘이 신장된 평민들이 데모스를 지배하게 되었는데, 민주주의의 기원이 되는 데모크라티아demokratia란 이렇게 귀족 대신 '평민들 중심의 데모스가 지배한다'는 뜻에서 비롯된 것이다.

소크라테스가 예찬한 스파르타

스파르타인은 원래 기원전 1200년경에 북쪽에서 남하하여 그리스 지역 전체를 대이주의 상황으로 몰아넣은 도리스족의 후예로 알려져 있다. 아테네인들이 그들의 거주지에서 대대로 살아온 토박이고 인종도 이오니아인인 것과 비교해보면, 스파르타가 그리스 세계에서 유달라 보이는 것도 애초부터 다른 종족이 새로운 세계에 들어와 적응하기 위해서는 독특한 제도를 만들어야 했기 때문일 것이다. 이들이 머문 곳은 그리스 세계에서 꽤나 넓은 지역인 펠로폰네소스반도의 라코니아 지방—스파르타는 아테네 면적의 3배(8,400km²)에 달할 만큼 그리스 세계에서 가장 큰 폴리스였다—인데, 이 지역에 들어온 스파르타인들이 기존의 주민들을 노예로 만

스파르타 전사상

들어 지배하였다.

'스파르타' 하면 생각나는 강인함이나 과묵함, 철저함과 절제, 훈육, 소수정예 등은 그들이 지배한 주민이 그들보다 10배나 많았다는 사실과 깊은 관련이 있다. 자연히 스파르타인들은 철저한 군사공동체를 이루며 살아야 했고, 아이들 교육도 유별나게 강한 방식을 택하지 않을 수 없었다. 한편 공동체 내부의 분화에 따른 계층 간의 갈등은 이민족들에게 둘러싸여 고립된 스파르타의 시민들에겐 그야말로 '죽음'을 뜻하는 것이었다. 전설적인 입법가 리쿠르고스가 델포이의 신탁을 빌어 만들었다는 국법체제 '레트라'와 공교육 체제는 바로 공동체 내부에 있

을 수 있는 갈등을 차단하고, 공동체의 결속을 재생산하는 목적으로 고안된 것이었다. 스파르타의 공교육 제도에는 자식은 개인 소유가 아니고 국가 소유라는 관념이 구현돼 있었고, 이와 같은 체제에서 계층 간의 위화감이 자리할 틈은 없었다.

스파르타의 공교육은 아이가 태어날 때부터 작동한다. 아이는 태어난 직후 국가 원로에게 심사를 받는데, 이때 건강하지 않은 아이는 타이케토스 산에 버려진다. 건강하지 않은 아이는 국가와 시민 모두에게 짐이 되기 때문이었다. 아이들은 7세까지 부모와 함께 살았지만, 행복과는 거리가 멀었다. 부모는 아이가 요구하는 것에 인색했고, 모든 일을 혼자서 해결하도록 가르쳤다. 7세가 되면 부모를 떠나 아고게Agoge라는 단체에 들어가서 20세까지 단체생활을 한다. 이때부터 본격적인 스파르타식 교육이 시작된다. 빡빡 깎은 머리에 맨발로 다녀야했고, 자신의 잠자리는 스스로 갈대를 꺾어 만들어야 했다. 음식은 넉넉지 않아 모자란 부분은 도둑질로 때워야 했다. 국가노예인 헤일로타이들의 사냥이 훈련과정에 있을 정도로 훈련은 실제 전투상황을 체험하도록 세밀하고 철저하게 짜여졌다.

20세에 아고게를 졸업하지만 다시 10년간의 공동생활이 이어지고, 이때부터 군대에 들어가 실전에 참여하게 된다. 30세에 정식 시민이 되어 결혼도 하고 민회에 나갈 수 있다지만 그들에게 독립적인 가정생활이란 있을 수 없었다. 스파르타에서 공동체 생활은 거의 벗어날 수 없는 숙명이었다. 그들은 20세부터 60세까지 자그만치 40년 동안을 피디티온Phidition이라는 회식단체에서 생활해야 했는데, 성원 숫자는 15명으로, 이 단체의 성원은 함께 식사하고, 함께 훈련하고, 함께 전투에 참여함으로써 전투에서의 최소단위가 그대로 사회적 관계의 기초단위로 이전되었다. 말하자면, 스파르타는 전국이 '병영화된 사회'였다.

국가는 공동체의 전체 교육을 책임지는 공교육 제도를 최초로 실행에 옮겼고, 시민은 일상의 노동에서 해방—국가 노예인 헤일로타이가 시민의 생계노동을 떠맡았다—되어 자신에게 주어진 공적 임무만을 충실히 담당했다. 이렇게 질서정연하고 안정된 스파르타의 모습을 소크라테스와 그의 제자들은 이상적인 국가의 모범으로 간주했다. 그들이 보기에 아테네의 시민은 사리사욕에 눈이 멀어 이전투구만을 일삼았고, 민주정은 데마고고스들의 궤변에 놀아난 혼탁한 '중우정'으로 전락한 지 오래였다. 위로부터 아래까지 철저하게 계단식으로 조직되어 있던 스파르타는 시민의 공적 임무와 미덕이 살아 있는 건전한 사회였던 것이다.

탐욕과 오만이 부른 전쟁, 펠로폰네소스전쟁

고전기 그리스 세계의 두 라이벌인 아테네와 스파르타는 그들 사이의 심각한 경쟁의식 때문에 서로 돕기 보다는 시기와 비아냥을 일삼는 관계였다. 그렇다고 해서 이들이 한 목소리를 냈던 때가 아예 없었다는 것은 아니다. 특히 페르시아전쟁(492~479 B.C.)에서 이들 두 나라가 보여준 협력은 적국 페르시아에 대항하여 그리스 세계를 하나로 묶는 데 충분했다. 스파르타는 2차 페르시아전쟁에서 고군분투하던 아테네를 돕기 위해 대규모 원군을 파견했고, 3차 페르시아전쟁 때는 아티카로 가는 유일한 통로인 데르모필라이 협곡을 지키던 300명의 정예 스파르타 병사가 레오니다스 왕과 함께 몰살당할 만큼 아테네와 그리스 세계

고대 그리스 세계

를 수호하는 데 적극적이었다. 그러나 페르시아전쟁 이후 이들의 협력 관계엔 또 다시 금이 가기 시작했다. 그 이유는 아테네의 탐욕과 오만 에서 비롯되었다.

　페르시아전쟁의 진정한 승자는 그리스 도시국가들이었다. 하지만 그 들은 승전의 혜택을 공평하게 그리고 오래도록 누리지 못했다. 해전에 서의 승리로 페르시아전쟁을 종식시킨 아테네가 페르시아전쟁의 모든 이익을 홀로 독식했기 때문이다. 아테네는 수병으로 참전한 최하층 시 민에게 참정권을 부여하고, 보다 많은 시민들을 생계노동으로부터 분 리시켜, 시민으로서의 공적 임무인 정치에 참여시키기 위해 수많은 포 로노예들을 시민들에게 헐값에 분배했다. 이렇게 해서 아테네는 클레 이스테네스 이후 법적으로 수립된 민주정을 실제로 완성하게 된다. 한

델로스동맹 공납명부

편 정치 참여를 여전히 귀찮아하는 시민을 위해 '수당제'를 고안하여 보다 더 확실하게 민주정을 실시하고자 했는데, 민회에 출석하거나 배심원으로 활동하는 사람들에겐 모두 수당이 지급되었다. 아테네 민주정은 운영하는 데 아주 많은 돈이 들었던 값비싼 정체였다.

　민주정을 유지하기 위해, 그리고 민중의 환심을 사기 위해 재원을 확보하는 일은 아테네 정치가들에게 시급한 과제였다. 이를 해결할 수 있는 유일한 길은 아테네를 맹주로 하여 미연에 있을 페르시아의 침입에 대비코자 결성된 델로스동맹의 공동기금을 유용하는 것이었다. 나중엔 아예 동맹기금을 통째로 델로스섬에서 아테네로 옮겼고, 페르시아의 침략 위협이 사라진 후에도 동맹국들에게 공납금을 강요했으며, 내정에 개입하기도 했다. 페리클레스(495?~429 B.C.)는 동맹국의 주머니에서 나오는 돈을 가지고 아테네 시민들에게 수당을 지급하여 2만 명 이상의 시민을 먹여 살렸고, 파르테논신전 등 공공건물의 건설을 통해 수백 명의 노동자들에게 20여 년간 일자리를 제공하였다. 아테네의 민주주의는 내적으로는 노예제도, 외적으로는 제국주의 덕분에 유지될 수 있었던 정치체제였다.

아테네의 이 같은 탐욕과 오만은 대제국 페르시아에 맞서 결집한 그리스 도시국가들 사이의 동맹체계를 약화시키고, 그리스의 전통적인 분립주의와 반목을 부추기는 결과를 초래하였다. 아테네의 제국화는 스파르타를 맹주로 한 펠로폰네소스 동맹을 자극하기에 충분했다. 아테네와 스파르타는 공개적인 충돌을 가급적 오랫동안 회피하려고 애썼지만, 근본적인 알력이 있었다. 마침내 기원전 431년부터 28년간 계속된 펠로폰네소스전쟁이 발발하여, 그리스 세계의 거의 모든 도시국가가 전면적인 내전 상태에 휩쓸려 들어가게 되었다. 그리스의 도시국가 체제는 거의 복구 불가능한 상태로 파괴되었으며 그들이 야만인이라고 멸시한 마케도니아에게 최종적으로 해체·흡수되는 비운을 겪게 된다. 이로써 고전기 그리스 세계의 라이벌이었던 도시국가 아테네와 스파르타도 역사 속으로 사라지게 되었다.

참고한 책, 더 읽어볼 거리

김응종, 『서양의 역사에는 초야권이 없다』, 푸른역사, 2005.
김주한, 『서양의 역사』, 역사교양사, 1998.
김창성, 『세계사 산책』, 솔, 2003.
남경태, 『종횡무진 서양사』, 그린비, 1999.
로버트 램, 이희재 옮김, 『서양 문화의 역사 I』, 사군자, 2000.
주경철, 『문화로 읽는 세계사』, 사계절, 2005.
찰스 반 도렌, 홍미경 옮김, 『지식의 역사』, 고려문화사, 1999.

살라미스해전 대 명량해전

　기원전 480년 9월 23일, 테미스토클레스가 지휘한 그리스 연합함대는 대형 3단 노선 800척으로 이루어진 페르시아 함대를 살라미스 해협에서 괴멸하였다. 대략 2배가 넘는 함대의 수적 열세를 극복하기 위하여 테미스토클레스는 '해협'이라는 지리적 이점을 최대한 이용했다. 움직임이 둔한 대형 함선인 페르시아의 3단 노선은 좁은 해협의 빠른 물살에 서로 뒤엉켰고, 이 기회를 틈타 이물(배의 앞머리)이 단단한 그리스 함선이 돌진, 페르시아 함선의 밑둥을 들이받았다. 해협의 좁은 공간과 빠른 물살을 이용해 극적으로 얻어낸 살라미스에서의 승리는 약 2000년이 지나 한반도 남해 울돌목(명량해협)에서 이순신이 얻은 명량대첩으로 부활했다. 아마도 테미스토클레스를 '아테네의 이순신'으로, 이순신을 '조선의 테미스토클레스'라고 부르는 까닭은 두 해전의 유사성 때문이 아닐까 싶다.

　이쯤에서 이순신의 울돌목 해전을 살펴보자! 조일전쟁이 한창이던 1597년 9월 16일, 지난 칠전량 해전의 참패를 겨우 면한 12척의 판옥선이 이순신의 지휘 아래 평균 폭 500m, 길이 2km인 울돌목에서 일본함대를 마주하고 있었다. 이순신이 맞서 싸울 일본함대의 수는 그의 함대와 비교하여 무려 10배가 넘는 133척! 이순신이 좁디좁은 물길, 울돌목을 그의 사활을 건 '최후의 전장'으로 선택한 이유는 무엇이었을까? "살고자 하는 자는 죽을 것이요, 죽고자 하는 자는 살 것"이라는 단호한 의지와 함께한 이순신의 선택은 테미스토클레스보다 훨씬 더 치밀했다!

　우선, 이순신은 전라도까지 최단거리로 진격하려던 일본함대의 의도를 꿰뚫고 있었기 때문에 미리 울돌목의 유리한 위치를 점해 그들을 기다리고 있었다. 이순신은 일본 함선의 바닥이 판옥선처럼 평저선이 아니라 끝이 뾰족해 깊이 침수하는 첨저선이기 때문에 암초가 많고 수심이 얕은 울돌목을 전장으로 선택했다. 그는 또한 울돌목은 그 물살이 거셀 뿐만 아니라 하루 4차례나 조류가 바뀌는 곳임을 감안하여 그 조류가 바뀌는 시점을 정확히 알고 그를 이용할 수 있는 조선수군에게 승산이 있음을 확신했다. 울돌목이 아니었어도 이순신은 조선수군에게 유리한 여러 지

점을 이미 포착하고 있었을 것이다.

양측의 교전이 시작된 순간 전세는 이순신의 밑그림 그대로 전개되었다. 거센 울돌목의 물살에 조선수군을 항해 돌진하던 일본힘선 일부가 임초에 걸리면서 뒤따라오던 함선들이 뒤엉켜 서로의 선체를 들이받는다. 물살의 반대방향에서 일본함선에 연실 대포를 쏘아대던 조선함대는 물살이 바뀌면서 아주 빠른 속력으로 일본함대에 돌격하여 선체를 공격한다. 일본함대는 조수에 밀리면서 통제력을 상실하고 다시 한 번 서로 충돌한다. 조선수군은 진영이 허물어진 일본함대 내로 진격하고 천자포와 지자포를 발사하면서 일본함선을 차례로 수장시킨다.

결과는 불을 보듯 뻔했다. 조선의 판옥선은 단 한 척도 피해를 입지 않은 반면, 일본은 함선 31척이 격침되고 온전한 상태로 도주한 함선이 단 10척에 지나지 않았다고 한다. 시대를 뛰어넘어 두 해전을 비교한다는 것이 무리는 있지만, 이순신의 명량해전은 테미스토클레스의 살라미스해전에 결코 뒤지지 않는, 아니 그를 능가하는 해전이었다. 그리스가 살라미스해전을 통해 전세를 순식간에 역전시켰듯이, 12척의 함선으로 그 10배가 넘는 함대를 쳐부순 명량대첩을 계기로 조선은 조일전쟁의 주도권을 재탈환하여 전쟁에서의 최종적인 승리를 얻게 되었다.

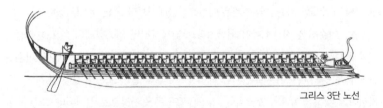

그리스 3단 노선

폴리스 세계에서
헬레니즘 제국으로

27년간 지속된 펠로폰네소스전쟁은 아테네와 스파르타의 힘을 결정적으로 소진시켜 그리스 세계를 격렬한 패권다툼의 무정부상태에 놓이게 했다. 마케도니아의 필리포스 2세는 그리스 세계의 이 같은 혼란을 틈타 무주공산을 어부지리로 얻게 된다. 하지만 그는 그리스인들이 만성적인 혼란을 대가로 지불하면서까지 지키려했던 '폴리스의 자치'와 '시민적 자유'와는 거리가 먼 인물이었다. 그리스 세계가 마케도니아에 합병된 이후부터 폴리스는 더 이상 자치를 누리지 못했고, 시민은 더 이상 폴리스라는 협소한 공간 속에 자신의 삶을 제한할 수 없었다. 그의 아들 알렉산드로스는 페르시아 원정을 통해 그리스로부터 인더스 유역에 이르는 거대한 제국을 건설함으로써 쇠퇴일로에 있었던 폴리스와 그리스인의 폴리스적 삶을 결정적으로 해체하고 그 위에 '헬레니즘'이라는 새로운 문화의 씨앗을 뿌렸다. 그는 고전기 그리스문화의 파괴자인 동시에, 헬레니즘 세계 최초의 '코스모폴리테스(세계시민)'였던 것이다.

알렉산드로스의 동방원정, 제국을 향해 닻을 올리다!

알렉산드로스는 마케도니아 왕 필리포스 2세와 에피루스의 왕녀 올림피아스 사이에서 기원전 356년에 태어난, 정확히 말해 알렉산드로스 3세이다. 부친인 필리포스는 당대 최고의 군사지략가이자 권력을 향한 냉철한 합리주의자였던 반면 그의 모친 올림피아스는 신비적이고, 낭만적이며, 격정적인 기질을 가진 여인이었다. 알렉산드로스가 타고난 전략가로서의 면모를 지니면서도 낭만적이고 감수성이 예민한 모습을 보였던 이유는 바로 여기에서 찾을 수 있다. 이러한 혈통적 배경을 갖고 태어난 알렉산드로스를 가장 그리스적인 인물로 만들어준 사람은 당대 최고의 지성으로 손꼽히는 아리스토텔레스였다. 알렉산드로스는 13세부터 그에게 가르침을 받으면서 철저히 그리스적인 인물로 자라게 되었다.

알렉산드로스는 부왕 필리포스가 그리스 세계에 대한 원정에서 연거푸 성공을 거두자 "이러다 아버지에게 위업을 다 빼앗기고, 아무것도 할 일이 없겠다"고 투덜거릴 정도로 전공을 통한 명예와 영광을 소중히 여겼다고 한다. 기원전 336년 왕위에 오르자마자 세계 정복에 대한 자신의 야심을 실현하기 위해 2년간의 착실한 준비과정을 거쳐 기원전 334년 드디어 페르시아 원정을 시도하게 된다. 하지만 페르시아 원정은 알렉산드로스가 최초로 시도했던 것은 아니었다. 이미 기원전 338년 필리포스 2세

이수스 전투에서의 알렉산드로스

폼페이에서 출토된 이수스 전투의 한 장면

시기에 그리스의 거의 모든 폴리스들의 모임인 '코린토스동맹회의'에서 페르시아 원정을 결의했다. 이 점에서 미루어보면 페르시아 원정은 알렉산드로스의 개인적인 야심만을 채우기 위해 추진된 것이 아니었다는 얘기다. 그렇다면 대다수 폴리스들이 페르시아와 전쟁을 강력하게 추진하려 했던 이유는 무엇이었을까?

그 이유를 밝히기 위해 기원전 4세기 그리스 사회로 시야를 돌려보자. 당시 그리스는 정치적 불안과 다양한 사회문제로 혼란을 거듭하고 있었다. 폴리스들은 그들이 '야만인(바르바로이)'이라고 부른 새로운 맹주, 마케도니아의 지배를 인정하려 하지 않았고, 계속된 전쟁에 따른 경제악화와 빈부격차 그리고 과잉인구라는 사회적 악조건 속에서 시름하고 있었다. 내부 알력과 분파주의로 얼룩진 그리스 세계의 정치적 통합을 모색하고, 유랑민의 용병고용과 식민지 확보를 통한 토지분배로 사회문제를 일소하기 위해서는 무엇인가 특단의 조치가 필요한 상황이었다. 이때 그리스 세계의 '공공의 적'이자, 당시 광대함과 풍요로움의 상징이었던 페르시아 제국에 대한 원정은 그리스 세계에 대한 마케도니아의 지배권과 사회문제라는 두 마리 토끼를 한꺼번에 잡을 수 있는 절호의 기회였던 셈이었다.

좌절된 야망과 허무한 죽음

기원전 334년 5월 알렉산드로스는 대략 3만 5천의 군대를 거느리고 헬레스폰토스 해협(오늘날의 다다넬스 해협)을 건너 페르시아 땅으로 진격해 들어갔다. 이수스 전투와 가우가멜라 전투에서 페르시아 제국 다리우스 3세의 군대를 격파하고, 파죽지세로 제국의 중심부에 도달, 수도인 수사와 페르세폴리스를 함락하였다. 고대세계의 최대 도시들인 바빌론과 페르세폴리스 등지를 점령한 원정군은 아테네 제국의 300년 치 국민소득에 해당하는 엄청난 보화를 얻은 다음 철저한 파괴와 약탈을 자행했다.

이제 남은 일은 다리우스 3세를 뒤쫓는 것이었고, 알렉산드로스와 그의 군대는 초인적인 강행군을 계속해 파르티아와 소그디아, 박트리아를 거쳐 기원전 327년 초여름, 힌두쿠시 산맥을 넘어 대망의 인도 서북쪽 관문에 다다랐다. 그들의 원정은 고향인 마케도니아에서 줄잡아 7년, 거리로 2만 5천km(그가 되돌아간 거리를 합치면 3만 5천km, 지구 둘레의 7/8)에 걸친 대장정이었다. 기원전 326년 인더스 강가에 다다른 그는 당시 그리스인들이 알고 있던 세계의 끝에 와 있었고, 그의 야심이 실현되었다고 확신한 순간, 인더스 강둑에서 바라본 서쪽은 지평선이 보이는 드넓은 평야였다. 아직 정복되지 않은 처녀지는 알렉산드로스

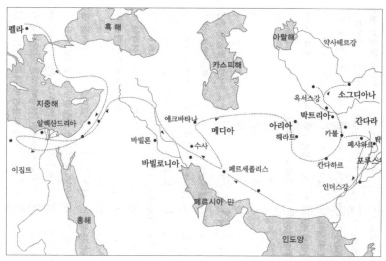

의 명예욕에 또다시 불을 지폈다.

그러나 병사들은 그와 달랐다. 그들은 장기간의 행군과 전투로 몹시 지쳐 있었고, 혹독한 몬순기후와 독사, 해충에 시달려야 했다. 세계의 끝에 있는 바다에 다다르면 고향으로 돌아갈 수 있다는 희망은 인더스 동쪽에 드넓게 펼쳐진 지평선을 보고선 이내 절망으로 바뀌었다. 미지의 세계에 대해 전해지는 이야기들 예컨대 가공할 코끼리와 전차군단은 병사들에게 두려움을 심어주기에 충분했다. 알렉산드로스는 여러 차례 병사들을 회유하고 독려했지만 내부에선 모반의 기운까지 감돌았고, 휘하의 장수들마저 반발하자 원정을 포기할 수밖에 없었다. 후일을 기약하고 다시 서쪽으로 기수를 돌린 알렉산드로스는 누적된 육체적 피로와 대제국 통치에 대한 심적 중압감, 알코올과 섹스로 인해 극도로 쇠약해지다가 마케도니아에 이르지도 못한 채 기원전 323년 바빌론에서 열병에 걸려 짧은 생을 마감한다. 그때 그의 나이 33세. 알렉산드로스 사후 그의 제국은 마케도니아와 시리아, 이집트 등 3개의 왕국으로 분열되었지만, 그리스인은 여전히 그의 세계에서 주도권을 잡고 있었다.

퓨전문화, 헬레니즘의 탄생

알렉산드로스는 그 당시에 알려진 모든 문명 세계를 정복하겠다는 야심을 품었고, 실제로 광대한 대제국을 건설했다. 그가 통합한 땅덩어리는 단순히 넓은 정도가 아니라 완전히 다른 세계들의 결합이었다. 그리스 본토와 함께 이집트, 소아시아, 페르시아, 인더스 유역까지 이어지는 거대한 지역을 알렉산드로스는 군사 정복을 통해 획득하였다. 그러나 거대한 땅덩어리를 차지하는 것보다 훨씬 더 어려운 과제는 그것을 유지하고, 통치하는 것이었다. 제국의 '경영'은 3만 5천 명의 군사력으로는 불가능한 일이었다. 때문에 알렉산드로스는 군사력에 의존하기보다는 제국의 진정한 통합을 이루어낼 수 있는 제도적 장치를 마련해야만 했다. 헬레니즘은 바로 알렉산드로스의 제국 운영을 위한 구상 속에서 탄생하게 된 문화였던 것이다.

알렉산드로스의 구상은 인종혼합을 통해 문화적 통합을 자연스럽게 이루려는 것이었다. 이를 위해 그는 그리스 병사와 페르시아 처녀의 결혼(기원전 324년 수사에서 80명의 마케도니아 장군들과 페르시아 처녀들의 합동결혼식이 있었고, 1만 명의 병사들도 현지의 처녀들을 아내로 맞이했다)을 적극 권장했고, 제국군대를 현지인에게 개방했다. 한편 정복지역에 건설된 도시 '알렉산드리아'를 그리스문화의 전파와 이민족 문화의 수용을 위한 '문화의 용광로'로 삼았다. 오늘날까지 알렉산드리아라는 이름으로 유일하게 남아 있는 도시는 기원전 331년에 건설된 이집트의 알렉산드리아뿐이지만, 이 도시는 알렉산드로스 당대에 유일하게 지중해 유역에 건설된 도시였다. 그 외에 70여 개의 알렉산드리아가 티그리스 강 동쪽에 건설됨으로써 이민족들에 둘러싸인 그리스문화의 '섬'으로, 정복지에 그리스문화를 보존하고 확산시키는 기능을 수행했다.

제국통합을 위한 알렉산드로스의 구상은 실효를 거두지 못한 채 그의 죽음과 더불어 수포로 돌아가고 말았다. 당시까지도 그리스인들은 "모든 야만인들은 태어날 때부터 그리스의 '적'이자 '노예'"라고 생각한 플라톤과 아리스토텔레스의 주장을 일반적으로 받아들이고 있었다. 알렉산드로스의 구상을 받아들이기엔 그리스인들의 자존심이 너무 거셌고, 이민족은 이민족대로 그리스인의 일방적인 문화전파 아래에서 알렉산드로스의 구상을 자발적으로 따르기란 매우 버거웠다. 인종혼합에 의해 자연스럽게 마련될 줄 알았던 문화적 융합은 사실 알렉산드로스 당대에 실현될 수 있는 것이 아니었다. 그것은 교류와 더불어 여러 세대에 걸쳐 장기적으로 진행될 때만이 얻을 수 있는 결과물이었던 것이다.

헬레니즘이란 용어는 '그리스식式' 또는 '그리스화化', '그리스풍風'이란 의미로 그리스문화가 그리스 세계 밖으로 확산된 것을 의미한다. 대체로 알렉산드로스의 동방원정부터 이집트의 프톨레마이오스 왕조가 단절되는 때까지를 포함하는 헬레니즘 시대(334~30 B.C.)의 그리스문화는 페리클레스 시대(495?~429 B.C.)의 고전기 그리스문화(고립된 폴리스 중심의 시민공동체 문화)와는 근본적으로 달랐다. 폴리스는 거대한 제국 속에서 흔적도 없이 사라져버렸고, 그리스어는 어느덧 국제어가 되었으며, 제국 내에 경제적 통일성이 확립되면서 도시국가의 시민들은 갑자기 세계시민이 되어버렸다.

"인간이란 폴리스를 떠나서는 살 수 없다"고 생각해온 그리스인은 이러한 변화에 직면하여 방향감각을 잃을 수밖에 없었다. 국가는 공동체로서 존재하는 것이 아니라 엄청난 억압 기구로 변했고, 그때까지 폴리스의 일원으로서 공적인 기능을 담당한 시민들은 갑자기 험난하고 냉혹한 세계로 내던져졌다. 이러한 변화에 직면하여 사람들은 폴리스든 제국이든 공적 영역으로부터 벗어나 철저히 현실도피적인 개인주의화를 지향하게 된다. 헬레니즘 시대의 대표적인 철학사조인 에피쿠로스학파와 스토아학파는 그 방식에 있어서는 달랐으나 오로지 '개인의 행복'을 추구했다는 점에서는 일맥상통했다. 철학과 달리 예술과 건축은 오히려 정형화된 유형에서 탈피하여 강렬하고 사실적이며, 화려했다. 고전기 그리스의 단아한 문화는 지나가고, 그 대신 격렬함이 이때의 문화적 특징이 되었다. 이 시대의 철학이 마음의 평정을 유달리 강조한 것도 그 격렬함을 다스리고자 함이 아니었을까?

참고한 책, 더 읽어볼 거리

이주형, 『아프가니스탄, 잃어버린 문명』, 사회평론, 2004.
조현미, 『알렉산드로스』, 살림, 2004.
마이클 우드, 남경태 옮김, 『알렉산드로스, 침략자 혹은 제왕』, 중앙 M&B, 2002.
만프레드 클라우스, 임미오 옮김, 『알렉산드리아』, 생각의 나무, 2004.
빅터 데이비스, 남경태 옮김, 『살육과 문명-서구 세계제패에 기여한 9개 전투』, 푸른숲, 2002.
윌리엄 L. 랭어, 박상익 옮김, 『호메로스에서 돈키호테까지』, 푸른역사, 2002.
찰스 반 도렌, 홍미경 옮김, 『지식의 역사』, 고려문화사, 1999.

알렉산드로스는 양성애자?

알렉산드로스의 성적 취향은 여전히 흥미거리이자 논란거리이다. 그는 가정을 지닌 남성이었지만, 동성애자이기도 했다. 여성에 대한 취향도 동년배 남성들과는 매우 달랐는데 이 같은 성과 여성에 대한 그의 태도에 가장 큰 영향을 미친 사람은 그의 어머니 올림피아스였을 것이다. 알렉산드로스에 대한 그의 어머니의 집착은 너무 심했고, 이러한 모성이 알렉산드로스의 성적 취향에 큰 영향을 미쳤을 것이다. 그가 처음 섹스를 경험한 시기는 비교적 늦은 스물세 살이 되어서였는데, 그중 일부는 나이 든 여성들(카리아의 아다 여왕, 페르시아의 시시감비스 여왕 등이 그들인데, 아마 어머니와 닮은 여성을 찾았을지도 모른다)이었다.

젊은 여성들에 대한 그의 태도는 확실치 않다. 그러나 알렉산드로스가 사로잡힌 다리우스의 젊은 왕비 스타테이라를 보고 그녀의 아름다움을 '내 눈의 고통'이라 불렀다는 일화는 알렉산드로스를 이상화하기 위해 꾸며낸 이야기일 가능성이 크다. 그는 정부인 바르시네에게서 낳은 한 아이와 아내인 록사네에게서 낳은 두 아이의 아버지이기도 했다. 하지만 가장 깊은 정서적 유대감은 남자들에게서 느꼈던 듯

올림피아스

하다. 그러나 현대인들과는 달리 이성애적인 관계만을 정상으로 여기지 않았던 그 시대 사람들에게는 그의 그런 태도가 이상한 것이 아니었다. 알렉산드로스는 환관들—특별히 가까운 관계(?)에 있던 환관 바고아스와 에욱세니포스—외에도 우정과 사랑을 가늠할 수 없을 정도의 많은 남성들에게 둘러싸여 있었다. 그는 완전히 남성적인 사회에서 살았으며, 그의 친구들은 상류층에서 가려 뽑은 사람들이었고, 대부분 아시아 원정에도 참여했다.

역사가들은 젊은 동료 그룹 중에서 어린 시절부터 알고 지냈던 '헤파이스티온'을

그와 가장 절친한 관계를 나눈 인물로 뽑고 있다. 헤파이스티온은 알렉산드로스의 둘도 없는 친구였으며, 그와 영웅적인 꿈을 공유하고 왕을 '자기 자신처럼' 사랑한 '또 하나의 알렉산드로스'였다고 한다. 하지만 그들의 우정을 말해주는 참된 증거는 문헌상 거의 전하지 않는다. 아마 가장 뚜렷한 단서는 헤파이스티온이 죽었을 때, 알렉산드로스가 보여준 극단적인 슬픔, 병적이라 할 만큼 강렬한 비탄일 것이다.

로마, 고대 지중해 세계의 모범

– 로마는 하루아침에 이루어지지 않았다!

근대 역사학의 아버지 랑케는 "모든 고대사는 이를테면 많은 개울이 호수로 흘러가듯이 로마의 역사로 흘러들어 가고, 모든 근대사는 다시 로마로부터 흘러나왔다"고 말할 정도로 로마를 서구 문명의 전범典範이자, 원천으로 간주했다. 하지만 랑케의 위대한 로마도 처음에는 테베레강 기슭에 자리한 조그마한 도시국가로부터 출발했다. 로마라는 도시 이름은 원주민인 에트루리아인의 루몬('강의 도시'라는 뜻)에서 유래했다고도 하며, 이 도시를 건설했다는 로물루스Romulus에서 따왔다고도 한다. 건국신화에 따르면, 로물루스는 쌍둥이 동생 레무스Remus와 함께 군신 아레스와 알바롱가 왕가의 딸인 레아 실비아 사이에서 태어났다. 로물루스와 레무스는 탄생 직후, 테베레강에 버려져 아레스가 보낸 어미 늑대의 젖을 먹고 자란 뒤, 기원전 753년 테베레강가에 도시를 건설한다. 나중에 로물루스는 동생 레무스를 살해하고 초대 왕이 되는데, 자신의 이름을 따서 도시에 '루마Ruma'라는 이름을 붙였다고 한다.

로물루스의 전설에서 보듯, 로마의 건국 과정은 생존을 위한 처절하고 격렬한 투쟁의 연속이었다. 시초부터 로마는 주변의 여러 산악 민족들의 공격을 받고 있었으므로 이들을 격퇴하고 정복해야 했다. 그 후 오랜 기간의 전쟁을 통해 이탈리아 반도 전체를 통일해나가고 카르타고와 동부 지중해 국가들을 차례로 정복해서 대제국 로마를 완성하게 된다. 한편 계속된 대외 전쟁에서의 연이은 승리는 내부 구성원들 사이의 갈등과 대립을 해결함으로써 얻은 값진 결과였다. 따라서 로마는 구성원들 사이의 갈등과 대립을 내부적으로 흡수함으로써 사회적 통합을 달성할 수 있었고, 이를 기반으로 대외 전쟁을 더욱 강력하게 추진할 수 있었던 것이다. 결과적으로 제국의 완성은 그 때문에 더디게 진척됐지만, 제국에서 일어난 심각한 갈등을 법과 제도로 흡수하는 로마인들의 탁월한 능력은 사회구성원들의 강력한 결속을 이끌어내 제국을 더욱 견고하게 만들었다. 서구문명의 본보기, 로마문명은 이렇듯 내부진통을 딛고 탄생했다. 로마는 결코 하루아침에 이루어지진 않았던 것이다!

눈속임의 민주주의, 레스 푸블리카

오늘날 전 세계의 어느 나라든 민주주의와 공화국을 천명하지 않는 나라는 없다. 민주주의는 우리가 잘 알고 있듯 기원전 5세기 그리스 도시국가의 정치체제에서 비롯됐다. 그와 함께 민주주의와 한 쌍을 이루는 '공화정'은 그리스와 이웃한 초기 로마의 정치적 유산이다. 공화정, 곧 레스 푸블리카('res publica', 여기서 'republic'이란 말이 나왔다)는 '국가란 공공의 것'이라는 의미로서, 왕 또는 황제 한 사람이 권력을 독차지하지 않는다는 것이다. 그렇다면 권력이 민중에게 골고루 분배되었다

늑대의 젖을 먹는 로물루스와 레무스

는 것인가? 우리는 거의 습관적으로 공화정을 '자유나 민주주의'라는 가치와 떼어놓고 생각하지 않지만, 처음부터 '공화정'이 이러한 가치를 내포한 정치체제는 아니었다. 로마 공화정의 탄생과정을 통해 본래 공화정이 어떤 모습이었는지 살펴보도록 하자.

기원전 10세기 무렵 라틴족의 한 무리가 팔라티움 언덕을 중심으로 주변의 몇몇 언덕에 정착하기 시작하고 기원전 7세기경에는 개별 촌락들이 하나의 폴리스로 통합되는데, 이것이 곧 로마이다. 도시국가 로마의 최초 지배체제는 왕정이었지만, 왕의 권한은 민회가 비준한 왕의 제안을 검토하고, 전통에 비추어 거부권을 행사할 수 있었던 원로원에 의해 제한되었다. 도시국가를 구성하고 있는 여러 씨족의 우두머리들로서, 오랜 혈통을 지닌 귀족(patricii, '조상의 이름을 댈 수 있는 자들'을 의미함)의 모임인 원로원은 실질적으로 국가의 주권을 장악하고 있었다. 왕은 본질적으로 원로원에서 뽑은 선출직 대표와 같았기 때문에 독자적으로 권력을 행사할 수 없는 '무늬만 왕'인 존재에 불과했다. 이렇게 볼 때 초기 로마를 지배한 것은 왕이나 민회가 아니라 원로원을 중심으로 한 소수의 세습적 혈통귀족이었음을 알 수 있다.

기원전 6세기에 이르러 로마는 북부 에트루리아의 정치적 지배를 받게 되는데, 이때 에트루리아계 왕의 권한이 강화되면서 상대적으로 씨족과 귀족의 힘은 축소될 수밖에 없었다. 그 후 로마는 강력한 왕권을 발판으로 급속한 발전의 길로 들어선다. 이때부터 로마는 테베레강 하구를 따라 펼쳐진 350평방 마일의 면적과 라티움 지역에서 가장 많은 인구를 보유한 대규모의 도시국가로 성장하였다. 로마에 수많은 공공건물과 광장이 세워지고, 외국의 상인과 수공업자들이 몰려드는가 하면 카르타고와의 무역이 시작되었다. 도약을 위해선 움츠림이 필요하다. 기원전 6세기는 로마 역사에서 굴욕적인 시기였지만, 동시에 발전을 위한 내실 다지기의 시대이기도 했다.

한편 이러한 사회경제적 발전을 바탕으로 하여 세르비우스 왕의 군제개혁이 단행되었는데, 골자는 부족 단위의 군사조직이 폐지되고 거주지를 중심으로 시민을 20개의 기본 단위로 재편성한 뒤 그것을 기반으로 군대의 소집과 징세를 단행하는 것이었다. 혈연적 씨족을 기반으로 했던 사회조직이 폐지되고 공동체와 군대의 구성원들인 시민을 기초로 하는 새로운 사회조직이 그 자리를 대체하였다. 새로운 군대에는 중무장 보병대라는 새로운 편제가 도입되었고, 이러한 전술적 변화는 그나마 귀족들의 권한을 떠받치고 있던 군사적 기능을 해체하는 것이었다.

기원전 509년, 군제개혁으로 기득권의 심각한 균열을 감지한 혈통귀족들은 대외 전쟁에서의 실패, 외래 민족의 침입에 따른 심각한 경제난 등을 왕의 억압적 통치로 돌려 이민족 출신 왕의 지배에 반기를 들게 된다. 드디어 에트루리아계 왕정이 붕괴됨으로써 원로원을 중심으로 한 소수의 혈통 귀족이 도시국가의 권력을 완전히 장악하게 된다. 이때 원로원이 왕정을 대신해 내놓은 새로운 통치체제가 바로 '공화정'이었던 것이다. 원로원은 두 명의 집정관을 선출하여 종전에 왕이 행사했던 행정과 사법 권한을 완전히 장악하도록 했다. 그들은 대개 원로원 의원 출신이며, 자신이 속한 계급의 이익을 저버리지 않았다. 그밖에 원로원은 국가가 비상사태에 처하게 되면, 6개월 시한부의 독재관을 임명할 수도 있었다. 로마의 정식 국가명칭 즉 'SPQR(Senatus Populusque Romanus, 원로원과 로마 인민)'이 말해주듯, 로마는 우선 원로원의 것이었고, 그 다음으로 로마 인민의 것이었다. 그러한 귀족의 지배 체제는 이후 로마가 장기간의 사회투쟁을 거치며, 민주주의적 제도와 법률을 확립해가는 과정에서도 결코 폐지된 일이 없었다. 로마의 공화정은 이처럼 우리의 상상 속에 그려진 공화정의 이미지와는 거리가 먼 정치체제였으며, 내용상 귀족정이나 과두정에 가까웠다.

평민이여, 궐기하라!

앞서 말한 바대로, 귀족의 정치적 지배를 공고히 하는 수단에 불과했던 공화정은 평민을 정치로부터 효과적으로 배제하는 장치였다. 이 때문에 평민들은 귀족의 지배에 대해 상당한 불만을 가지고 있었다. 무거운 세금을 납부하고 전시에는 자발적으로 군대에 복무해야 했지만 그들에게 돌아온 것은 민회에 참석하라는 허울 좋은 정치적 권리의 보장 뿐이었다. 여기서 당연히 예상되는 것은 평민들이 이런 상황에 불만을 품게 되고 귀족들에 맞서 자신들의 권리를 신장시키기 위한 투쟁을 벌이리라는 것이다. 로마 공화정의 역사는 이런 관점에서 볼 때 신분 갈등의 역사였다. 평민의 저항은 마침내 기원전 494년의 '성산Mons Sacer 집결'로 시작하여, 평민회의 의결이 원로원의 재가를 받지 않고도 곧바로 법적 효력을 가진다는 '호르텐시우스 법'의 제정으로 해소되기까지 무려 200년간 지속되었다. 이를 '신분투쟁'이라고 한다.

평민들의 저항 방법은 굉장히 단순했다. '분리운동'이라고 불린 집단행동은 로마에서 철수하여 그들끼리 따로 시를 하나 만들겠다는 위협이었다. 이참에 아예 딴살림을 차리겠다는 식이었는데, 기원전 494년 평민들이 로마 시에서 철수하여 아벤티누스 언덕을 점거하고 농성한 것이 최초이다. 평민들의 이런 위협은 귀족들에겐 참으로 심각한 문제가 아닐 수 없었다. 당시 로마는 주변 민족들의 공격을 방어하고 정복활동을 수행하기 위해서 항시 전투태세를 갖추고 있어야만 했다. 마치 전쟁기계와 같았던 로마에서 전투력의 핵심을 담당하고 있던 평민들이 도시공동체에서 이탈한다는 것은 도시국가 로마의 붕괴를 의미했다. 전투에서 보병의 중요성은 점차 증대되었고, 이를 잘 알고 있었던 평민들은 조금씩 그들의 정치적 권리를 확대해갔고, 귀족들은 자신들의 지배권을 완전히 놓지 않는 범위에서 평민들의 요구를 수용했다. 기원전 494년의 첫 '평민분리운동'의 결과 귀족들은 평민만의 집회인 '평민회'와 평민의 대표자인 '호민관'을 인정해야만 했다. 그리고 이와 같은 평민의 권한 확대는 여러 법령의 제정으로 구체화되어갔다.

평민의 저항에 직면한 귀족들이 처음으로 제정한 법령이 곧 '12표법'이다. 12표법은 기원전 449년 두 번째 '평민분리운동'이 일어났을 때 민회에서 통과되었다. 이때까지 로마의 법체계는 성문법이 아니라 불문

법이었기 때문에, 귀족들 사이에 전해 내려오는 내용을 신관들이 해석해주었다. 그러므로 신분 사이의 갈등이 일어날 경우 귀족들의 이익만 지켜질 것은 뻔한 일이었다. 평민들이 원한 것은 먼저 법의 내용을 확실하게 정하고 이를 문서화하는 것이었다. 그런데 사실 그 내용을 보면 오히려 귀족층의 지배를 공고히 하는 내용이 더 많다.

그런데도 이 법이 단지 귀족층만이 아니라 평민들에게도 중요했던 이유는 이제 로마의 모든 시민들이 법의 지배를 받는다는 원칙을 수립했다는 데 있다. 귀족들이 자기 마음대로 일을 처리하는 것이 아니라 설령 귀족들에게 유리한 내용이라 하더라도 공정한 법률의 집행에 따라 일이 진행된다는 것 자체가 어느 정도 평민들을 보호하는 효력을 발휘하였다. 12표법의 제정 이후 평민들은 새로운 법률제정을 통해 사회적 악습과 정치적 차별을 해결해나갔고, 표면적으로 귀족과 동등한 권리를 향유하게 되었다.

200년간 진행된 로마의 '신분투쟁'은 그리스와 비교하여 확실히 완만했고, 성과에 있어서도 보수적이었다. 무엇보다도 로마의 경우에는 그

〈제3표 채무관련〉의 내용

재판까지 30일의 유예기간을 두고, 그 후에 빚을 갚지 못한 채무자를 법정에 연행하며, 구금된 채무자의 식사를 채권자가 책임진다. 구금된 상태에서 빚을 갚을 수 있는 기간은 60일 동안이고, 이 기간 동안 빚을 해결하면 구금에서 풀려난다는 내용이다. 그렇다면, 빚을 갚지 못할 경우엔 어떻게 될까? 제5조와 6조가 바로 이 경우에 해당되는 내용인데, 제3 개시일(61일)에 극형으로 살해하든가, 테베레강 건너 외국으로 매각하며, 죽일 경우 채권자들은 그 시체를 나눠 가질 수 있는데, 이때 빚 액수에 맞도록 시체를 정확히 자르지 못해도 죄가 되지 않는다는 엽기적인 내용이 포함되어 있다.

리스의 역사에서 낯익은 혁명적 유혈사태라든지, 경제적 빈곤화의 해결을 위한 제도적 장치의 마련이 결여되어 있었다. 그 결과 신분투쟁의 해택은 단지 소수의 부유한 평민에게로 돌아갔다. 이들은 개방된 정무 관직을 통해 원로원에 진출했고, 거기서 여전히 명망과 지위를 유지하고 있던 혈통귀족 가문들과 합류하여 새로운 특권신분인 신귀족을 형성했다. 이 점에 있어서 원로원의 양보란 일부 부유한 평민층을 포섭하여 사신의 권력독섬을 유지하려는 귀속들의 속셈이었고, 신분투쟁 이후 로마의 정치는 소수의 평민이 참여한 이전보다 좀 더 자유롭고 유연한 과두정이었을 뿐이라고 평가할 수도 있다. 하지만 결과적으로 볼 때, 신분투쟁은 귀족의 양보를 이끌어냄으로써 로마 시민 사이의 결속을 다져나가는 계기였다는 것만은 확실하다. 왜냐하면, 기원전 287년 신분투쟁이 해소된 이후 얼마 안 가 로마는 이탈리아 반도 전체를 지배하게 되었고(275 B.C.), 그 후 지중해를 넘어 성공적인 팽창을 전개해나갔기 때문이다. 로마가 이처럼 세계 전체를 지배하는 대제국 건설로 나아갈 수 있었던 것은 국력을 최대한으로 발휘할 수 있게끔 국가 체제를 잘 정비했기 때문이다.

포에니전쟁의 빛과 그림자

이유야 어떻든 신분투쟁은 로마 시민의 결속력을 다졌고, 그를 통해 로마의 팽창은 성공적으로 진행될 수 있었다. 기원전 265년이 되었을 때 이탈리아반도 전체가 로마의 영토로 편입되었고 그 후 로마는 새로운 정복지를 찾아 이탈리아반도를 넘어 지중해와 서부 유럽으로 나아갔다. 그런 로마의 거대한 팽창력 앞에 가장 먼저 맞부딪치게 된 상대는 오늘날 튀니스의 북동쪽에 위치한 페니키아의 도시 카르타고였다. 로마가 생기고 나서 얼마 후 티레에서 온 페니키아 상인들이 세운 카르타고(페니키아어로 신도시를 의미)에는 로마인들이 포에니라고 불렀던 사람들이 살았다. 기원전 6세기 이후 서부 지중해의 해상권을 장악하고 번영을 누리고 있었던 카르타고는 로마가 이탈리아 반도를 평정한 뒤 지중해의 패권을 놓고 다투게 될 최대 경쟁자가 되었다. 기원전 264년 시칠리아 섬의 서부를 장악하고 있던 카르타고가 세력을 확대하자 로마는 이것을 자국에 대한 위협으로 받아들였고, 이내 카르타고에 선전 포고를 하게 된다.

이렇게 시작된 로마와 카르타고 간의 전쟁인 '포에니전쟁'은 기원전 146년에 이르기까지 세 차례에 걸쳐 진행되었다. 제2차 포에니전쟁 때에는 새로운 병기인 코끼리를 이용한 카르타고의 명장 한니발의 작전에 휘말려 로마는 위기에 몰리기도 했다. 그러나 기원전 201년 카르타고의 본거지를 직접 공격한 스키피오가 북아프리카 자마에서 대승을 거둠으로써 포에니전쟁의 실질적인 종지부를 찍게 된다. 그 뒤 카르타고는 다시 일어서는 듯했지만 기원전 146년 로마에 의해 도시는 완전히 불타버렸고, 살아남은 카르타고 시민 5만 명은 노예로 팔려갔으며, 이미 잿더미가 된 카르타고의 지표면에 소금을 뿌려 풀 한 포기 자라지 못하게 했다. '카르타고'라는 명칭은 사라지고 속주 '아프리카'가 그것을 대신했다. 패자 카르타고에 대한 승자 로마의 이러한 조치는 앞으로 로마의 팽창을 방해할 수 있는 가상의 모든 민족과 국가에게 그것에 대한 대가가 어떠한지를 보여준 본보기였다. 포에니전쟁의 승리 이후 로마는 파죽지세로 헬레니즘 세계를 정복해나갔다. 지중해는 로마인에게

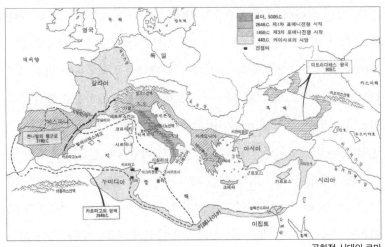

공화정 시대의 로마

'마레 노스트룸(mare nostrum, 우리 바다)'이 되었다.

해외에서의 성공적인 영토 확장이 모든 로마인들의 살림살이를 나아지게 한 것은 아니었다. 팽창의 수혜자는 원로원 의원들과 '에퀴테스(포에니전쟁 전후에 등장한 신흥부유층)' 출신의 몇몇 부유한 자들이었다. 속주의 총독이 된 원로원 의원은 부정과 부패로 배를 채웠고, 몇몇 부유한 기사들은 속주의 징세청구인이 되어 더더욱 부유해진 반면, 장기간의 해외 출정에서 돌아온 '아씨두이(assiduii 자영농, 토지에 정착한 자를 뜻함)'를 기다리고 있는 것은 황무지로 변한 농토뿐이었다. 한편 제2차 포에니전쟁 이후에 정복으로 획득한 공유지를 사적으로 점유한 뒤, 대규모 포로 노예들을 투입해 작물을 대량으로 재배하게 되는데, 이러한 새로운 경작방식을 '노예제 대농장 경영' 즉 '라티푼디움'(이 말은 넓다는 뜻인 'latus'와 토지나 농장을 뜻하는 'fundus'의 합성어이며, 단수는 'latifundium', 복수는 'latifundia')이라고 한다. 속주 라티푼디움에서 생산된 값싼 곡물이 로마로 쏟아져 들어오자 용케도 살아남았던 자영농들은 소생 불가능한 치명타를 맞게 된다. 빈곤해진 자영농은 토지를 저당 잡힌 채 채무자로 그 뒤엔 '프롤레타리'(무산자로서 자식을 낳아 키우는 일로 국가에 대한 의무를 다하는 자를 의미)로 전락되는 수순을 밟아야만 했다. 해외에서의 빛나는 전승은 다른 한편으로 이처럼 로마 사회 내부를 급속히 변질, 약화시킨 위기의 그림자가 되었다. 지중해를 석권한 승자로서 로마가 느꼈던 환희는 극히 짧았고, 혼미함은 너무나 길었다.

포에니전쟁 시기를 살다 간 대 카토는 "질박하고 강건한 농민적인 로마인의 기질이 사라지고 향락과 사치가 그 자리를 차지했다"고 개탄했다. 당시 로마는 외양은 밝고 화려했지만, 내부는 점차 썩어가고 있었던 것이다. 특히 군대의 중추를 이루고 있었던 건전한 자영농층의 몰락은 시민군의 약화를 수반함으로써 국가방위의 문제를 발생시켰고, 사회적 양극화로 인한 구성원들 사이의 갈등과 사회적 불안은 심화되었다. 호민관 티베리우스 그라쿠스와 가이우스 그라쿠스의 개혁은 바로 귀족의 토지독점을 제한하고, 불법으로 점유한 토지를 몰수, 무산시민에게 분배하여 자영농층을 부흥시킴으로써 사회불안을 일소시키고, 로마의 군사력을 예전처럼 강화하려는 것이었다. 하지만 그라쿠스 형제의 그야말로 '시대착오적이고 순진한 개혁'은 기득권 세력인 원로원의 집요한 방해와 테러로 인해 실패하게 된다. 원로원은 팽창해가는 제국에 합당한 통치기구가 아니었으며, 더욱이 영토와 전리품에 눈이 멀어 공화정 초기의 유연하고, 관용적인 태도를 잃어버린 지 오래였다. 개혁의 실패는 원로원과 민중을 화해할 수 없는 사이로 만들었고, 계속된 정복전쟁을 통해 새로운 정치세력으로 부상한 장군들이 원로원과 민중의 대립을 이용하여 권력을 추구해 나감으로써 폭력과 유혈사태가 난

무한 100년간의 내전을 겪게 된다. 로마가 그 영토의 크기와 구성에 알맞게 새로운 정치체제를 형성하는 과도기의 산고는 그만큼 길고 고통스러웠던 것이다.

참고한 책, 더 읽어볼 거리

김주한, 『서양의 역사』, 역사교양사, 1998.
김창성, 『세계사 산책』, 솔, 2003.
남경태, 『종횡무진 서양사』, 그린비, 1999.
남경태, 『트라이앵글 세계사』, 푸른숲, 2001.
시오노 나나미, 김석희 옮김, 『로마인 이야기 2, 한니발 전쟁』, 한길사, 1995.
신선희 · 김상엽, 『이야기 그리스 · 로마사』, 청아출판사, 2003.
찰스 반 도렌, 홍미경 옮김, 『지식의 역사』, 고려문화사, 1999.
프레테리크 들루슈, 윤승준 옮김, 『새 유럽의 역사』, 까치, 1992.

기독교가 로마 멸망의 원인?

서기 313년, 콘스탄티누스 황제는 밀라노 칙령을 통해 기독교를 공인했다. 로마와 기독교는 로마가 제국의 길을 걸을 때부터 동반성장을 해왔지만, 디오클레티아누스 황제 때까지도 혹독한 박해를 받아야 했던 악연 중의 악연이었다. 제국의 정치적 소용돌이 속에서 매번 '동네 북' 대우를 받아야 했던 기독교가 드디어 황제의 승인을 받았다는 것은 기독교도의 입장에서든, 그때까지 다신교의 전통 속에서 신앙에 있어서만큼은 구속됨이 없었던 로마 시민에게 있어서든 그야말로 충격적인 일이었다. 콘스탄티누스가 기독교를 공인한 이유는 물론 신비주의로 치장되어 있다. 정적과의 결전을 앞두고 고민에 차 있던 312년 10월 28일, 황혼으로 물든 붉은 하늘에 십자가를 보았고, 그 십자가엔 'Hoc Vince(정복이 끝났노라)'라고 쓰여 있었다고 한다. 신의 계시(?) 속에서 승리를 확신한 콘스탄티누스는 그리스도를 가리키는 그리스어 이니셜[P]을 방패에 새겨 출전해 대승을 거뒀다고 한다. 그 승리에 대한 대가가 곧 기독교 공인이었던 셈이다. 하지만 이것이 콘스탄티누스가 기독교를 공인한 진짜 이유일까?

결전을 앞둔 당시 콘스탄티누스는 지푸라기라도 잡고 싶은 절박한 심정이었을 것이다. 하지만 그가 보았던 십자가가 설사 사실이었다 해도 콘스탄티누스는 그것 때문에 기독교를 공인할 만큼 순진하진 않았다. 당시 콘스탄티누스는 디오클레티아누스가 은퇴한 이후 제위 계승에 참여한 후발 주자로서 시급히 새로운 세력을 끌어들여야 했다. 그때 그의 눈에 들어온 세력이 바로 기독교 세력이었다. 서기 4세기 초의 기독교는 탄생 시기 성서에 나오는 12사도 등의 일부 '마니아'들만 믿는 '컬트'적 성격의 소수 종교가 아니었다. 당시 기독교는 탄압이 심하면 심할수록 제국 전체에 빠르게 퍼져나갔고, 순교자가 늘면 늘수록 기반이 공고해져 명실상부한 조직으로 성장해 있었다. 콘스탄티누스가 이걸 놓칠 리 만무했다. 그러므로 밀라노 칙령은 고도의 정치적 게임의 소산이었다.

콘스탄티누스가 기독교를 공인한 시기, 이미 로마는 투병으로 지칠 대로 지친 말기 암 환자였다. 로마가 앓고 있는 병을 진단하고, 치료하고자 했던 의사인 디오클레티아누스가 병원을 등진 이후에 급파된 젊은 의사가 곧 콘스탄티누스였던 것이다. 콘스탄티누스는 여러 가지 수술을 시도해 로마의 생명을 연장시켜놓을 수는 있었지만, 악화될 대로 악화된 로마를 예전의 건장한 청년으로 부활시키기란 불가능했다. 이미 3세기에 망했을 로마가, 200년을 더 버틴 것은 아마도 이 두 황제들의 타고난 의술 덕분이었다. 하지만 콘스탄티누스의 기독교 선택은 단기적인 효과는 있었지만, 장기적인 처방책은 아니었다.

'국교'가 없었던 로마에서 황제의 인정과 보호를 받는 기독교는 국교에 버금가는 대우를 받게 되었다. 때문에 수많은 '기독교 공직자'들이 탄생하게 되는데, 주교와 사제, 부제 같은 성직자들이 바로 그들이었다. 기독교 세계 최초의 이단문제—아리우스와 아타나시우스—를 해결하려고 325년 개최된 니케아 공의회에 참석한 주교의 수가 자그마치 300명이 넘었다고 하니, 사제와 부제의 수는 이보다 몇 배 아니 몇 십 배 더 많았을 것으로 추측된다. 그것은 그렇지 않아도 무거운 세속의 관료기구에 거대한 성직의 관료제가 가중된 것을 의미했다. 그와 같은 거대한 기독교 조직은 로마의 경제와 사회를 피폐하게 만들어 로마를 붕괴시킨 과중한 주요 기생물 중 하나였던 것이다.

고대세계의 황혼

– 팍스 로마나에서 몰락에 이르기까지

　포에니전쟁과 마케도니아전쟁을 통해 로마는 이탈리아 반도의 서쪽과 동쪽으로 빠르게 팽창해나갔고, 결국 지중해 전체의 지배권을 장악하기에 이르렀다. 로마의 대외 팽창은 대규모 원정을 통해 명성과 현실적인 이득을 얻고자 한 귀족이건 토지획득을 열망한 평민이건 간에 로마 시민 모두의 욕구를 채워줄 수 있는 것이었다. 로마의 지배체제와 경제성장 역시 대외 팽창과 긴밀히 맞물려 있었기 때문에 정복전쟁은 계속되었고, 어느새 로마는 자그마한 도시국가에서 지중해를 '내해內海'로 하는 거대한 제국이 되었다. 그러나 승리의 결과가 평화를 보장해주지는 않았다. 로마는 곧이어 '내전'이라는 심각한 내홍을 겪어야 했다.

　성공적인 대외전쟁의 결과물에 대한 원로원의 독식에 호민관 그라쿠스 형제가 문제를 제기함으로써 원로원과 평민 사이의 갈등이 노골화되었다. 원로원은 신분투쟁 시기에 보였던 유연한 자세를 잃고 눈앞의 이익에만 몰두하였고, 평민들의 요구를 원로원의 권위에 대한 도전으로 일축했다. 한편 지속적인 팽창과 새로 편입된 속주에 대한 통치는 장시간 회의를 통해 합의를 도출하는 원로원의 정책형성과정을 비효율적인 것으로 만들어버렸다. 이 시기에는 전선과 속주에서 책임자들의 혼선을 최소화할 수 있는 중앙의 강력하고 신속한 판단과 명령체계가 새롭게 요구되고 있었던 것이다. 더욱이 기나긴 원정과 전투에서의 승리를 통해 장병과 민중들의 인기를 한 몸에 받고 있던 장군들이 원로원과 평민의 갈등을 이용해 정치무대의 전면에 등장한 것도 바로 이때였다.

장군들은 원로원의 전통과 권위에 대한 입장에 따라 옵티마데스(벌족파)와 포퓰라레스(민중파)로 분열된 정파를 주도해나갔다. 하지만 공화정의 전통과 권위의 상징이었던 원로원은 정파에 상관없이 정국을 주도한 장군들에 의해 무시당하는 수모를 겪어야 했다. 기원전 49년 갈리아에 주둔해 있던 카이사르가 군대를 거느리고 루비콘강을 건너 반대파 의원들을 숙청하고, 4년 후 종신 독재관을 선포했을 때, 원로원은 마지막 숨을 가쁘게 몰아쉬고 있었다. 브루투스를 비롯한 공화파 의원들이 독재자 카이사르를 잔인하게 살해함으로써 공화정의 연명을 기원했지만 시대적 요구, 즉 제정으로의 이행은 거스를 수 없는 대세였다.

페스티나 렌테, 천천히 서둘러라!

17세에 카이사르로부터 후계자로 지목되고, 18세에 카이사르가 죽자 정치무대에 등장해 19세에 집정관에 오른 옥타비아누스에게 나이는 아무런 문제도 되지 않았다. 카이사르가 옥타비아누스를 왜 자신의 후계자로 삼았는지 밝혀져 있지 않지만, 인물을 선택하는 그의 혜안은 참으로 탁월했다. 옥타비아누스는 양아버지 카이사르의 낭만이나 매력과는

거리가 멀었지만, 카이사르에겐 좀처럼 찾아
볼 수 없었던 극도의 자제력을 갖추고 있었다.
카이사르의 과도한 결단력이 자신을 사지로 몰아
넣었다면, 옥타비아누스는 이런 양아버지의 실수를
반복하지 않기 위해 철저한 계산 속에 자신의 입지를
굳혀나갔다.

옥타비아누스는 카이사르의 후광과 안토니우스
를 견제하려는 원로원의 지원을 이용하여 기나
긴 내전을 종식시키고 로마세계의 1인자가 되었
지만, 섣부른 권력행사를 자제했다. 원로원으
로 대표되는 구질서의 관성력은 생각보다 대단

아우구스투스 전신상

했고, 무엇보다 신질서를 위한 제도가 갖추어져 있지 않은 상황에서 노
골적인 권력행사는 자칫 반대파를 결집시켜 거센 저항을 불러일으킬
수 있는 자충수였기 때문이었다. 옥타비아누스는 원로원으로부터 자
신에게로 권력의 자연스러운 이행을 마무리하기 위해 누구도 알아차리
지 못하도록 주도면밀하게 움직였다. 그의 좌우명인 '천천히 서둘러라
Festina lente!'는 침착하고 단호한 그의 면모를 가장 단순하면서도 적나
라하게 나타내준다. 기원전 27년 1월 13일 원로원에서 행한 '1인자' 옥
타비아누스의 '공화정 복귀 선언'은 그 단적인 예이다.

35세가 된 '프린켑스'(제1시민)는 이날 원로원을 가득 메운 의원들 앞
에서 느닷없이 공화정 체제로의 복귀를 선언했다. 마치 싸움을 끝낸 전
사가 무기를 내려놓고 갑옷을 벗어던지기라도 하듯 의사당에 줄지어
앉은 원로원 의원들에게 모든 권력을 원로원과 로마 인민들에게 돌려
주겠다고 천명한 것이다. 일단 외관상 공화정에 호의적이었고, 지나칠

정도로 겸손함을 잃지 않았던 옥타비아누스였기에—그는 원로원에 위협적인 '임페라토르(개선장군)'의 사용을 극도로 자제했고 1년 전 원로원이 부여한 '프린켑스'라는 칭호를 선호했다—원로원 의원들은 공화정 복귀선언을 전혀 의심하지 않았고 진심으로 그의 선언을 받아들였다. 그로부터 4일 후 공화정 복귀선언에 들뜬 원로원 의원들은 만장일치로 옥타비아누스에게 '아우구스투스(존엄한 자)'라는 신성한 칭호를 부여했고, 이로써 그는 원로원에 돌려준 권력에 대신해서 권위를 합법적으로 인정받게 되었다.

그러나 실상 그가 원로원과 로마 인민들에게 돌려준 권력이란 내전의 수습을 위해 긴급하게 부여된 권력으로서 평화가 도래한 이후엔 쓸모가 없어진 것들이었다. 한편, 양아버지 카이사르 이후에 원로원이 정상적인 상황에서 부여한 '임페라토르'와 '프린켑스' 그리고 '집정관'으로서의 권력을 내놓은 것은 아니었다. 거기에 더해 느닷없는 '공화정 복귀선언'으로 신성한 권위까지 원로원으로부터 챙긴 것이다. 이처럼 옥타비아누스는 자신을 철저히 공화정적 이미지로 포장함으로써 원로원의 전통과 권위를 역으로 자신의 권력을 강화하는 수단으로 이용하고자 했다. 때문에 외견상 아우구스투스가 마련한 로마의 새로운 정치체제는 제1시민인 원수와 원로원이 서로 견제하면서 균형을 이루는 이원적인 모습을 띠는데, 이를 '프린키파투스', 즉 '원수정'이라고 한다. 일단 원로원으로부터 1인자로서의 지위와 권위를 다진 후, 아우구스투스는 낡은 질서를 대신할 새로운 제도를 마련하는 일에 착수했다. 그는 우선 군제개혁—군단 축소(50개→23개)와 상비군으로의 대체—을 단행해 군 복무의 짐에서 벗어난 평민들의 대대적인 환영을 받았다. 군대의 유지를 위한 안정적인 재정확보 대책을 마련하고, 제대 후 연금 및 토지

분배 등의 혜택을 제도화함으로써 군대의 충성과 군 통솔권을 장악했다. 한편 무산자를 위한 곡물의 무상배급과 야심적인 건설사업을 통한 일자리 창출은 물론 시민들의 구경거리까지, '빵과 서커스' 모두를 1인자 자신의 관심과 사재를 통해 마련함으로써 시민들의 인기를 한 몸에 받았다. 광대한 이집트와 황제 직할 속주에서 얻은 갖가지 수입은 1인자의 권력독점을 위한 재정적 기반이 되었고, 에퀴테스(귀족 아래의 기사 신분) 출신으로 구성된 신설 관료기구는 내적으로 원로원을 견제하고, 외적으로 1인자의 권력 집행을 확대하는 기능을 수행했다. 이들 개혁을 착실히 진행한 뒤 권력은 자연스레 아우구스투스로 집중했고, 원로원은 1인자의 의지를 충실히 반영하는 '원수의 거수기'로 전락했다. 모든 실권들이 아우구스투스의 수중에 집중되었고, 다만 여러 가지 공적 업무들이 대체로 공화정기의 관행을 따라 원수와 원로원 사이에 분담되고 있었을 뿐이었다. 말하자면 아우구스투스가 성립한 원수정은 공화정기의 낡은 옷으로 위장된 전제주의였던 것이다.

팍스 로마나

아우구스투스에 의해 정치가 안정된 이후에도 제위 계승에서의 몇 차례 크고 작은 잡음은 있었지만 그것이 로마제국에 도래한 평화를 뒤흔들 정도는 아니었다. 더구나 네르바에서 마르쿠스 아우렐리우스까지 100여 년에 걸친 '5현제 시기'는 양자계승을 통해 유래 없는 제국의 내적 안정을 달성했다. 한편 로마의 영광과 시민들의 인기를 얻기 위해 종종 대규모 원정이 추진된 적은 있었지만, 이 시기는 이미 아우구스투

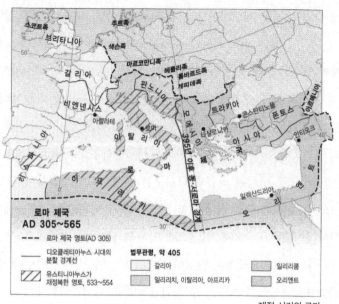

로마 제국
AD 305~565

--- 로마 제국 영토(AD 305)
── 디오클레티아누스 시대의
   분할 경계선
▨ 유스티니아누스가
   재정복한 영토, 533~554

법무관령, 약 405
□ 갈리아
▨ 일리리치, 이탈리아, 아프리카
▨ 일리리쿰
▨ 오리엔트

제정 시기의 로마

스에 의해 그 윤곽이 설정된 리메스(로마의 국경선을 의미하며, 서쪽은 라인-도나우 방어선이 기본 축이다)를 방어하는 쪽으로 대외정책의 원칙을 변화함으로써―2세기 초 트라야누스 치세가 제국확장의 분수령이었다―제국은 안팎으로 공전의 평화, 이른바 '팍스 로마나(Pax Romana 로마의 평화)' 시대(27 B.C.~A.D. 180)를 누리게 되었다.

'팍스 로마나' 시기는 또한 제국 안팎의 평화를 기반으로 무역이 활성화됨으로써 경제적 번영을 이룩한 시기였다. 지중해는 로마의 호수가 되어, 이탈리아와 속주, 속주와 속주를 잇는 방대한 해상망이 건설되었고, 내륙에는 새로운 도로망이 갖춰짐으로써 이들 사이에 유래가 없는 무역활동이 전개되었다. 로마는 기본적으로 농업국가였지만 그리스와 아시아 속주들의 전통적인 무역활동은 로마제국이 하나의 문화권을 이룸으로써 더욱 활성화되었다. 당시 무역활동은 비단 로마제국 내부로 제한되지 않았으며 아라비아와 인도, 그리고 중국에까지 확대되었다. 활발한 무역활동과 그에 따른 경제적 번영은 로마 문화 발전의 물질적 토대를 제공했다. 그리하여 계몽주의자들은 이 기간을 '황금시대'라고 일컬었고 기번은 "세계 역사상 인류가 최고의 행복과 번영을 누린 시기"로 간주했다.

제국의 중심지 로마는 당시 100만 명 이상의 시민들이 거주하는 인구 과잉의 대도시로 성장해 있었고, 속주에서도 교역의 발전이 도시의 성장을 이끌어가고 있었다. 중앙광장, 공공건물들, 회의장, 바실리카와 반원형 극장, 원형 경기장, 냉수와 온수가 나오는 공중목욕탕, 체육관, 장대한 수로교량과 신전들 그리고 주거지 등이 거의 원형 그대로 남아 있는 폼페이(79년 8월 베수비오 화산의 대폭발로 매몰됨) 유적을 통해 팍스 로마나 시기 도시민들의 삶이 얼마나 풍요로웠는지를 엿볼 수 있다. 특히 로마시의 빈민들은 하루하루의 식량과 식료품을 무상으로 배급받는 특권을 누렸고, 1년에 200여일 이상이었던 축제기간 동안 30만 명 정도의 사람들이 이륜전차 경주가 벌어지는 타원형의 경기장과 피비린내 나는 검투사들의 경기가 개최되는 원형 경기장을 찾았다. 실제로 당시 로마 시민들은 생존을 위한 치열한 일상에서 해방되어 있었고, 거기에다 지루함을 달랠 수 있는 볼거리까지 제공받고 있었다.

로마제국 도시들의 번영과 도시민들의 풍요로운 성공과는 대조적으로 속주의 농민들은 로마의 평화로부터 얻은 것보다는 잃은 것이 훨씬 더 많았다. 분명 전란이 종식되면서 안정된 생업의 효과는 있었지만, 그것은 이중의 착취로 증발해버리고 말았다. 라티푼디움의 확대로 인한 중소자영농의 감소와 소작농에 대한 지주들의 강도 높은 착취, 특히 '팍스 로마나' 시기를 통해 지속적으로 증대하여 생산량의 1/3 이상에 달하게 된 '황실재정'의 조세요구는 속주 농민들의 삶을 짓눌러버렸다. 제도상으로 공화정기의 속주 징세의 폐단이 일소된 듯 보였지만—농민의 부담은 인두세와 토지세로 간소화되었다—오히려 그들의 전반적 생활조건은 서서히 악화되어갔다. 그리하여 3세기 초에 이르면, '황실재정'은 벌써 조세의 짐을 속주의 상층민들에게 떠넘길 방도를 궁리해야 할 지경이었다. 곤궁에서 벗어나기 위해 속주의 많은 농민들은 공화정 후기의 이탈리아 농민들과 비슷한 길, 즉 번영하는 속주 도시들로 일자리를 찾아 떠나거나 아니면 제국군대에 자원하는 길을 선택해야만 했다. 이렇듯 로마 시민과 속주 도시민 중 상층부가 누린 '로마의 평화'는 로마제국의 대부분을 차지하는 속주 농민에 대한 착취와 그들의 비참한 생활 위에 세워진 기념비였던 것이다.

고대세계에 드리운 먹구름

철학자에게도 피는 물보다 진했던 것일까? 현제 중의 현제라고 칭송받는 마르쿠스 아우렐리우스는 제위계승에 있어서만은 그렇지 못했다. 그는 네르바로부터 이어져오던 양자 계승의 전통을 저버리고 무능하고 포악한 그의 아들 코모두스에게 제위를 물려주었다. 황제가 된 그가 한 일이란 원로원을 무시한 잔혹하고 방탕한 지배였기에 결국 192년 궁정 내 반대파에 의해 암살당하고 만다. 코모두스가 살해당한 뒤 제국 중심부의 상황은 극히 불안정하게 전개되었다. 속주 군사령관 출신인 세베루스가 무력을 사용하여 권력을 장악한 후 노골적인 군사독재를 시행함으로써 무력을 갖추기만 하면 누구든지 황제의 자리를 차지할 수 있다는 본보기를 제공했다. 이후 로마 역사는 제각기 황제가 되고자 했던 군사령관 출신 장군들의 피비린내 나는 싸움으로 점철되었다. 새로운 내란 상황에 빠져든 로마는 서기 235년에서 284년까지 약 50년간 무려 26명의 '군인황제'들이 교체되는 파국을 맞이하게 됐다.

엎친 데 덮친 격으로 내전으로 시달리던 로마는 3세기 중반 이후 로마의 동쪽으로부터 침략해 들어오는 게르만과 사산조 페르시아인들에 의해 방어선이 돌파당하는 위기를 맞이했다. 리메스를 지키는 군사령관들이 모두 중앙의 권력투쟁에 몰두하고 휘하 군대를 정쟁에 동원함으로써 로마군의 전투력이 크게 약화된 결과였다. 로마는 이들과의 전투에서 번번이 패배했고, 251년엔 데키우스 황제가 고트족에게 살해당하는가 하면, 260년엔 발레리아누스 황제가 페르시아군의 포로로 사로잡혀 무릎을 꿇는 모욕까지 당해야 했다.

내란은 다시 경제적 파국으로 이어졌다. 사실 내란이 발생하기 이전에도 로마의 경제 질서는 앞에서도 지적했듯이, 견실한 면을 보여주진 못했다. 경제적 번영의 혜택은 로마제국의 시민들에게 골고루 돌아가지 않았고 주로 상류계급에게 집중돼 있었다. 때마침 터져나온 내란 때문에 농업과 상업이 파탄 상태에 이르자 제국 시민의 생활은 더욱 악화되었다. 한편 황제가 되려는 야심은 일차적으로 군대의 지지확보로 쏠렸고, 이를 위해 '제권 경쟁자'들에겐 군대를 매수할 많은 돈이 필요했다. "병사들을 부유하게, 그리고 나머지는 묵살하라!" 군인황제의 길을 연 세베루스 황제의 유언을 그의 계승자들은 충실히 따랐던 것이다. 그들은 정치자금을 조달하기 위해 귀금속의 양을 줄이고 불순물을 함유한 불량 화폐를 마구 찍어대 교환체계를 붕괴시켰고, 관할 지역의 주민들에게 몰수나 다름없는 무거운 세금을 부과해 지역경제를 파탄으로

로마의 분열

이끌었다. 지주나 소작인, 수공업자들 모두가 생산 의욕을 잃었고, 이들 중 무거운 세금을 피해 자신의 생산활동과 자유를 포기하고 유력자에게 자신을 의탁하는 사람도 적지 않았다.

　로마제국 말기에 들어서면서 제국을 재정비하고 새로운 활력을 불어넣으려는 개혁이 디오클레티아누스와 콘스탄티누스 황제에 의해 시도되었다. 개혁은 여러 분야에서 이루어졌다. 군대는 민간 행정조직과 분리되었으며, 콘스탄티누스 치세에 이르러 새로운 편제 아래 확충되었다. 제국통치의 효율성과 제위계승의 안정성을 위해 제국을 크게 동서 2개로 작게는 4개로 분리하였다. 경제를 안정시키고 재정을 확충하기 위해 통화를 개량하고 새로운 조세제도를 도입했으며, 농업 노동자와 도시 거주자들의 이직을 금지하는 법률을 공포하였다. 한편 콘스탄티누스는 수도를 경제상황이 보다 건실했던 동방의 콘스탄티노플로 옮겨

로마제국의 쇄신을 기하고자 했다. 하지만 이러한 조치가 이미 붕괴되어버린 경제와 만신창이가 된 국가재정을 회복시켜 로마의 번영을 되찾기에는 역부족이었다. 한편, 군대와 관료집단은 계속해서 증가했고, 콘스탄티누스의 기독교 공인의 결과 새로운 기생 집단인 '기독교 공직자'들이 출현했다. 그리하여 6세기에 이르면, 이들의 수가 국가의 행정관과 공무원의 수를 압도하게 되고, 고위 성직자의 급료는 세속 관료층을 능가했다. 그 부담은 생산을 담당한 농민과 도시 수공업자에게 고스란히 전가되었고, 이에 따른 생산의욕 저하는 재정의 악화를 더욱 부채질했다. 재정의 악화는 군대의 약화를 수반했으며, 그로인해 리메스는 주위 이민족의 침략으로 쉽게 구멍이 뚫렸다. 내부의 정치적 불안으로부터 번지기 시작한 위기의 먹구름은 고대세계의 붕괴를 알리는 서곡이었고, 375년 동쪽으로부터 들려온 게르만족의 말발굽 소리는 고대세계의 마감을 알리는 장송곡이었다.

참고한 책, 더 읽어볼 거리

김주한, 『서양의 역사』, 역사교양사, 1998.
김창성, 『세계사 산책』, 솔, 2003.
남경태, 『종횡무진 서양사』, 그린비, 1999.
남경태, 『트라이앵글 세계사』, 푸른숲, 2001.
시오노 나나미, 김석희 옮김, 『로마인 이야기 2, 한니발 전쟁』, 한길사, 1995.
시오노 나나미, 김석희 옮김, 『로마인 이야기 4, 팍스 로마나』, 한길사, 1996.
신선희 · 김상엽, 『이야기 그리스 · 로마사』, 청아출판사, 2003.
찰스 반 도렌, 홍미경 옮김, 『지식의 역사』, 고려문화사, 1999.
프레테리크 들루슈, 윤승준 옮김, 『새 유럽의 역사』, 까치, 1992.

클레오파트라와 식초

여자의 미모를 얘기할 때, 클레오파트라는 빠지지 않는 인물이다. 하지만 그녀는 미모뿐만 아니라 막강한 부를 과시했던 정치가이기도 했다. 로마의 독재자 카이사르와 염문을 뿌리기도 했고, 카이사르가 브루투스에게 암살을 당한 뒤에는 다른 이에게 마음을 주기도 했다. 당시 클레오파트라에게 낙점을 받았던 인물이 바로 마르쿠스 안토니우스였다. 카이사르가 죽임을 당한 뒤 로마의 지배자 가운데 한 사람이었던 안토니우스는 제국의 안위를 위해 그리스나 소아시아를 군사력으로 진압하는 역할을 맡았다. 그 과정에서 안토니우스는 로마에 적대하는 일부 세력들과 조우하게 되었고, 후일 그것이 클레오파트라의 계략이었음을 알게 되었다. 이에 안토니우스는 클레오파트라에게 '적의 친구는 나의 적'이라는 언명 아래 매우 강경한 태도를 보이기도 했다. 당시 몰락해가는 이집트 왕조의 파라오였던 클레오파트라는 안토니우스와 대립할 이유가 없었다. 차라리 그와 관계를 개선하는 것이 왕조의 부활에 도움이 된다고 판단한 그녀는 자신의 미모와 부를 이용해 안토니우스를 유혹하기로 작정했다. 클레오파트라는 대규모의 왕실 전용 함선을 이끌고 안토니우스를 만나러 해상으로 나갔다. 당시 몇 십 리 밖에서도 클레오파트라의 항해를 알 정도였다고 하는데, 이것은 클레오파트라가 뿌린 향수 때문이다. 로즈마리 향을 특히 좋아했던 클레오파트라는 자신의 몸에 향수를 뿌리고, 모든 배에는 로즈마리를 감고 항해를 했고, 이 향기가 바람을 타고 육지로까지 전해졌던 것이다. 어쨌든 그녀는 안토니우스를 유혹하기 위해 최대한 화려하고, 최대한 매혹적으로 치장하고 바다로 나갔다. 사랑의 여신 비너스와도 견줄 만큼의 매혹적 자태로 꾸민 클레오파트라에게 안 넘어올 남자가 어디 있으랴!

심리전에도 강했던 클레오파트라는 안토니우스의 호기심을 자극하기 위해 향기를 풍기고 휘황찬란한 불빛을 휘감으며 바다를 배회할 뿐 모습을 보여주지 않았다. 안토니우스의 애간장을 녹이다 클레오파트라는 안토니우스를 자신의 배에 태워 값진 보석으로 장식된 방에서 금과 은으로 된 식기로 식사를 했다. 며칠 동안 이어진 호화로운 연회에서 안토니우스는 결국 클레오파트라에게 유혹당하고 말았다. 당시 클레오파트라는 자신이 귀에 차고 있던 거대한 진주를 무색투명의 음료수 잔에 넣고 마시며 자신의 부를 자랑했다고 한다. 별반 내세울 것 없었던 안토니우스에게 그녀의 사치스러움과 부는 분명 매력적인 것임에 틀림없었다. 더구나 클레오파트라는 회심의 미소를 지으며 또 다시 다른 귀에서 거대한 진주를 빼내 그 음료에 넣고 녹여서 단번에 마셔버렸다고 한다. 이후 안토니우스는 클레오파트라와 밀회를 즐기며, 제국을 돌보지 않았고, 마침내 둘의 밀회는 옥타비아누스와의 악티움 해전으로 끝장을 보고 말았다. 그렇다면 안토니우스를 클레오파트라의 손아귀에서 놀아나게 했던 그 음료는 무엇이었을까? 바로 식초였다.

클레오파트라와 카이사르

중세

분열을 넘어
통합의 시대로

민족 대이동과 유럽의 형성

　로마제국이 하나로 통합하고 있었던 문명세계는 서로마 제국의 몰락 후 크게 3대 문화권으로 나누어지게 되었다. 동로마 제국(비잔티움), 이슬람 세계, 그리고 유럽 세계가 그것이다. 이 가운데 오늘날 서양 문명과 가장 밀접한 관련이 있는 유럽의 문화는 전반적으로 볼 때 11세기까지 비잔티움 세계나 이슬람 세계에 비하여 훨씬 뒤떨어져 있었다. 특히 5세기 이래 대대적인 민족이동이 일어나 혼란과 무질서가 상당기간 계속된 탓에 '암흑시대'Dark Age라고 불리기도 했다. 그러나 이 시기야말로 오늘날 유럽 세계가 수많은 국민국가로 분열되어 있으면서도 그 밑바닥에 깔려 있는 정신적·문화적 공동체 의식과 유대가 형성되었던 시기였다. 다시 말해 정신적·문화적 공동체로서 오늘의 유럽 세계가 바로 이 시기에 탄생하였으며, 이것을 주도해나간 집단이 바로 프랑크족과 로마 기독교 교회였다.

프랑크족, 변방의 야만족에서 문명의 주인공으로

4세기 후반 중앙아시아의 강력한 유목민족인 훈족이 도나우강 하류에 살던 서고트족을 공격해오자, 이에 밀린 서고트족은 남쪽으로 이동을 시작했다. 이때부터 게르만이라고 불리는 여러 민족들의 역사적 대이동이 시작되었다. 서고트족은 동로마군을 격파하여 아드리아노플을 차지하고 발칸반노를 거쳐 로마까지 침입하였다. 그러고 나서 알프스를 넘어 갈리아를 거쳐 에스파냐에 왕국을 건설했다. 오늘날 독일지역에 살던 반달족은 갈리아와 에스파냐를 거쳐 바다를 건넌 뒤 북아프리카 카르타고에 둥지를 틀었다. 그들은 수시로 시칠리아와 이탈리아를 습격하고 로마까지 쳐들어갔다. 당시 반달족의 파괴 행위는 '반달리즘'이라는 말까지 남길 정도로 대단했다.

451년 다시 로마로 쳐들어온 훈족은 그들의 지도자 아틸라가 죽은 뒤 물러갔으나, 뒤이어 유사한 아시아 민족인 아바르족, 불가르족, 마자르족 등이 중앙 유럽을 꿰차고 눌러 앉았다. 이때 훈족으로부터 해방된 동고트족은 이탈리아로 들어가 로마를 차지했다. 그러나 동로마 유스티니아누스 황제의 정복사업으로 동고트족은 사라지고, 6세기 중반에는 롬바르드족이 북부 이탈리아로 이동하여 왕국을 세웠다. 또한 지금의 독일 북부와 덴마크 일대에 살던 앵글족과 색슨족, 유트족은 브리타니아로 건너가 여러 개의 왕국을 세웠다.

이처럼 서유럽 각지에 게르만 왕국들이 들어서던 5세기 후반, 로마의 속주들 가운데 가장 역사가 길고 가장 로마화 되었던 갈리아 지방에도 새로운 맹주가 등장하였다. 라인강 너머에 살던 프랑크족이 로마 군대를 물리치고 갈리아의 중심부를 차지하게 된 것이다. 프랑크족을 이끌던 클로비스는 갈리아 남부를 지배하던 서고트족을 공략하기 위해 다른 게르만 민족들과 달리 로마 가톨릭의 정통 교리를 받아들였다. 그가 서고트족을 공격하자, 로마 가톨릭을 믿고 있던 그곳 원주민들은 그를 해방자로 환영하면서 그에게 합세하여 서고트족 지배자들을 이베리아 반도로 쫓아냈다. 이리하여 프랑크족이 라인강에서 피레네산맥에 이르는 넓은 지역에 걸쳐 세력을 떨치게 되었다. 대부분의 게르만 왕국들이 오래가지 못했던 데 비해 프랑크 왕국은 로마 가톨릭을 수용해 게르만 문화와 로마문화, 그리고 기독교를 융합함으로써 새로운 시대, 즉 중세 유럽의 문화와 사회의 기반을 닦아나갈 수 있었다.

프랑크의 실권자 피핀, 로마 교황과 손잡다

클로비스 이후, 왕자 사이에 영지를 분할하는 프랑크족의 관습으로 골육상쟁의 음모와 내분이 그치지 않았다. 그리하여 7세기 말에 이르면 왕은 유명무실해지고 프랑크 왕국의 실권은 궁정 장관격인 궁재宮宰의 손으로 넘어갔다. 에스파냐를 점령한 이슬람이 피레네산맥을 넘어 프랑크 왕국에 침입해왔을 때, 투르 근처에서 이를 격퇴한 것도 궁재 샤를 마르텔이었다. 급기야 그의 아들 피핀은 허수아비 같은 왕을 추방하고 왕위에 오를 것을 결심하였다.

때마침 피핀에게 매우 유리한 여건이 조성되고 있었다. 우선 성상icon 금지 문제로 인한 동·서 교회의 분열과 대립이 있었다. 성상 숭배에 대한 반감을 갖고 있던 비잔티움 황제 레오 3세는 726년 성상금지령을 내렸다. 그런데 이 조치는 단순히 종교 문제에 국한된 것이 아니었다. 당시 성상 숭배의 경향이 강했던 대토지 소유자인 수도원 세력을 억제하려는 전략이 들어 있었던 것이다. 이에 대해 서로마제국의 몰락 후 점차 비잔티움으로부터 독립을 꾀해오던 로마 교회는 문맹인 게르만족의 교화 사업에 성상 사용이 필요하다는 명분을 들어 황제의 금지령에 불복하게 되고, 이를 계기로 동방교회와 서방교회의 분열은 기정사실화되었다.

이러한 시기에 북이탈리아의 롬바르드족이 팽창하여 로마를 위협하자, 불안한 상태에 놓이게 된 교황은 새로운 후원자를 찾게 되었고 결국 피핀이 왕위에 오를 뜻을 전했을 때 이를 승인해주었다. 이로써 카롤링거 왕조가 새로이 열리게 되었다. 얼마 후 교황 스테판 2세는 직접 프랑크 왕국으로 건너가 피핀에게 도유식塗油式을 거행해줌으로써 그의 왕위를 더욱 정당화해주었다. 피핀은 이에 대한 보답으로 이탈리아로 원정하여 롬바르드족을 격파하고, 중부 이탈리아의 영토를 교황에게 기증했다. 이것이 1870년까지 계속된 교황령Papal State의 시초이다. 클로비스의 개종으로 성립된 가톨릭교회와 프랑크 왕국 사이의 유대는 이제 카롤링거 왕조의 성립을 계기로 보다 더 밀접하게 결합하게 되었다.

샤를마뉴, 로마제국 황제 되다

프랑크 왕국은 피핀의 아들 샤를마뉴(재위 768~814) 때 이르러 절정에 달했다. 샤를마뉴는 갈리아와 게르마니아에 걸친 옛 로마의 영토를 회복하고, 새로운 정복지의 이민족들에게 가톨릭으로의 개종을 강요함으로써 할아버지인 샤를 마르텔로부터 이어져 내려온 로마-게르만의 전통을 더욱 공고히 하고 확산시켜나갔다. 서기 800년 12월 25일, 가톨릭 확대에 공헌해온 카롤링거 왕들에게 변변한 선물하나 마련해주지 못한 것을 아쉬워한 교황 레오 3세는 성탄절을 맞이하여 특별 선물을 준비한다. 그것이 곧 샤를마뉴의 '서로마 제국 황제 대관식'이었다.

서로의 이해관계가 기막히게 맞아떨어진 이 사건은 엄청난 의미를 내포한 상징이었다. 300년 전에 멸망한 서로마 제국의 부활이자, 그것과는 확연히 다른 새로운 질서의 탄생을 의미했다. 새로운 질서란 '신성한 세계'와 '세속의 세계'가 적절한 분업과 협력을 통해 공동보조를 취하는 체제였다. 하나의 하늘 아래 두 개의 세계가 건설되었고, 그 세계를 두 개의 태양이 비추고 있었다. 이로써 민족이동 이후의 혼란이 안정되고 그리스도교 교회를 매개로 로마-게르만적인 중세 유럽의 새로운 질서가 수립되었다. 또한 샤를마뉴의 대관식은 한편으로는 교회와 국가의 긴밀한 유대관계의 강화를 뜻하는 것이지만, 나중에 신성로마제국의 성립과 더불어 전개되는 교권과 제권의 분쟁의 씨앗이 되기도 했다.

서기 800년에 건설된 새로운 로마-게르만 세계는 샤를마뉴의 강력한 카리스마를 통해 영토와 정치, 종교적으로 통합된 옛 로마제국을 그대로 복원한 것만 같았다. 한편 그 자신이 많이 배우지 못한 것을 한스럽게 여긴 황제는 학문과 예술을 무척이나 존중하고 사랑하여 각 교구에 학교를 세우고, 궁정에 학자들을 불러들여, 고전고대의 학문을 적극 장려했다. 자신의 제국이 로마-게르만의 혼혈이라는 점을 핸디캡으로 여긴 걸까? 그는 오히려 로마보다 더 로마적인 문화를 꽃피우고자 했고, 그래서 이 시대를 가리켜 '카롤링거 르네상스Carolinger Renaissance'라고 부른다. 하지만 이러한 겉모습과는 달리 샤를마뉴 제국의 내실은 옛 로마제국과 비교하여 매우 헐거웠다.

로마제국 황제의 권력은 비록 군사력에 의존하고는 있었지만, 잘 정비된 교통과 통신망, 촘촘한 관료제의 운용, 합리적인 제도와 법이 황제의 권력을 떠받치고 있던 또 다른 요소였다. 그러나 초고속으로 팽창하여 제국의 외양을 갖춘 '로마의 상속자' 프랑크는 유구한 역사와 전통으로부터 형성된 로마의 통치 장치까지 물려받지는 못했다. 갑자기 황제가 된 샤를마뉴가 그의 제국 영토를 로마의 속주屬州를 흉내내어 300여 개의 수county로 편성했지만, 지방을 중앙에 결속시키기는 만만치 않았다. 게다가 당시 주변 정세는 로마 시대처럼 강력한 중심이 들어서는 것을 허락하지도 않았다. 아직도 민족 이동은 소규모로 지속되고 있었으며, 유럽 대륙의 판도는 여전히 변화무쌍했다. 이 시기 그나마 지방의 이탈을 막고, 중앙에 대한 복종을 견인해냈던 것은 샤를마뉴 개인의 카리스마였다. 바로 이러한 이유에서 샤를마뉴 사후 제국의 분열과 분권화의 경향은 이미 샤를마뉴의 통치시기에 노정되어 있었다고 할 수 있다.

갑자기 황제에 오른 샤를마뉴는 지방까지 주의를 기울일 만한 여유가 없었다. 그는 우선 자신과 중앙정부를 지킬 기사단을 그의 할아버지 샤를 마르텔로부터 기인하는 주종제도vassalage를 통해 확보했다. 기사는 황제에게 군사적 봉사와 복종을 맹세하고, 황제는 그 대가로 토지를

주종제도vassalage

샤를 마르텔은 무기와 식량, 전리품의 분배를 통해 전사들의 충성서약을 얻어냈던 기존의 관행을, 말의 보유와 사육 등의 고비용을 충당할 수 있는 토지의 수여로 변화시켰다. 기병에게 수여한 이 토지를 은대지恩貸地라고 한다. 9세기에 가서는 은대지의 세습화가 진행되면서 은대지는 세습 토지를 의미하는 '봉토封土'로 바뀌게 되는데, 이로써 봉토土地를 매개로 한 쌍무적 계약관계인 '봉건제封建制, feudalism'가 성립된다.

주었다. 황제와 가신 사이의 관계는 권위에서 나오는 '명령'이 아닌 토지를 매개로 한 지극히 사적인 쌍무적 '계약'을 통해 성립되었다. 중앙의 보호 장치를 마련한 황제는 각 주에 자신이 신임하는 귀족을 주백州伯 또는 변경백邊境伯으로 파견하고, 이들에게 상당한 자치권을 부여했다. 최소한 방어만이라도 제 힘으로 하라는 게 취지였으나 군사권과 치안권, 사법권을 맡겨둔 것은 곧 중앙권력의 영향력을 포기한 것이나 다름없었다. 지방의 자치권을 행사할 수 있는 주백과 변경백이 중앙의 예에 따라 '주종관계'를 확대한다면, 충분히 중앙과 계급장 떼고 맞짱 뜰 수 있는 조건이었다. 이를 감시하기 위해 중앙귀족과 성직자로 구성된 순찰사를 파견했지만, 자치권을 광범위하게 누리는 주의 지배자들이 순찰사의 통제에 따를 리는 만무했다.

제국의 분열, 이민족의 침입 그리고 봉건제의 확립

샤를마뉴의 카리스마로 일시적으로 통합된 제국은 814년 그의 죽음과 더불어 금이 가기 시작한다. 제국은 그의 세 손자들 사이에 체결된 유럽 최초의 조약인 베르됭조약(843)에 의해서 서프랑크(지금의 프랑스 서부), 중부 프랑크(지금의 프랑스 동부와 이탈리아 북부), 동프랑크(지금의 독일 서부) 등 3개로 분할되었고, 이후 또 한 번의 국경 조약인 메르센 조약(870)을 통해 라인강을 동·서 프랑크의 경계로 정하면서 오늘날 프랑스, 독일, 그리고 이탈리아의 원시적인 분할선이 그려지게 되었다. 이러한 제국의 분할은 단지 앞으로 있을 본격적인 분열과 혼란의 전조일 뿐이었다.

9세기 후반부터 10세기에 걸쳐 '북방에서 내려온 사람들(노르만)'을 비롯한 이민족들이 침입해오자, 유럽 전체가 격심한 혼란에 빠지게 되었던 것이다. 동쪽에서는 마자르족이 몰려와 동부 프랑크 일대를 수십 년간 괴롭힌 끝에 오늘날 헝가리 지역을 차지했다. 북아프리카와 이베리아에선 이슬람이 프랑크를 이빨 빠진 호랑이 취급하며 끊임없이 치고 올라오려 했다. 이미 내분으로 중앙의 힘이 약화될 대로 약화된 무정부적 상태에서 지방 세력들이 수립한 독자적인 방어체계는 지방분권화를 전면적으로 확대시킨 원인이었다.

　노르만족의 약탈과 파괴행위는 특히 심각했고, 그 피해 범위가 전 유럽에 걸쳤기 때문에 유럽에게 있어서 이 기간은 혹독한 시련기였다. 프랑스 농촌 지방의 교회 당국과 영주들이 노르만족의 침략에 대비하기 위해 황제의 재가도 받지 않고 사적인 성채와 요새를 그물망처럼 축조한 시기가 바로 이 때였다. 자생적인 지방 성채의 건설은 외부 침입자들의 공격을 막고 동시에 지방에서 자신들의 권력을 공고히 하기 위한 것이었다. 9세기 중엽, 이미 프랑크의 주백 통치체제는 붕괴되었고, 은대지는 실질적으로 모든 곳에서 세습화되어 봉토로 바뀌었다. 이때 봉토란 봉신의 경제적 부양수단 뿐만 아니라 봉토에 대한 봉신의 배타적인 통치권을 포함하는 개념으로서, 영주는 자신의 영지에서 소위 '불입권'immunity을 행사하여 왕으로 군림할 수 있었다. 순찰사 제도는 소멸했고, 890년대에는 지방의 주백들이 이미 세습적 영주로 전환하였는데, 성채를 중심으로 하는 영주령들의 출현은 국왕과 백작(국왕 대리)의 권력이 돌이킬 수 없을 만큼 파멸된 것과 때를 같이했다.

　주종관계로 맺어진 황제와 국왕, 국왕과 제후, 제후와 영주 사이의 관계는 말 그대로 주군과 봉신의 관계가 아니었다. 장원을 통해 경제기반을 갖춘 데다 영지에 대한 통치권을 지니고 있던 봉신들은 주군들과 사실상 경쟁관계에 있었다. 황제는 주종관계로 맺어진 국왕과 제후들의 눈치를 봐야했고, 국왕과 제후들 역시 그들과 주종관계를 맺고 있는 봉신집단의 움직임에 민감했다. '주종관계 없는 주종관계'가 중세 유럽을 덮었고, 세속 세계의 최고 우두머리인 황제는 국왕과 제후의 입맛에 자신을 맞추던지 아니면 맞장을 뜨던지 둘 중 하나를 선택해야 했다. 대부분의 황제는 대립을 피하고 전자를 선호했다. 세속세계를 비춘 태양은 50년도 채 버티지 못하고 황혼을 맞이했고, 세속세계는 중심을 잃은 채 수많은 조각으로 분열되었다.

이후 서프랑크에서는 왕위계승을 둘러싼 내분과 노르만의 침입이 빈번하여 봉건제후의 세력이 날로 증가하였다. 마침내 10세기 말 카롤링거 왕조의 혈통이 끊어지자, 전국의 봉건귀족과 고위성직자는 위그 카페Hugh Capet를 새로운 국왕으로 추대하여 카페 왕조가 성립하였다. 국왕이 된 위그 카페는 장자를 협력자로 지명하는 관행을 통해 왕위의 세습화를 기도하였고, 왕자가 끊이지 않은 카페왕조는 중세 말까지 계속되었다. 하지만 카페왕조는 통일된 국가라기보다 대제후들의 느슨한 연합체에 불과했고, 그러한 의미에서 전형적인 봉건국가라고 할 수 있다.

동프랑크에서도 10세기 초 카롤링거 계통의 혈통이 단절되자, 각 지방제후들은 작센공 하인리히 1세를 국왕으로 선출하였다. 그러나 하인리히는 상징적인 존재로서 통일군주였을 뿐이었고 각 지방에서 제후들은 거의 독립적인 지배자나 다름없었다. 새로 출범한 독일왕국에 강력한 왕권을 수립한 것은 하인리히의 아들 오토 1세(재위 936~973)였다. 오토는 과거 샤를마뉴가 제국의 수도로 정했던 아헨에서 대관식을 올리고, 왕권강화에 있어 교회에 크게 의존하였다. 그는 유력한 주교나 수도원장에게 부와 권력을 부여하는 한편, 국왕에 대한 충성과 지원을 약속받았다. 주교와 수도원장은 광대한 토지재산을 관리하고 주변 지역에 대하여 주백州伯의 권한을 행사하는 한편, 필요한 경우 국왕에게 병사를 제공하였다. 그리하여 오토는 막강한 군사력을 바탕으로 다른 제후세력을 억제하고자 했다. 이것이 독일에서 종교제후의 세력이 다른 곳에서보다 더 강대해진 이유 중 하나였다. 오토는 독일 남부 지역을 거쳐 이탈리아 북부의 롬바르디아 지방을 정복하였고, 마자르족을 격퇴하여 그들의 대규모 침략에 종지부를 찍었다. 이어 그는 군대를 거느리고 로마로 진군하여 마침내 962년 교황으로부터 황제의 관을 받았다. 이로써 이른바 '신성로마제국'이 성립하게 되었던 바, 1806년 나폴레옹 전쟁으로 공식적인 해체를 맞이할 때까지 이어지게 된다.

신성로마제국의 황제는 현실적으로는 지방분권화된 독일지역의 명목상 통일군주에 지나지 않았으나, 이념상으로는 로마제국을 계승하는 황제로서 왕권을 넘어선 보편적인 권력으로 생각되었다. 그리하여 역대 황제는 로마제국의 옛 터전인 이탈리아에 영향력을 행사하려 하였고, 또 하나의 보편적 권력인 교황권과 대립하게 되었다. 이리하여 황제권과 교황권 사이의 지속적인 긴장과 대립은 중세 유럽 정치사의 중요한 특징으로 전개되었다.

참고한 책, 더 읽어볼 거리

민석홍, 『서양사개론』, 삼영사, 1997
남경태, 『종횡무진 서양사』, 그린비, 1999.
조셉 폰타나, 김원중 옮김, 『거울에 비친 유럽』, 새물결, 1999.
메리 풀브룩, 김학이 옮김, 『분열과 통일의 독일사』, 개마고원, 2000.
로저 프라이스, 김경근 · 서이자 옮김, 『혁명과 반동의 프랑스사』, 개마고원, 2001.
윌리엄 L. 랭어 엮음, 박상익 옮김, 『호메로스에서 돈키호테까지』, 푸른역사, 2001.
유아사 다케오, 신미원 옮김, 『세계 5대제국 흥망의 역사』, 일빛, 2005.

천년의 제국, 비잔티움

로마의 황제, 비잔티움에서 제국의 부활을 꿈꾸다

서기 2세기 말 로마는 이른바 '5현제' 시대가 끝나고 내란과 국경지대에서의 전쟁으로 극도의 혼란에 직면해 있었다. 군대는 폭동을 일으켰고, 고트족과 파르티아인은 분란을 일으켰다. 고도로 중앙집권화된 행정체계는 과중한 부담으로 삐걱거리고 있었다. 이른바 '군인황제'들의 제위 다툼(235~284)은 이러한 제국의 어려움을 더욱더 가중시켰다.

284년 권력을 장악한 디오클레티아누스는 쓰러져가는 제국을 일으켜 세우기 위해 과감한 모험을 시도했다. 곧 로마제국을 네 개의 커다란 부분으로 나누어 통치함으로써 권력의 안정화를 꾀했던 것이다. 그러나 그가 갑자기 퇴위하고 난 뒤, 제국 여러 지역의 지배자들이 황제권을 겨냥하여 다시 치열한 다툼을 벌였고, 마침내 콘스탄티누스가 제위 쟁탈전의 최후 승자로 등장하였다.

콘스탄티누스는 제국의 해체를 막고 영토와 문화에서 이질적인 요소들을 새롭게 통합시켜야 할 상황에 직면하여 먼저 새로운 수도를 선택하고 건설하는 일에 관심을 쏟았다. 로마는 음모와 계략이 난무하는 곳이었고, 북유럽과 서유럽은 미개한 야만의 땅으로 보였다. 이에 비해 동로마 지역은 교역의 중심지였고, 파르티아인의 침입에 맞서기 위한 보루를 건설하기에 알맞은 장소였다. 또한 고대세계의 낡은 이데올로기들을 대신해서 그리스도교가 급속히 세력을 얻고 있었다. 이 지역에 제국의 수도를 세운다면 비잔티움보다 더 적절한 곳은 없어 보였다. 콘스탄티누스는 리키니우스와 교전 중에 비잔티움이 그야말로 천혜의 요새임을 발견했던 것이다.

비잔티움은 보스포루스 해협 입구에 자리잡은 삼각형의 반도에 위치하여, 흑해와 지중해 사이의 바닷길과 유럽과 아시아를 연결하는 육지길이 교차하는 곳에 자리한 수륙의 요충지였다. 남쪽으로는 에게 해, 그리고 온갖 수확물을 산출하는 소아시아의 비옥한 농경지대가 있고, 그 너머에는 이집트의 평야가 펼쳐져 있었다. 동쪽으로는 인도와 중국에 이르기까지 교역로가 뻗어 있었고, 그 길을 따라 값진 향료와 약재들이 들어왔다. 그리고 북쪽으로는 러시아와 흑해의 항구들이 있어서, 그곳을 통해 밀과 모피, 꿀과 황금, 밀랍과 노예들이 유입되었다. 비잔티움은 수도로서의 모든 요건을 충족시켜주는, 더할 나위 없이 훌륭한 곳으로 여겨졌다. 그는 직접 새 도시의 경계를 정하고, 자신의 이름을 따서 '콘스탄티노플'이라 명명했다. 330년 5월 11일 이 도시는 그리스도에 엄숙하게 봉헌되었고, 이로써 천년을 이어간 비잔티움제국의 역사가 시작되었다.

제국의 흥기와 부침

　서유럽을 혼란에 빠뜨렸던 게르만의 민족 대이동이 어느 정도 가라 앉은 6세기에 유스티니아누스 황제는 로마제국의 재건과 그 전통의 계승을 시도하였다. 그는 북아프리카의 반달왕국을 공략하고, 시칠리아를 거쳐 이탈리아의 동고트족을 굴복시킴으로써 지중해를 다시 '로마의 호수'로 회복하는 데 성공하는 한편, 1천여 년을 이어져 내려온 로마법을 정리하여 『로마법 대전』을 편찬하는 개가를 올렸다. 비잔티움 건축의 정수라고 할 성 소피아 대성당은 그의 위세를 한껏 드러내는 것으로 보였다. 그러나 그의 영광은 로마제국이 태워올린 마지막 불꽃이었다.

　유스티니아누스가 죽은 뒤 비잔틴은 북쪽으로부터 아바르족과 슬라브족의 침입을 받고, 동쪽으로부터는 사산조 페르시아의 공격을 받아 당시 가장 부유한 지역이었던 시리아와 이집트를 잃었다. 헤라클리우스 황제가 페르시아에 대한 반격을 통해 시리아와 이집트 등을 회복하였으나, 얼마 안 가서 새로 흥기한 이슬람의 공격으로 비잔티움의 영토는 소아시아를 포함한 수도 주변으로 축소되었다. 이후로 그리스와 동방적 요소에 입각한 비잔티움제국의 독특한 성격이 형성되었다.

　비잔티움은 이민족들의 침입을 막고 국방력을 강화하기 위해 제국의 영토를 여러 군관구軍管區로 나누었다themes. 각 군관구의 자유농민들은 군역에 대한 보상으로 일정한 토지를 받았고, 주둔 사령관은 그들을 농병으로 삼아 군사와 지방행정까지 관장하였다. 이 제도는 병사들이 건전한 생활기반 위에서 잘 훈련할 수 있도록 함으로써 종래의 용병과 함께 비잔티움을 둘러싼 적들의 공세를 막아낼 수 있는 힘이 되었다.

　해군에서는 '그리스의 불'이라고 불리는 신무기(일종의 화염방사기)가

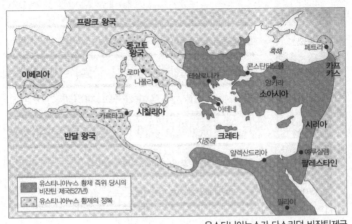

유스티니아누스가 다스리던 비잔틴제국

발명되어 전투에서 위력을 발휘했다. 이것은 유황, 초석, 나프타 등을 섞어 만든 액체로서 짙은 연기와 굉음, 그리고 맹렬한 불꽃을 내며 타오르는데, 물을 부어도 꺼지지 않았다고 한다. 비잔티움 군대는 이것으로 적함이나 적진을 불태워 물리치는 데 곧잘 성공하였다.

9세기 중엽에 마케도니아 왕조(867~1057)가 들어서면서 비잔티움제국은 전성기를 맞이했다. 새로 힘을 가다듬은 비잔티움은 10세기 후반에 크레타를 회복하고, 잇따라 안티오크와 시리아 북부를 회복하는 한편, 아르메니아에 침투하여 이를 병합했다. 그러나 대토지 소유 경향이 다시 고개를 들기 시작하면서 자유로운 소농층이 쇠퇴하였고 병사들의 생계기반도 잠식되었다. 그 결과 사병을 거느린 지방의 대토지소유자인 호족이 성장하여 황제권에 도전하였고, 이에 중앙의 관료들이 대항하였다. 두 집단 사이의 내분과 투쟁은 비잔티움제국의 방비를 약화시켰다. 이러한 틈을 타고 노르만족이 시칠리아와 남이탈리아를 빼앗고, 동쪽에서는 셀주크 투르크족이 소아시아까지 밀려 들어왔다.

소아시아 출신의 지방호족이었던 알렉시우스 1세는 새로이 왕조를 일으켜 개혁에 나섰지만 사태는 호전되지 않았고, 십자군 시대를 맞이하게 되었다. 처음부터 탐욕스런 물욕이 얽혀 있던 서유럽의 십자군은 때때로 비잔티움의 영토를 훑어가며 약탈을 거듭했다. 마침내 제4차 십자군 때에는 서유럽 군대의 비잔티움 약탈이 절정에 이르렀다. 1204년 베네치아인들이 이끄는 십자군이 콘스탄티노플을 공격하여 함락하고, 교회와 무덤까지 샅샅이 파헤치며 900년 가까이 축적되었던 보물들을 모조리 강탈하고 파괴하였던 것이다.

십자군이 콘스탄티노플을 점령하고 라틴제국을 선포하게 되자, 비잔티움 조정은 소아시아의 니케아에 망명정부를 세워 60여 년 동안 유배 생활에 들어갔다. 그후 팔라이올로고스 왕조의 미카일 8세가 니케아에서 유럽으로 건너와 1261년에 콘스탄티노플을 다시 탈환하였다. 그러나 수도는 황폐해졌고 행정 기능은 마비되었으며, 교역은 이탈리아 상인들이 독점하고 있었다. 게다가 불가리아인, 세르비아인, 그리고 특히 투르크인이 국경 곳곳에서 위협을 가해왔다. 미카일 8세 사후, 제위 계승을 둘러싼 내란은 이미 치명적으로 약화된 비잔티움의 몰락을 더욱더 재촉하였다.

천년을 내려오던 비잔티움제국은 허약해질 대로 허약해져서 마침내 투르크족에 의해 콘스탄티노플을 포위당하는 운명을 맞았다. 14세기 중반 오스만투르크족은 소아시아에서 유럽으로 건너와 이내 발칸반도 전역을 유린하고 있었다. 1453년 5월 28일, 성 소피아 성당에서 마지막 예배가 있은 후, 황제와 총대주교는 군중에게 고별인사를 했다. 그러고 나서 성 안의 모든 사람들이 적의 공격에 대비하여 제각기 자리를 잡았다. 성벽에 구멍이 뚫리면서 술탄의 군대가 그 틈으로 밀려들어왔다. 황제는 몸을 피하라는 주위의 권유를 물리치고 자신의 친구, 부하들과 직접 전투에 뛰어들었고, 성벽 위에서 살해되었다. 콘스탄티노플은 함락되었고, 그와 더불어 비잔티움제국도 종말을 고했다.

동·서양 문명의 교차와 융합

비잔티움제국의 황제는 절대적인 지배자였다. 7세기에 황제는 라틴어의 임페라토르imperator에서 그리스어의 '바실레우스'(basileus, 왕 중의 왕)라 바꾸어 칭하고, 실질적으로 동방적인 신적 성격을 가진 존재가 되었다. 황제는 이론상으로는 원로원과 시민 및 군대에 의해 선출되는 것으로 되어 있었으나 실질적으로는 세습제였다. 그는 관리나 군대를 지배하는 한편, 종교에서도 콘스탄티노플의 총대주교의 임명권을 비롯하여 종교회의의 소집과 회의내용에 대한 결정권 등을 갖고 있었다. 이처럼 황제의 통제 아래 있었던 비잔티움 교회의 '황제교황주의'는 로마의 총주교(교황)와 서방 교회로부터 지속적으로 비판의 대상이 되었다. 이와 함께 8세기부터 9세기 전반까지 비잔티움 황제의 성상 금지 조치에 대한 서방 교회의 대립이 계속되고, 로마 교황이 샤를마뉴를 '서로마 황제'로 인정하는 대관식이 거행되는 등 서방과 동방의 대립과 분쟁이 이어졌다. 결국 동방 교회와 서방 교회는 각각 '정통 교회Catholic Church'와 '보편 교회Orthodox Church'로 자처하면서 갈라서게 되었다.

그런데 우상 숭배에 민감했던 콘스탄티노플이 성유물의 대량소비와 대량생산의 장이었다는 점은 자못 흥미롭다. 비잔티움제국은 동정녀 마리아의 옷, 아기 예수를 쌌던 천, 예수의 피가 묻은 옷, 예수가 썼던 가시관, 그밖에 많은 사도와 성인의 유체와 유물을 들여와 보석과 비단으로 장식하고 금은으로 만든 상자에 넣어서 교회당과 수도원에 안치하였다. 이러한 성유물은 기독교 세계에서는 더없이 귀중하게 여겨졌다. 따라서 콘스탄티노플에서는 성유물이 대량으로 생산되어 해외에까지 수출되었다.

콘스탄티노플은 성유물 외에도 비단, 모직물, 융단, 보석세공, 장식품 및 상아제품 등 당대의 사치품들을 상당수 생산하는 주요 산지였다. 국가의 통제 아래 길드(동업조합)가 판매와 제조에 대한 독점권을 가지고 사치품을 주변 지역에 수출하였다. 비잔티움의 제품은 유럽에서 대단히 존중되고 모방의 대상이 되기도 했다.

콘스탄티노플은 당시 가장 큰 국제시장으로서 동방과 서방의 각종 상품들이 모이는 곳이었다. 1180년경 약 6만여 명의 외국인이 도시의 상업구역들에 살면서 장사를 하고 있었던 것으로 전해진다. 이슬람 상인은 중국의 비단과 옥, 인도의 진주와 향료, 페르시아의 생사와 융단을, 러시아 상인은 모피와 노예를, 베네치아 상인은 서유럽의 모직물과 아마포를 들여왔다. 또 아프리카에서는, 금, 상아, 향료, 노예를 가져왔다. 고대세계가 붕괴하고 11세기에 베네치아와 제노바 상인들이 진출할 때까지 콘스탄티노플은 지중해 무역의 중심이었다. 국제적인 상업 중심지로서의 지위를 지키기 위해 비잔티움은 양질의 금화를 만들어 화폐의 가치를 유지하는 데 매우 강력한 규제를 가했다. 그 결과 콘스탄티노플의 금화는 순도가 매우 높아 국제 무역에서 표준화폐로서 널리 유통되었다. 상공업의 발달로 비잔티움에는 능동적이고 활기에 찬 중산층이 형성되었다. 그리하여 제국의 도시들은 번영하였는데, 콘스탄티노플은 전성기에 인구 1백만 명을 헤아리기도 했다.

문화적으로 비잔티움은 그리스적인 헬레니즘문화에 동방적 요소를 섭취하고, 그리스 정교에 의해 규제되었다고 할 수 있다. 비잔티움이 그리스 고전의 보존에 노력한 것은 가장 큰 문화적 업적 가운데 하나라고 하겠다. 학자들은 그리스의 작품을 읽고 연구하는 한편, 필사하고 주석을 붙이는 데 여념이 없었다. 그들은 고전에 관련된 사전과 문법서를 만들고, 거대한 백과사전을 편찬했으며 법률, 지리, 전술, 행정기술 등에 관한 다양한 논문들도 작성했다.

미술은 비잔티움문화의 특색을 가장 잘 나타내고 있는 분야라고 할 수 있다. 6세기 유스티니아누스 황제의 명으로 건조된 성 소피아 대성당과 그 내부의 화려한 상징주의적이고 신비로운 모자이크 벽화는 새롭고 독창적인 비잔티움 미술의 출발이었다. 비잔티움의 종교미술은 그리스의 것과 팔레스타인 및 시리아의 동방적인 것을 잘 융합시킨 독특한 것이었다. 라벤나의 성 비탈레 성당, 베네치아의 성 마르코 성당 등과 그 내부의 모자이크화들은 비잔티움 미술의 정수라 할 수 있다. 또한 필사본의 색채 장식, 금·은 및 상아의 아름다운 장식품, 성작聖爵과 십자가 등 종교적 세공품도 비잔티움 미술의 독창성을 보여주고 있다.

유럽과 이슬람문화에 자양분을 제공하다

서로마제국이 붕괴한 뒤 정치와 경제, 문화에 있어서 비잔티움제국은 유럽이나 이슬람에 비해 단연 앞서 있었다. 중세 유럽에서는 12세기에나 가서야 문화다운 문화의 꽃이 다시 피었고, 이슬람은 헬레니즘 문화를 흡수하면서 어느 분야에서는 비잔티움을 능가하는 문화를 발전시키게 되지만, 적어도 6, 7세기까지 비잔티움은 문화다운 문화를 가진 유일한 존재였다고 할 수 있다.

비잔티움문화는 그리스, 로마의 고전문화나 유럽 또는 이슬람문화와는 다른 독자적 문화를 발전시켰고 주변세계에 영향을 미쳤다. 이슬람세계도 초기에는 비잔티움으로부터 많은 것을 배웠고, 중세 유럽도 비잔티움의 영향을 받았다. 르네상스 때 그리스 고전이 부활한 데는 비잔티움 학자들의 공이 매우 컸다.

한편 비잔티움문화와 그리스 정교는 발칸반도와 러시아를 포함한 동유럽의 슬라브 세계에 문명과 그리스도교를 전달함으로써 독자적인 문화 형성의 기반을 마련해주었다. 마치 가톨릭 교회가 게르만족에 했던 것과 비슷한 역할을 했던 것이다. 예컨대 오늘날 러시아 문자의 원형이 되는 '키릴 문자'는 9세기 중반 테살로니카 출신의 사제인 키릴루스가 선교를 위해 그리스 문자를 바탕으로 하여 만든 것이었다. 또한 투르크족이 나중에 유럽에 진출했을 때, 발칸반도의 여러 민족이 해체되지 않고 다시 부활할 수 있었던 것도 그리스 정교의 힘에 의존하는 바가 컸다. 러시아는 아예 비잔티움제국의 후계자로 자처하고, 모스크바를 '제3의 로마'라고 불렀다.

참고한 책, 더 읽어볼 거리

민석홍, 『서양사개론』, 삼영사, 1997.
유아사 다케오, 신미원 옮김, 『세계 5대제국 흥망의 역사』, 일빛, 2005.
미셸 카플란, 노대명 옮김, 『비잔틴 제국: 동방의 새로운 로마』, 1998.
워렌 T. 트레드골드, 박광순 옮김, 『비잔틴 제국의 역사』, 가람기획, 2003.
윌리엄 L. 랭어 엮음, 박상익 옮김, 『호메로스에서 돈키호테까지』, 푸른역사, 2001.
타임라이프 북스, 권경희 옮김, 『음모와 반역의 천년제국』, 가람기획, 2004.

"솔로몬이여! 내가 당신을 능가했소"

성 소피아 성당은 5세기에 건축되어 천년 동안 세계 최대의 크기를 과시하던 성당으로 비잔티움 건축의 대표작이다. 현재의 성 소피아 성당은 같은 이름으로 그 자리에 세워진 세 번째 건축물이다. 첫 번째 성 소피아 성당은 360년 2월 콘스탄티우스 2세 황제 때 건축되었으나, 404년 6월 반란 때 시민들에 의한 방화로 소실되었다. 이어 두 번째 성당이 415년에 다시 세워졌으나, 이것도 532년 1월 니카의 반란 때 방화로 소실되었다. 세 번째로 유스티니아누스 황제가 명을 내려 532년 2월에 착공되어 537년 12월 26일에 완공되었다.

성 소피아 성당은 중앙에 영원을 상징하는 직경 32.5m의 돔이 있는데, 그 큰 규모 때문에 보는 이들을 매혹시킨다. 15층 건물 높이인 성당의 중앙 돔에는 40개의 창이 있는데, 이 창으로 빛이 들어와 성당 안을 밝혀준다. 중앙 내부로 들어가면 기둥을 많이 쓰지 않는 돔 건축물의 특성 때문에 중앙부가 아주 넓어 보이고, 고개를 들어 위를 바라보면 거대한 돔이 올려져 있어, 이를 바라보는 사람들은 건축물의 위용에 한순간에 제압되고 만다. 5년 10개월의 공사를 거쳐 낙성식을 가진 유스티니아누스 황제는 성당에 들어서자마자 성당의 놀라운 위용에 감탄하고 "예루살렘의 대성전을 지은 솔로몬 당신을 내가 능가했소"라고 외치며, 이런 걸작품을 만드는 기회를 주신 신에게 감사의 기도를 올렸다.

이후로도 성 소피아 성당은 몇 차례 개·보수되었지만, 현재의 모습은 건축 당시의 원형을 유지하고 있다. 성 소피아 성당은 916년 동안은 성당으로, 481년 동안은 이슬람 사원으로 사용되었고, 1934년에 박물관으로 지정된 이후, 공식적으로 '아야 소피아 박물관'으로 부르고 있다. 성 소피아 성당은 기독교는 물론 이슬람 세계로부터 이목과 사랑을 받고 있다.

성 소피아 성당은 기독교 3대 기둥의 하나인 동방 정교회의 수장인 대주교가 있는 곳으로 비잔티움제국 당시 기독교 신앙의 중심 역할을 하였다. 1453년 오스만제국이 콘스탄티노플을 정복하자 무슬림의 성전 관습에 따라 3일간의 약탈이 허용

성 소피아 성당

되었으나, 메흐메드 술탄도 성당의 위용과 아름다움에 압도되어 성당 건물을 파괴하지 말도록 명령하였다. 이 때문에 성당 건물은 파괴되지 않았지만, 비잔티움제국의 대성당은 이슬람 사원이 되었고, 모자이크로 된 기독교 성화는 회칠로 덮여졌다. 1930년대 미국인 학자의 성화 복원 작업을 시작으로 회칠로 덮여진 성화들이 하나하나 옛 모습을 드러내게 되었다. 오스만제국의 메흐메드 술탄이 성당에 남아 있던 모자이크 성상을 파괴하지 않고 회칠을 해놓은 것은 정말 다행한 일이 아닐 수 없다.

하늘 아래 두 세계

- 제권과 교권의 투쟁

게르만 민족의 이동이 잦아들고, 8세기에 중서부 유럽에 자리 잡은 프랑크가 제국으로 성장하면서 그간의 혼란은 가까스로 정리될 수 있었다. 특히 샤를마뉴는 갈리아와 게르마니아에 걸친 옛 로마의 영토를 회복하고, 새로운 정복지의 이민족들에게 가톨릭으로의 개종을 강요함으로써 할아버지인 카를 마르텔로부터 이어져 내려온 로마-게르만의 전통을 더욱 공고히 하고 확산시켜 나갔다. 800년 12월 25일, 가톨릭 확대에 공헌해온 카롤링거 왕들에게 변변한 선물하나 마련해주지 못한 것을 아쉬워한 교황 레오 3세는 성탄절을 맞이하여 특별 선물을 준비한다. 그것이 곧 샤를마뉴의 '서로마 황제 대관식'이었다. 서로의 이해관계가 기막히게 맞아떨어진 이 사건은 엄청난 의미를 내포한 상징이었다. 300년 전에 멸망한 서로마제국의 부활이자, 그것과는 확연히 다른 새로운 질서의 탄생을 의미했다. 새로운 질서란 '신성한 세계'와 '세속의 세계'가 적절한 분업과 협력을 통해 공동 보조를 취하는 체제였다. 하나의 하늘 아래 두 개의 세계가 건설되었고, 그 세계를 두 개의 태양이 비추고 있었다.

울트라 몽타니즘

영주의 장원에는 교회가 하나씩 있었다. 교회는 종교조직이면서도 현실에 존재하는 기구이다. 그럼 이 교회는 누구의 관할을 받아야 할까? 종교 계통상으로는 로마 교황의 지휘를 받아야 마땅하겠지만 사실상 영주의 지배를 받고 있었다. 그도 그럴 것이, 교회는 '순수한' 종교조직인 것만이 아니라 막대한 토지를 지닌 대지주이기도 했다. 그러므로 교회는 토지를 교회에 기증하고 각종 혜택마저 제공하는 영주의 입김을 무시할 수 없었고, 교세의 확대를 위해서도 그들은 중요했다.

사실 중세 초기까지만 해도 교회와 봉건 군주들은 한 배를 탄 사이였다. 샤를마뉴 시대에는 정복사업이 진행 중이었으므로 피정복지의 주민들을 통합하는 데는 종교만한 수단이 없었다. 일례로 계속해서 저항하던 작센족을 복속시키려고 작심한 샤를마뉴는 세례를 거부하는 작센족 4,500명을 한꺼번에 처형함으로써 '죽음의 공포'를 통해 그리스도의 사랑을 빠르게 유럽에 전파하고자 했다. 그가 정복한 지역은 어김없이 새로운 교구가 세워졌으며, 성직자가 파견되었고, 성당이 신설되었다. 한편 노르만족의 이동 시기에도 서유럽 국가들은 그들의 공격을 포교로 막아내는 방법을 구사했다. 그 결과는 대성공이었다. 전체 서유럽 세계는 적어도 종교적으로는 한 몸이 되었다. 그렇다면 기독교 세계의 수장인 교황과 그의 교회조직은 그에 걸맞는 독자적인 체제를 갖추고 있었을까? 전혀 그렇지 못했다.

10세기 초의 교황은 로마 귀족들의 붕당 수령에 불과했고, 오토 1세의 대관식 후론 독일 황제가 임명권을 장악하고, 황제의 세력이 물러가자 다시 로마의 귀족들이 교황을 선택하는 상황이었다. 뿐만 아니라 유럽 전역에 걸쳐 교회 전체가 노르만족과 마자르족의 침입에 시달리면서, 봉건화와 세속화의 길을 걷게 됐다. 교회와 성직자도 살아남기 위하여 세속제후의 보호를 구해야 했고, 그리하여 대제후의 봉신이 되는 고위성직자도 적지 않았다. 그들의 임명권도 세속제후의 수중에 넘어가 자신의 친척들을 주교나 사제로 임명하는 경우도 많았다. 영주는 저마다 교회를 짓고 사제를 임명하여 교회세와 교구 토지재산에서의 수입을 가로챘다. 주교나 수도원장 등 고위성직자는 그래도 봉건귀족층에 속하였지만, 교구사제는 세속영주의 고용인으로서 그들의 수족 역할을 도맡아 했다. 영주에 기대어 세속의 특권과 재산을 챙기는, 자질이 모자란 성직자들이 증가하면서 교회의 세속화 경향은 더욱 심해졌다. 성직자의 혼인과 성직매매는 당시 교회의 타락과 세속화의 단적인 현상이었다.

이러한 교회의 봉건화에 따른 세속화와 성직자의 타락에 대한 개혁운동이 클뤼니 수도원을 중심으로 일어나게 된다. 개혁의 취지는 교회 본연의 자세로 돌아가기 위해 교회 타락의 근원인 세속과의 연관을 끊

울트라 몽타니즘

'ultra'는 초월, 극복을 의미하고, montanism에서 'mont'는 '산', 여기선 '알프스 산맥'을 의미한다. 풀어 설명하자면, 알프스 산맥 이남에 자리한 교황의 성덕이 알프스 산맥 저편 즉, 전 유럽에 미친다는 뜻으로 '교권의 보편성'을 뜻한다.

는다는 것이었다. 세속과의 연관을 끊는다는 것은 두 가지 의미가 있었다. 하나는 교회가 토지와 재산을 소유하지 않는다는 것이고, 또 하나는 바로 교권의 정치적인 독립을 의미했다. 전자는 교회의 세속화에 대한 탈피를, 후자는 그간 신성로마제국의 황제와 세속 제후들이 누린 교권에 대한 침해의 교정을 뜻했다. 개혁의 세칙에는 수도원장을

그레고리우스 7세

수도사들이 선출하며, 교황에 직속하고 고위 성직자의 간섭을 받지 않는다는 것이 포함되었다. 종교계의 반응은 뜨겁고도 거셌다. 순식간에 클뤼니 수도원을 따르는 교단이 수백 개로 늘었고, 프랑스 전역은 물론 영국에까지 개혁의 파도가 흘러들어갔다. 게다가 여기에 힘을 얻은 로마 교황도 개혁의 칼을 벼리게 되었다. 클뤼니 수도원으로부터 시작된 교회 개혁운동은 교회의 정화와 조직의 위계질서를 확립함으로써 결과적으로 신성한 세계의 수장인 교황에게 권력을 집중하는 방향으로 진행되었다. 신성한 세계를 비추는 햇빛은 알프스 산맥 저편을 비출 정도로 강력해졌다.

1059년 교황청에서는 종교회의를 열고 중대한 결단을 내리게 되는데, 그것은 로마 교황을 로마 귀족이나 독일 황제가 아닌 바로 로마교회의 추기경들이 선출한다는 것이었다. 그렇게 선출된 첫 교황인 알렉산데르 2세는 서유럽 전역의 교회들에게 같은 지침을 내려 세속 군주들이 성직자의 임명에 관여하지 못하게 했다. 그러나 세속 군주들은 이미 현실적으로 성직자의 임명권을 장악하고 있었다. 바야흐로 하늘과 땅

카노사의 굴욕

의 대결이 임박해 있었지만, 결집된 세계와 분열된 세계가 치루는 결투의 끝은 불을 보듯 뻔했다.

하늘 아래 두 개의 태양은 없다

11세기 후반 알렉산데르 2세를 뒤이어 클뤼니 수도원 출신의 힐데브란트가 교황 그레고리우스 7세로 선출되었다. 그는 선출되자마자 클뤼니 수도원의 개혁운동으로부터 시작된 교권독립 문제를 매듭짓기로 마음먹는다. 교권독립은 원래 당연한 것이니 예전과 같은 수세적인 자세로는 안 된다는 게 그의 생각이었다. 교황은 우선 밀라노 주교 선출에 관하여 신성로마제국(독일) 황제인 하인리히 4세에게 간섭하지 말도록 서한을 보내는 동시에, 주교와 수도원장은 세속군주로부터 서임을 받지 말도록 규정하였다. 곧이어 그레고리우스 7세는 교황권에 관한 규정을 마련하여 교황에겐 황제를 폐위시킬 권한까지 있다고 선언하였다. 교황 측에서 먼저 황제에게 정식으로 선전포고를 한 셈이었다.

교황에게 선전포고를 당한 황제는 기가 막힐 노릇이었다. 성직 임명권은 선대로부터 내려온 황제의 권한이었기 때문이다. 예전에 없던 강력한 도전에 직면한 하인리히가 취한 태도는 일단 무시! 그리고 반격이었다. 그는 교황의 서한을 무시하고 밀라노 주교 선출 문제에 관여하기 시작했다. 그 다음 그는 독일 내 여러 공국들의 주교들을 불러 모아 종교회의를 열어 교황 그레고리우스를 격렬하게 비난하고 찬탈자로 규정하였다. 이 소식을 접한 그레고리우스는 이미 예견된 수순임에도 초강경책이었던 황제의 파문과 폐위를 선언했다. 이제 하늘 아래 두 개의 태양은 없으니, 교권과 제권 중 무엇의 힘이 더 센지 우열을 가리자는 공개도전장을 내민 것이었다.

교황의 초강경책에 황제보다 더 놀란 사람들은 독일의 군주들과 주교들이었다. 애초부터 문제가 이렇게 커질지 예상치 못한 그들은 차츰 꼬리를 내리기 시작했다. 당연히 하인리히는 초조해졌다. 황제의 파문이라는 전례 없는 조치를 역사상 최초로 당한 데다 더 큰 문제는 자기 세력이 점차 이탈하고 있다는 점이었다. 게다가 교황이 독일 주교들과 종교회의를 열어 황제의 파문을 위한 절차를 정하기 위해 독일 땅으로 출발했다는 소식이 들려왔다. 만약 일이 잘못될 경우 로마 교황보다는 독일 황제가 입게 될 피해는 훨씬 컸다. 교황은 잃을 것이 거의 없었다. 싸움에 진다해도 교권을 일으켜 세우기 위한 그의 명분은 교회 구성원들의 지지를 받을 것이 확실했다. 때문에 밑져봤자 본전이었던 교황과는 달리, 황제 하인리히는 군주와 제후를 달래어 어렵게 수립한 자신의 권력이 또다시 무너져 내릴 수도 있다는 위협을 감지했다. 곧바로 하인리히는 교황과 개인적으로 만나 이 문제를 해결하기로 결심한다. 1076년 겨울 이탈리아로 가는 하인리히가 독일로 오는 그레고리우스를 만난 곳은 알프스 북쪽의 카노사성이었다. 그는 교황 앞에 무릎을 꿇고 용서를 빌었다. 사흘 동안의 석고대죄 끝에 그레고리우스는 하인리히를 용서하고 돌아갔다. 이것을 '카노사의 굴욕'이라고 부른다. 그러나 그건 하인리히의 진심이 아니었다. 무엇보다도 종교적 조치로 현실의 권력을 제어하기에는 한계가 있었다. 굴욕을 감수하고 일단 파문의 위기를 넘긴 하인리히는 독일로 돌아가 우선 자파세력을 구축하여 '배신자들'을 척결한 다음, 로마로 직접 원정을 떠나 허수아비 교황을 옹립했다. 더 이상 내놓을 카드가 사라진 그레고리우스는 결국 프랑스로 도망가서 카노사에서의 용서를 후회하면서 화병으로 일생을 마감하게 된다.

하늘과 땅의 대결이 아무 성과 없이 평행으로 치닫자 두 세력의 화해를 위한 타협안이 영국과 프랑스에서 제기되어 합의가 이루어졌다. 합의안의 내용은 주교는 교회에서 선출한다는 점이었고, 그렇게 선출된 주교는 세속 군주에게 충성서약을 한 다음 정식으로 취임한다는 것이었다. 교회와 군주 모두를 만족시킨 위의 타협안은 결국 독일에서도 1122년 보름스 협약으로 채택되었다. 고위 성직자 임명권, 즉 서임권의 향배를 둘러싸고 치열하게 전개된 제권 대 교권의 제1라운드 경기는 비록 무승부였지만, 사실상의 승리자는 교황이었다. 서임권 투쟁을 통해 교회조직은 세속으로부터 분리되어 독자성을 확보하게 되었고, 새롭게 탄생한 교회조직을 자신에게 집중시킨 교황의 권력은 그 누구보다 더 강하다는 것이 확인되었다. 이젠 거꾸로 황제와 군주, 제후와 기사들이 교황을 중심으로 모여들었고, 교회는 자신의 이름을 걸고 세속을 위한 신성한 사업을 마련해야만 했다. 세속의 욕구를 충족시키기 위해 교황과 교회가 고안한 '신성한 사업'은 바로 대규모 국제전쟁인 '십자군전쟁'이었다.

참고한 책, 더 읽어볼 거리

김주한, 『서양의 역사』, 역사교양사, 1998.
남경태, 『종횡무진 서양사』, 그린비, 1999.
메리 풀브룩, 김학이 옮김, 『분열과 통일의 독일사』, 개마고원, 2000.
조셉 폰타나, 김원중 옮김, 『거울에 비친 유럽』, 새물결, 1999.
찰스 반도렌, 홍미경 옮김, 『지식의 역사 1』, 고려문화사, 1991.

세 대륙을 품은 이슬람

게르만족의 이동이 완료되고 교황의 영향력이 커지면서 보편적인 기독교 세계의 모습이 갖추어지던 7세기 초, 숨고르기를 막 시작한 유럽에 또다시 '새로운 적'의 거센 공격이 시작되었다. 뜻하지 않은 공격의 봉화는 그때까지 역사의 무대에서 그다지 중요한 영향을 미치지 못했던 아랍지역에서 불타올랐다. 당시 아랍지역은 양대 세력인 비잔틴 제국과 사산조朝 페르시아제국 사이에 끼인 일종의 완충지대였다. 강수량이 많은 해안 지역에서는 간혹 농경생활과 대상활동이 이루어지기도 하였지만, 건조한 사막으로 이루어진 내륙지역은 오아시스를 이용한 유목이 주요 경제활동이었고, 부족들 사이의 전쟁으로 거의 무정부상태에 놓여 있었다.

630년에 들어서면서 아랍인들은 갑자기 하나의 종교로 결합된 강력한 힘을 발판으로 비잔틴 제국을 무자비하게 유린하고 사산조 페르시아를 완전히 붕괴시켜 버렸다. 그들은 자신들의 신, 알라(allah, 'The God'을 의미함)가 그들에게 계시한 진리를 확산시키기 위해 지하드(성전聖戰. 고투, 분투 등 모든 '노력'을 의미)를 치루고 있다고 자신했다. 그들의 성전은 아라비아반도로부터 동으로는 인더스, 북으로는 소아시아, 그리고 서쪽으로는 북부 아프리카로부터 이베리아반도를 하나의 이슬람제국으로 엮어버렸다. 로마제국 이후로 유럽과 아프리카, 아시아에 걸친 대제국은 이슬람제국이 마지막이었다. 그들은 점령지역 전체에 새로운 제도와 사고방식, 생활양식, 다시 말해 새로운 문명을 재빠르게 수립했는데, 800년 무렵에 이르렀을 때 이슬람문명은 유럽문명, 비잔틴문명과 더불어 중세 지중해 세계를 구성하는 3대 문명권 중 가장 강력한 세력으로 성장해 있었다.

알라의 메신저, 무하마드의 이슬람

7세기 초까지 역사의 무대에 거의 아무런 족적도 남기지 못했던 아랍인들이 어떻게 세계의 주역으로 등장할 수 있었을까? 역사무대에서 아랍인의 등장은 말 그대로 '순식간'에 일어난 일이었다. 부족 단위로 뿔뿔이 흩어져 유목생활을 하고 있던 아랍인들이 신속하게 정치적 통일체를 건설하여 방대한 정복활동을 수행할 수 있게 만든 힘, 그것은 바로 새로운 종교 '이슬람'이었다.

'신에 대한 복종', 언어적으로는 '평화'를 의미하는 이슬람은 무하마드(Muhammad, 영문으로는 마호메트[Mahomet])라는 인물에 의해 창시되었다. 무하마드는 570년쯤 메카의 명문 쿠라이시 가문에서 태어났다. 그는 일찍 부모를 여의고 조부와 숙부에 의해 양육되었으며, 어려운 환경에서 험난한 대상 활동에 종사하였다. 팔레스타인과 시리아 등지의

계시를 받는 무하마드

대상 여행을 통해 당시 혼란한 사회상에 깊은 회의를 느끼면서 유대교와 기독교에도 관심을 가졌다. 그의 나이 40세가 되던 612년, 메카 인근에 위치한 '히라'라는 산의 외딴 동굴에서 알라의 예언자가 되라는 계시를 받은 무하마드는 계급과 우상숭배 타파, 혈연과 인종, 문화의 차이를 초월한 보편 종교, 이슬람을 창시하게 된다.

무하마드는 기독교식 유일신 사상과는 다른 철저한 일원론적 유일신 사상(여기선 '삼위일체'를 이르는데, 예수 그리스도에게 성부와 성자, 성령이라는 세 가지 지위가 일치되어 있다는 견해)을 확립했다. 그는 구약의 예언자 아브라함과 모세뿐만 아니라 예수까지도 인간 예언자로 이해했고, 자신을 앞선 복음의 완성을 위해 예수 이후에 신이 보낸 마지막 라

술Rasul, 즉 예언자라고 주장했다. 그가 창시한 이슬람은 신과 인간 사이에 어떤 중개자도 두지 않는 가르침으로 예수 이후 기독교 사상과 그 궤를 달리했지만, 현세에서의 선악의 경중에 따라 신의 심판이 내려지는 '최후의 심판'과 천국의 구원과 지옥의 응징으로 나뉘는 '내세관' 그리고 모든 것은 신이 정한 법칙에 따라 움직이고 예속된다는 '정명사상'은 기독교의 그것과 대동소이하다. 이는 이슬람의 교리가 유대교와 기독교, 특히 당시 동방에 확고히 뿌리 내리고 있었던 아리우스파 기독교에 근거하고 있음을 보여준다.

이슬람의 실천강령과 신앙체계는 흔히 '오주육신'으로 압축된다. 무슬림('복종하는 사람', '귀의하는 사람'이라는 뜻)들이 지켜야만 하는 5대 의무인 오주는 신앙고백, 하루 다섯 차례의 예배, 자선을 위한 구빈세(자카트) 납부, 라마단(한 달에 해 있는 동안의 단식), 평생의 한 번 메카로의 순례 등을 이른다. 육신은 하나님, 천사들, 경전들, 사도와 예언자들, 정명, 최후 심판의 날에 대한 믿음을 의미한다. 이를 포함하여 무하마드의 가르침, 계율, 훈계, 논쟁 등은 '읽는다'라는 뜻의 『쿠란』에 집대성돼 있으며, 쿠란과 함께 그의 선별된 언행록인 『하디스』가 경전으로 삶의 구체적인 지침이 되고 있다.

무하마드의 새로운 종교가 처음부터 주변의 호응을 얻은 것은 아니었다. 그가 새로운 종교를 전파하기 시작했을 당시, 아랍의 원시적이고 이교적인 우상숭배—흑석신앙—의 중심지였던 메카는 그의 종교를 용납하지 않았다. 그는 622년 메카의 박해를 피해 북쪽으로 400km 떨어진 야스리브라는 도시로 도망쳤는데, 이를 '히즈라'(Hijrah: 성천聖遷)라고 부르고 이슬람력의 원년으로 삼았다. 야스리브는 나중에 마디나트운 나비, 즉 '예언자의 도시'로, 줄여서 메디나라고 불리게 되었다.

야스리브의 지배자들은 무슬림의 공동체인 움마를 허용했기 때문에, 이슬람은 빠르게 교세를 확장할 수 있었다. 움마의 조직화를 통해 교세를 확장한 무하마드의 이슬람 세력은 히즈라 10년 후 약 1만 명의 군사를 이끌고 메카에 무혈입성할 수 있을 정도로 크게 성장했다(630). 메카를 얻은 그는 거기에 멈추지 않고, 아라비아반도 전체를 알라의 이름 아래 통일해나갔다.

무하마드의 이슬람은 내륙 시역의 원시적인 부족노 쉽게 이해할 수 있을 만큼 심플했지만, 그들의 토착 종교보다는 훨씬 더 정교하고, 만족스러운 것이었다. 무엇보다도 무하마드의 군사적인 무용은 그들에게 깊은 감명을 주기에 충분했다. 무하마드가 숨을 거두기 전 2년 동안, 아라비아와 그 주변지역의 부족들 거의 모두가 공통된 종교를 받아들임으로써 정치적 일치를 형성했다. 이는 곧 아라비아반도를 넘어 이슬람 성전을 확장하기 위한 준비과정이 이미 완료됐음을 의미했다.

움마Ummah

현대 아라비아어로 민족, 국가를 뜻한다. 이슬람신앙의 결합체에 그치지 않고 샤리아(이슬람법)라는 일상의 생활규범까지도 공유하며, 내부적으로는 신앙적 결속을 강화하고, 외적으로는 이슬람의 선양과 전파의 의무를 지니고 있다. 이 움마라는 말은 우마위야Umawiya라는 이슬람 왕조의 이름에 실려 유럽 전역에 널리 알려지게 된다.

이슬람, 유럽을 포위하다

이슬람 공동체의 성장은 632년 무하마드의 죽음 직후 주춤했으나,

이슬람식 합의제 선출을 통한 칼리프(무하마드의 '후계자' 또는 '대행자'라
는 뜻)의 등장으로 새로운 도약을 맞이했다. 칼리프는 정교를 동시에 관
장하는 최고 통치자이자, 무하마드의 후계자로서 이슬람 공동체를 확
장해나갔다. 아부 바크르, 우마르, 오스만, 알리에 이르는 네 칼리프의
통치시기를 '정통 칼리프시대'라 부른다. 이 시기에 적극적인 대외정복
이 이루어져, 비잔틴 치하의 시리아가 정복되고, 사산조 페르시아가 멸
망하였다. 불과 10년 정도의 짧은 기간에 이집트에서 페르시아에 이르
는 대제국을 건설한 것은 거의 기적이었다.

급격한 정복사업은 한편으로 아랍 부족 사이의 이견과 대립을 심화
시켜 이슬람 세력의 분열을 초래했다. 무하마드의 사촌이며 사위인 알
리가 무하마드의 가족이라는 정통성을 내세워 칼리프에 오르자 3대 칼
리프인 오스만 세력의 시리아 총독 무아위야가 알리에 도전하였다. 이
런 와중에 알리가 암살당하자 이슬람제국은 우마위야로 새롭게 통일되
었다. 권력에서 소외된 알리의 추종자들은 새 왕조의 정통성을 부정하
고 쿠란에 대한 주석을 배격하는 시아파를 형성했다. 이에 대하여 칼리
프의 선출을 지지하고 주석으로 쿠란을 보완하는 것을 인정하는 다수
파를 수니파라 한다.

새 왕조의 과제는 분열된 아랍제국을 다시 하나로 결집시켜내는 것
이었다. 우선 강력한 정치적 리더십을 발휘하기 위해 무아위야와 그의
후계자들은 기존의 신정제를 벗어나 중앙집권적인 군주제를 채택하였
고, 수도를 메디나로부터 시리아의 다마스쿠스로 옮기면서 제국에 새
로운 기풍을 불어넣었다. 더불어 우마위야 왕조 시기는 이슬람의 팽창
기로서 거대한 대제국이 건설되고, 이슬람문화의 기반이 마련되는 때
였다.

이 기간에 정복사업은 더욱 두드러져 동으로는 헤라트, 카불, 부하라, 사마르칸트를 점령하여 파미르 고원을 경계로 당나라와 접경하게 되었고, 710년에는 오늘날의 파키스탄 지역까지 진출하였다. 한편 서로는 비잔틴제국에 대한 강력한 공격을 감행하여 비잔틴의 군소 속령을 차지하고, 두 차례나 콘스탄티노플을 포위하기도 했다. 북부 아프리카 지역에 대한 정복에도 관심을 기울여 베르베르족(아프리카 북부 지중해 연안이나 사하라 사막의 아랍인, 베두인족과 더불어 분포되어 있는 종족)을 복속시킨 후, 711년 지브롤터 해협을 건너 이베리아반도의 서고트 왕국을 멸하였다. 이로써 이베리아반도는 15세기 말까지 이슬람 국가가 자리하면서 유럽에 이슬람문화가 전파되는 창구역할을 했다. 이슬람군은 내친김에 피레네 산맥을 넘어 프랑크 왕국을 공략하였으나, 732년 샤를 마르텔의 군대에 저지당함으로써 유럽 중심부의 이슬람화가 가까스로 차단될 수 있었다. 하지만 유럽은 약 400년 후 십자군전쟁이 발발하기까지 이슬람 세력에게 둘러싸인 채 고립된 상태를 좀처럼 벗어날 수 없었다.

진정한 이슬람 세계, 아바스 왕조

무하마드가 죽은 지 불과 2세기도 못 되어 이슬람은 아시아, 아프리카, 유럽의 3대륙에 걸친 거대한 제국을 건설하였다. 이처럼 빠르게 정복이 진행된 이유는 무엇일까? 아랍인들이 새로운 종교로 견고한 정치적 단결을 이룩하고 성전이라는 종교적 열의에 가득 차 있었던 것은 사실이다. 그러나 보다 더 중요했던 것은 주변정세, 말하자면 국제정세가 이슬람에게 매우 유리하였다는 점이다. 즉, 비잔틴과 페르시아는 장기간에 걸친 전쟁으로 서로 지쳐 있었고, 시리아의 유대인이나 이집트의 단성론적 기독교도(예수 그리스도의 삼위일체를 부정하고, 인성이나 신성만을 강조한 사람들)들은 종교적 박해와 무거운 세금에 시달리고 있어 지배자의 교체에 별 관심이 없었다. 한편 이슬람은 흔히 '한 손에 쿠란, 다른 한 손엔 칼'이라고 해서 무력으로 신앙을 강요한 것으로 오해받는데, 이 말은 십자군전쟁 후 이슬람 세계의 확대를 우려한 유럽 기독교 세계에서 나온 중상모략일 뿐이다. 오히려 이슬람은 "너희에게는 너희의 종교가 있고, 나에게는 나의 종교가 있다"는 『쿠란』의 문구에서 볼 수 있듯, 종교적 관용과 타민족에 대한 지위를 존중해주었다. 개종자에겐 면세의 특전을 베풀었을 뿐, 이교도에게 신앙을 강요하지 않고 관대히 대하면서 공납만을 요구하였던 것이다. 그리고 그들의 정복사업은 종교를 전파하려는 면도 있었으나 그보다는 살기 좋은 땅과 전리품, 징세와 같은 경제적 목적도 뚜렷했다.

영토의 급격한 팽창은 이슬람 세계에서 차지하는 비아랍권 이슬람교도(마왈리라고 지칭)의 수적 증가로 나타났다. 이들은 우마위야 왕조 쇠퇴기에 아랍민족 우월주의에 입각한 민족차별에 저항했고, 여기에 권력으로부터 배제된 시아파와 남부 아랍인까지 결합하면서 거대한 반란세력이 형성되었다. 정복사업이 완료된 8세기 중엽에 무하마드 가문의 후손인 아부울 아바스는 이러한 반란세력과 손을 잡고 아바스 왕조(750~1258)를 열었다. 우마위야 왕조에서 아바스 왕조로의 교체는 이슬람의 역사와 문화에서 매우 중요한 의미를 갖는다. 아래로부터의 혁명으로 탄생한 아바스 왕조는 수도를 아랍 중심의 다마스쿠스에서 페르시아문화를 바탕으로 한 바그다드로 옮겨 아랍계와 비아랍계 무슬림의 조화로운 융합을 꾀했다. 따라서 아바스 왕조는 인종과 민족을 초월한 진정한 의미에서 범이슬람 제국이 되었으며, 그 구성원 모두는 민족보다는 문화적 개념으로서의 아랍인으로 아바스 왕조에 결합되었다. 아바스 왕조 하에서 이러한 아랍화의 확대는 오늘날 아랍권, 즉 이슬람 세계를 형성하는 계기가 된다.

이슬람이 장기간 지배한 지역은 헬레니즘문화와 페르시아문화의 전통이 깊이 뿌리를 박고 있던 곳이고, 동으로 인도와 쉽게 접촉할 수 있었으며, 중앙아시아를 거쳐 중국과도 닿을 수 있었다. 이슬람 세계는 이러한 지리적 조건을 통해 헬레니즘문화와 페르시아문화를 기반으로 주변문화를 섭취하고 이슬람교와 아랍적인 독창성을 첨가하여 고도의 선진적인 문화를 발전시키고 향유했다. 역대의 칼리프들 또한 학문과 예술을 장려하고, 학자를 보호하여 문화를 진작시켰다. 아바스 왕조의 제2대 칼리프 만수르 치세 이후엔 과학과 문예가 진흥되고 그리스 계통의 과학서의 번역활동과 『아라비안나이트』로 대표되는 저술활동이 활발히 진행되면서 이슬람 문예의 절정기를 맞이하게 된다.

유럽에서는 '사라센'으로, 중국에서는 '대식인大食人'이라고 불린 아랍

상인들은 바그다드를 기점으로 동으로 중앙아시아와 인도를 거쳐 중국에 이르고 서방으로는 소아시아와 지중해를 통하여 유럽에 이르렀다. 동서의 중개무역을 독점하고 있던 아랍상인들이 이슬람 세계에 지속적으로 공급되고 있던 동방의 선진문물을 이슬람문화와 더불어 유럽에 전파함으로써, 중세 유럽은 그나마 포위로 인한 침체 속에서도 양분을 공급받을 수 있었다. 동방 선진문물과 아랍문명의 수용이 유럽에 미친 지적이고 기술적인 자극은 후일 르네상스와 근대과학의 태동에 결정적인 기여를 하게 된다.

참고한 책, 더 읽어볼 거리

공일주, 『아브라함의 종교, 유대교/기독교/이슬람교』, 살림, 2004.
남경태, 『종횡무진 서양사』, 그린비, 1999.
이희수, 『이슬람문화』, 살림, 2004.
가토 히로시, 남규형·조영철 옮김, 『이슬람, 그들은 누구인가』, 고도, 2001.
브라이언 타이어니·시드니 페인터 공저, 이연규 옮김, 『서양 중세사』, 1986. 집문당.
프랜시스 로빈슨 외, 손주영 외 옮김, 『사진과 그림으로 보는 케임브리지 이슬람사』, 시공사, 2002.

왜 이슬람에서는 돼지고기를 금했을까?

무슬림들은 돼지고기를 먹지 않는다. 왜 그럴까? 그 이유는 정말 간단하다. 쿠란에 "먹지 말라"고 나와 있기 때문이다. 경서經書이자 일종의 생활규범인 쿠란은 모든 이슬람인들에게 예외 없이 적용된다. 그렇다면 쿠란에서 돼지고기의 식용을 엄격히 금한 이유는 무엇일까? 사육하기도 쉽고 영양가도 풍부한 돼지를 금한 이유는 우선 돼지의 품성에서 찾아질 수 있겠다. 예부터 가축 중에 돼지는 더럽고 게으르고 탐욕스런 동물로 좋지 못한 평판을 받아왔다. 그렇기 때문에 종교적 차원에서 돼지는 별로 달가워하지 않았던 동물인 듯 싶다. 하지만 그 이유만으로 돼지고기를 먹지 못하게 했을까?

종교가 보다 많은 사람들에게 성공적으로 뿌리내리기 위해선 그들의 일상적인 삶과 긴밀한 관계를 맺어야만 한다. 아무리 돼지가, 종교가 지향하는 동물의 성품과 거리가 멀다 해도, 사람들의 생활에 많은 도움을 준다면, 이렇게 푸대접을 받진 않을 것이다. 우리나라에서도 돼지의 평판은 그다지 좋진 않지만 그렇다고 돼지의 모든 것이 부정적으로만 그려지는 것은 아니다. 돼지는 '다산과 부 그리고 복'을 상징하고 있지 않은가! 어찌 보면 세계에서 유일하게 돼지를 금기하는 종교는 이슬람일 것이다. 그렇다면 쿠란에서 돼지를 금기시한 까닭은 무엇일까? 그것은 이슬람이라는 종교가 탄생한 아랍지역 오아시스 유목민들의 생활환경과 삶 속에서 찾아져야 할 것이다.

그들에게 돼지는 정말이지 쓸모없는 가축이었다. 우선 돼지고기는 지방질과 병원균 함유 때문에 아무리 좋은 조건을 갖춘다 해도 자연상태에서 쉽게 부패하고, 건조되지 않아 보관하기 어려웠다. 한편, 돼지는 무엇보다도 인간에게 젖을 제공해주지 못함으로써 사막에서 필수품인 유제품을 생산하는 데 전혀 기여하지 못한다. 또한 뻣뻣한 돼지털과 돼지가죽(돼지껍질은 한국에서 다이어트 식품으로 각광을 받고 있지만)은 어떤가? 거기에다 돼지는 인간처럼 잡식성이라 그 똥을 연료로도 쓸 수 없고, 짧은 다리로는 수송과 이동에 도움을 주기는커녕 방해만 된다. 오아시

커피를 마시는 이슬람인들

스 환경에서 돼지는 이처럼 환영받지 못하는 동물이었다. 쿠란은 바로 오아시스 환
경에서 돼지의 사육이 얼마나 소모적인가를 종교적이고 예언적 언사로 표현한 것
일 뿐이다. 종교는 이처럼 탄생한 지역의 생활환경을 반영하며, 아무리 보편종교가
됐다한들 태생적인 배경을 벗어날 순 없는 것이다. 때문에 종교를 이해하는 것은
그 종교가 탄생한 지역의 문화를 이해하는 것이 된다.

십자군전쟁,
유럽을 잠에서 깨운 여명

훈족에 쫓겨 4세기 말부터 로마 영내로 쏟아져 들어온 게르만족은 상공업과 고전고대 문명의 중심지인 도시를 약탈·파괴함으로써 삽시간에 로마제국을 붕괴시켜버렸다. 민족이동에 따른 사회적 혼란과 7세기 이슬람세력의 팽창으로 지중해는 더 이상 유럽의 '마레 노스트룸'(우리들의 바다)이 될 수 없었다. 이때 서양 문명은 그 중심이 지중해 유역에서 내륙으로 옮겨갔고, 상공업이 배제된 농업중심의 자연경제체제로 수축해 들어갔다. 732년 피레네 산맥 동북부의 투르─푸아티에에서 프랑크 왕국은 가까스로 이슬람세력의 확산을 저지하여 기독교 세계인 유럽을 보호했는데, 그것은 이베리아반도를 상실한 대가로 얻은 결과였다. 이슬람세력에게 완전히 포위되어 지중해 통제권을 상실한 유럽에게, 파괴된 고전고대 문예의 복구란 배부른 소리에 불과했다. 그야말로 유럽은 '암흑의 시대'로 긴 휴면상태에 빠져들게 된다. 이런 상태에 놓여 있던 유럽은 11세기에 가서야 비로소 기지개를 펴기 시작한다. 서쪽에서 이베리아반도의 기독교 왕국들이 '재정복'에 나서고 있을 즈음,

유럽 본토에선 거의 모든 유럽의 군주들과 기사들이 교황을 중심으로 이슬람세력과 성전을 치르기 위해 '십자군'으로 속속 모여들고 있었다.

하느님이 원하신 전쟁?

수백 년 동안 이슬람세력에 대해 수세에 몰려 있던 유럽이 11세기가 되어서 공세로 전환할 수 있었던 배경은 무엇이었을까? 10세기 중엽부터 11세기에 걸쳐 서유럽 사회는 노르만족과 마자르족의 침입에 따른 제2차 민족이동이 마무리되었고 그에 따라 사회적 혼란이 수습되고 전반적인 안정과 회복의 시기를 맞이하였다. 이 기간 동안 봉건제의 확대와 기독교의 성장이 새로운 질서를 출현시켰으며, 농업생산성의 향상은 인구증가와 상업의 부활 등 경제적 성장으로 이어졌다. 11세기 서유럽 사회는 이 같은 새로운 활력을 바탕으로 안으로는 개척과 개간사업, 그리고 엘베강 동쪽지역으로의 식민활동을, 밖으로는 이슬람세계에 대한 반격을 전개하게 된다. 십자군전쟁(1096~1291)은 바로 이 시기에 서유럽이 이룩한 모든 물질적, 정신적인 성과를 기반으로 한 자신감의 표출이자 이슬람과의 정면대결을 통해 고립을 벗어나기 위한 시도였다고 볼 수 있다.

십자군전쟁의 직접적인 발단은 셀주크 투르크의 예루살렘 점령과 비잔틴제국 황제의 구원요청에서 비롯되었다. 중앙아시아 기마유목민족으로 이슬람제국 동북부로 이동하면서 열렬한 이슬람교도가 된 셀주크 투르크는 1055년 바그다드를 점령하여 이슬람제국의 명실상부한 지배자가 되었다. 이후 그들은 예루살렘을 비롯한 소아시아를 점령하고 니케아를 수도로 정해 경계를 접하고 있던 비잔틴을 압박하기 시작한다. 소아시아 지역은 비잔틴제국의 지배영역 중 경제적으로 가장 부유할 뿐 아니라 병력의 원천이기도 했기 때문에 그 손실은 매우 컸다. 그리 하여 비잔틴의 부흥을 다짐하면서 제위에 오른 콤네누스 왕조의 알렉 시우스 1세는 당시 교황이던 우르반 2세에게 투르크족에 대항할 지원 을 요청하게 된다(1094).

교황 우르반 2세는 이때가 십자군 소집을 통해 서유럽의 황제와 군주 에 대한 교황권의 확고한 우위를 선포하고, 비잔틴 교회를 로마 교회에 통합할 수 있는 절호의 기회라고 생각했다. 한편 11세기 중엽부터 유럽 사회에선 예루살렘과 동방으로의 성지순례가 점차 유행하게 되었는데, 이미 638년 이슬람 수중에 떨어진 예루살렘에 대한 아랍의 지배는 기 독교인의 성지순례를 방해할 만큼 비관용적이지도 광신적이지도 않았 다. 그러던 중 셀주크 투르크가 다른 이슬람교도와는 달리 기독교인의 성지순례를 원천적으로 봉쇄하자 우르반 2세의 십자군 소집계획은 '성 지탈환'이라는 또 하나의 대의명분을 얻게 되었다.

1095년 11월 우르반 2세는 클레르몽 공의회를 소집해 성지탈환을 위한 십자군 파병을 제창했다. 웅변술이 뛰어났던 그는 성지 예루살렘 을 잃은 기독교인들의 비참한 생활과 투르크의 위협을 설명하고, 이슬 람의 승리는 기독교 세계의 불명예라고 역설했다. 유럽의 귀족들은 이 제 그들 상호간의 투쟁을 종식하고 그들의 칼을 신앙에 돌려 동방교회 를 돕고 성지를 회복하기 위해 성전을 수행해야 한다고 열변을 토했다. 그는 "전사자는 모두 천국에 가서 보상 받을 것"이라며 한껏 신앙심을 자극하면서도, "동방엔 금은보화가 깔려 있고, 아리따운 이슬람 여인들 이 기다리고 있다"며 제후들의 욕심을 은근히 부추기기까지 했다. 교황

클레르몽 공의회

의 웅변에 감격한 참석자들은 이구동성으로 외쳤다. "하느님이 이를 원하신다!"

신앙의 열정으로 포장된 파렴치

11세기 서유럽의 종교적 열정은 강렬하다 못해 실로 광적이었다. 하지만 그 열정이 200년간 8차례나 지속된 십자군전쟁의 유일한 원천은 아니었다. 전쟁에 참여한 구성원들이 획득하고자 했던 목적과 이들 목적들에 의해 굴절될 수밖에 없었던 원정과정은 십자군전쟁이 단순한

십자군 왕국

'성지회복운동'이 아니었음을 웅변해준다.

교회는 교회대로 전쟁 명분인 '성지탈환'과는 다른 꿍꿍이가 있었다. 교황을 비롯한 교회세력은 앞서 지적한 바대로 당시 팽배해 있던 종교적 열정을 통해 세속권력에 대한 자신들의 지위를 확고히 다지고자 하였다. 더불어 동서로 분리된 기독교 세계를 로마 교회로 재통합하려는 기회로 삼고자 했다. 사실 예루살렘 회복은 그들에겐 하나의 '덤'이었고, 어떻게 보면 비잔티움이 그들의 실제 목적일 수도 있었던 것이다.

십자군에 자원한 귀족 및 기사들의 속내를 들여다보자! 그들도 신앙의 숭고함으로 무장한 기독교인입네 행세했지만, 이 전쟁에 목숨을 걸고 뛰어든 이유는 다른 곳에 있었다. 그것은 바로 명예와 출세, 그리고 영토획득이었다. 특히 귀족들 중에선 영지와 작위 세습에서 불이익을 받을 수밖에 없었던 차남 이하의 자제들이 십자군전쟁에 적극적으로 참여하였다. 그들은 십자군전쟁에서 혁혁한 전공을 세워 명예를 드높이고, 자기 소유의 영지를 건설할 목적으로 성지탈환 전투에 임했던 것이다. 고가의 동방산물을 전리품으로 획득하는 것 또한 세속화된 기사들의 구미를 끌기에 충분했다.

교회세력과 귀족 및 기사들 이외에 십자군전쟁에 참여한 강력한 세력들 중 하나는 이탈리아 '상인'들이었다. 이들은 십자군에 대한 물적인 지원을 아끼지 않았는데, 전쟁을 통해 그들이 챙길 수 있는 몫은 그보다 몇 배는 더 커 보였기 때문이다. 전쟁 수행에 필요한 인원 및 물자운송, 선진적인 외부세계와의 교류, 동방세계와의 교역 확대를 통한 돈벌이는 상인들이 십자군전쟁을 통해서 얻을 수 있는 몫이었다. 특히 이탈리아 상인들은 이 전쟁을 통해 7세기부터 이슬람세력의 수중에 놓여 있던 '그들의 바다'를 되찾아 지중해 무역에 대한 통제권을 확보하고자 했는데, 이 과정에서 경쟁자인 기독교 국가 비잔티움에 대한 십자군의 공격은 필연적일 수밖에 없었다(제4차 십자군전쟁).

성전인가? 약탈인가?

우르반 2세가 클레르몽 공의회에서 성지탈환을 역설한 직후, 십자군을 독려하는 유럽 각지의 설교사들을 중심으로 수많은 무일푼의 기사와 모험적인 농민이 모여들었다. 이들은 순수한 종교적 열정과 신앙만을 가지고 아무 준비와 계획도 없이 성지를 향해 출발하였다(1096년 봄). 원정을 떠나기에 앞서 독일에서 이들은 유대인을 마구잡이로 학살했는데, 이러한 유대인 학살은 십자군에 수반된 지나친 종교적 열정의 결과였다. 이들 12,000명의 '맨발의 거지들'(농민십자군이라고도 한다) 중 일부는 도중에 약탈을 자행하다 헝가리 왕에게 쫓겨나기도 했고, 콘스

예루살렘을 공략하는 십자군

탄티노플에 도착한 일부 무리도 오합지졸에 놀란 비잔틴 황제에 의해 급히 소아시아로 수송되어 투르크군에게 괴멸되었다. 십자군전쟁은 첫 단추부터 잘못 끼워졌던 것이다.

우르반 2세가 원래 계획했던, 제후와 기사로 이루어진 약 30,000여 명 정규군이 예루살렘을 향해 출발한 때는 1096년 이른 가을이었다. 저마다 가슴에 십자표시를 하고 있어 '십자군'이라고 불린 이들은 비잔티움을 거쳐 소아시아의 니케아를 함락하고(1097. 5), 안티오크를 점령한 후 예루살렘으로 진격해 들어갔다. 예루살렘 전투는 피비린내 나는 학살을 수반했는데, 당시 십자군으로 종군했던 어느 성직자의 증언을 보면 학살의 실상이 얼마나 끔찍하고 처참했는지를 짐작할 수 있다.

그에 의하면, 길거리에는 잘려나간 머리와 손발이 여기 저기 널려 있었고, 한 사원의 내부에는 학살된 자들의 피가 무릎까지 찰 정도였다고 한다. 그러면서도 그는 성스러운 신전에서 이교도의 예식이 벌어진 것에 대한 신의 정당한 심판이라는 논평을 잊지 않고 있다. 이 얼마나 잔인한가! 십자군이 저지른 대량학살은 그들에겐 정당한 신의 심판이요 명예로운 행위였던 셈이다. 성지탈환에 성공한 십자군은 그들이 정복한 예루살렘과 주요 도시를 중심으로 4개의 십자군 왕국을 건설하고, 전형적인 봉건제도를 실시하였다. 성지회복이라는 소기의 목적은 제1차 십자군전쟁에서만 가능했다.

1144년 에데사가 이슬람세력에 의해 함락되자 다시 2차 십자군이 조직되었으나 소아시아에서 큰 손실을 입고 다마스쿠스 공략에 성공하지 못하여 완전히 실패로 돌아갔다. 1187년 예루살렘이 이슬람의 수중에 또 다시 떨어졌다는 충격적인 소식에 소집된 제3차 십자군은 독일, 영국, 프랑스 왕 등 당대 내로라하는 국왕들이 직접 참여하였지만, 내부의 분열과 목적을 망각한 행위—키프러스를 약탈하고, 아크레를 점령—로 그 성과는 미약했다. 5년간 유럽인의 성지순례를 허용한다는, 영국 국왕 리처드 1세와 살라딘 사이의 강화조약만이 3차 십자군이 얻어낸 성과 전체였다.

전쟁이 큰 결실 없이 횟수를 거듭하면서 초기의 열렬한 종교적 열정 또한 차츰 식어갔고 대신 세속적인 성격이 보다 더 뚜렷해졌다. 1198년 교황 이노센트 3세가 이집트를 공격하기 위해 소집한 제4차 원정은 바로 세속화된 십자군의 모습을 가장 적나라하게 보여준다. 제4차 십자군에서는 신앙보다는 재물을 추구하는 기사들과 비잔티움의 상권을 장악하려는 베네치아 상인들의 이해가 맞물려 성지 대신 같은 기독교인의 도시인 콘스탄티노플을 공격하였다. 1204년 4월 13일 그들은 비잔티움을 점령하고 도시를 약탈했으며, 그 위에 라틴제국을 건설했다. 십자

군이 성지로 가지 않고 딴 짓을 하는 것에 분개한 이노센트 3세는 막상
일이 벌어지자, 라틴제국의 설립을 하느님의 놀라우신 '역사役事'(이루심)
로 환영하였다. 제4차 십자군은 비잔틴 교회와 라틴 교회의 동맹 가능
성을 완전히 파괴해버렸고, 동서 유럽의 분열과 대립을 영속화시켰으
며, 비잔틴 제국에 치명적인 상처를 입힘으로써 회생불능상태에 빠지
게 만들었다.

제4차 십자군 원정이 돈에 눈이 먼 탐욕스러운 전쟁이었다면, 그 직
후에 조직된 소년 십자군을 둘러싼 일들은 그야말로 아이러니한 비극
그 자체였다. 4차 십자군의 터무니없는 탈선에 분노한 이노센트 3세는
유럽 각지에 설교사를 파견, 다시금 십자군의 열기를 불러일으키려 하
였다. 이에 호응이라도 하듯 프랑스와 독일에서 성지회복의 계시를 받
았다는 소년들을 중심으로 소년 십자군이 결성되어 1212년 지중해를

향해 남하하기 시작했다. 자신이 지닌 신앙의 순수함이 승리의 기적을 만들어낼 것이라는 이들의 기대는 전혀 예기치 않은 방향에서 그야말로 우스꽝스럽게 꺾이고 말았다. 이들은 악덕상인들에 의해 마르세유를 비롯한 여러 항구에서 배에 실려 그들이 증오해마지않던 이슬람 세계에 노예로 팔려가게 되었던 것이다. 그나마 이집트로 팔려간 소년들은 그들을 측은하게 여긴 이 지역 상인들의 도움으로 그들의 고향 땅을 다시 밟을 수 있게 되었다.

소년 십자군 이후에도 네 차례에 걸쳐 십자군이 조직되었는데, 이들 중 제6차 십자군만이 이슬람과의 협상을 통해 예루살렘을 10년간 유럽에 반환하는 조약을 체결했을 뿐이었다(1229). 하지만 그것마저도 협상 당사자인 독일 황제 프리드리히 2세의 파문과 죽음으로 지속되지 못하였다. 1291년 십자군의 마지막 근거지인 아크레가 다시 이슬람세력의 수중에 떨어지게 됨으로써 약 200년간 지리멸렬하게 진행된 십자군전쟁은 비로소 끝이 났다.

이슬람 세계에 진 빚

동서고금을 막론하고 십자군전쟁처럼 성스러운 이름으로 가장한 채 그토록 세속적인 욕망을 불태웠던 전쟁이 없고, 신의 이름을 빌어 약탈과 살인, 만행이 판을 친 전쟁은 없었을 것이다. 몇 년 전 교황 요한 바오로 2세는 과거 유럽이 이슬람 세계에 끼친 범죄와 과오를 공식적으로 인정하고 반성함으로써 십자군전쟁의 부정적인 모습을 에둘러 표현하였다. 성지회복이라는 본래 목적에서도 십자군전쟁은 패배한 전쟁이었

중세 유럽도시 상상도

고, 당대에 미친 그 성과 또한 원정에 투입된 막대한 물적·인적 자원을 고려할 때 사실상 아주 보잘 것 없는 것이었다. 그렇다면 이 전쟁으로 유럽은 잃기만 한 것일까.

장기적으로 볼 때, 십자군전쟁에 대한 평가는 사뭇 다를 수 있다. 비록 성지회복에는 실패했지만, 유럽은 이 전쟁을 통해 그 이상의 것을 얻을 수 있었다. 십자군전쟁은 전쟁이라는 참혹한 외형과 더불어 장기간 동안 유럽과 이슬람 양측이 접촉하면서 발생하게 되는 서로에 대한 탐색과 이해 그리고 교류와 나눔의 장이었던 것이다. 비록 이슬람 쪽에서도 유럽문명과의 접촉을 통해 영향받은 것이 없진 않지만, 유럽에 비해서는 그 정도가 미미할 따름이었다. 그에 비해 유럽은 이슬람에게 준 것보다 훨씬 더 많은 것을 이 전쟁을 통해 얻었고, 그것을 밑천 삼아 거대한 변화를 수반할 수 있었다.

십자군전쟁이 유럽에 미친 가장 중요한 영향은 11세기 이후 지중해를 중심으로 한 원격지 무역이 전례 없는 활기를 띠게 되었고 그 결과 중세사회의 붕괴요인인 도시와 상공업의 발달이 이 기간 동안 빠르게 촉진되었다는 점이다. 십자군전쟁을 통해 확보한 동지중해의 거점 도시들과 4개의 십자군 왕국들 그리고 비잔티움을 약탈한 후 그 위에 건설한 라틴제국의 존재는 전 지중해에 대한 이슬람과 비잔틴 제국의 통제력을 축소·상실케 하는 계기가 되었다. 특히 북부 이탈리아 상인들은 전쟁기간 동안 군대와 군수품 수송을 독점했고, 전쟁 이후에도 레반트(소아시아와 고대 시리아 지방의 지중해 연안지방)와 예루살렘 지역의 이슬람 상업거점과의 연계를 지속함으로써 동방과 유럽 사이의 중계무역을 독점하여 거대한 부를 축적할 수 있었다.

문화교류적 측면에서 봤을 때도 유럽은 이슬람에게서 많은 것을 얻었다. 당시 이슬람은 그리스·로마문헌의 보고였으며, 그것을 바탕으로 다양한 학술분야가 상당한 수준에 이르렀다. alcohol(알코올), algebra(대수), alkali(알칼리), atlas(지도책), average(평균) 등 여러 영어단어들은 아랍에서 취해진 것인데, 이들의 학문과 사상이 어느 정도 유럽세계로 전해졌는지를 알게 해주는 일부분이다. 1085년 유럽인들이 이베리아반도의 톨레도를 회복했을 당시, 유럽인들은 이슬람의 대도서관이 소장하고 있던 그리스, 로마의 문헌들을 가져가 라틴어로 번역하고 가르침으로써 번역 르네상스와 중세대학의 출현을 이끌 수 있었다. 십자군전쟁을 통해 이어진 이슬람과의 교류는 전쟁 이후까지 지속되면서 유럽에 문화적 충격과 함께 르네상스의 지적·문화적 토대를 마련하는 계기가 되었다. 200년 동안의 십자군전쟁 시기는 유럽이 중세 '암흑의 시대'를 벗어나 근세로 도약하는 '도움닫기'의 시대였던 것이다.

참고한 책, 더 읽어볼 거리

남경태, 『종횡무진 서양사』, 그린비, 1999.
이재광, 김진희, 『영화로 쓰는 세계 경제사』, 세상의 창, 1999.
최창모, 『예루살렘, 순례자의 도시』, 살림, 2004.
아민 말루프, 김미선 옮김, 『아랍인의 눈으로 본 십자군전쟁(1096~1291)』, 아침이슬, 2002.
조르주 타트, 안정미 옮김, 『십자군전쟁 (성전탈환의 시나리오)』, 시공사, 1998.
찰스 반도렌, 홍미경 옮김, 『지식의 역사 1』, 고려문화사, 1991.
프레데리크 들루슈, 윤승준 옮김, 『새 유럽의 역사』, 까치, 1992.

페스트, 역사의 우연을 필연으로 만들다!

페스트는 온몸이 검은 색으로 변해 죽어가기 때문에 보통 '흑사병'이라고 부른다. 페스트에는 크게 온몸에 출혈이 나면서 피부가 검게 되는 '선 페스트'와 페스트균이 폐로 감염되어 발생하는 '폐 페스트'가 있다.

페스트는 아주 오래된 인류의 전염병 가운데 하나다. 그 가운데 가장 널리 알려져 있는 것이 1348년부터 1351년 사이에 발생해 유럽 인구의 3분의 1을 죽음으로 내몬 '폐 페스트'이다. 당시 퍼진 페스트에 대해 유럽인들은 '신의 진노'라거나 유대인의 잘못으로 여기기도 했으나, 페스트는 쥐 등 설치류에 의해 전파된다는 것이 가장 설득력 있는 주장이다. 당시 페스트에 놀란 유럽인들의 공포스런 반응은 보카치오가 쓴 『데카메론』에 잘 나타나 있다. 일종의 공황과도 같았던 유럽인들의 공포는 페트라르카와 같은 르네상스 인문주의자들의 작품 곳곳에서 발견할 수 있다. 당시 유럽에 페스트를 일으킨 페스트균은 몽골군이 동남아시아를 공격하는 과정에서 전파되어, 바다 비단길을 따라 인도, 페르시아, 시리아, 이집트를 거친 후 1348년경에 유럽에 전파된 것으로 알려져 있다. 몽골군이 크리미아반도를 공격하는 과정에서 고의(?)로 퍼뜨린 페스트는 기근으로 이미 허약해져버린 유럽인들을 죽음으로 내몰기에 충분했다. 당시 카파를 공격하던 몽골군은 함락에 실패하자 죽은 시체들을 성 안에 던졌고, 바로 이때 던져진 시체에서 페스트균이 성 안으로 전파되어 급기야는 유럽의 대부분 지역으로 번져나갔던 것이다. 중앙아시아의 풍토병으로 볼 수 있는 이 페스트가 아무런 방비도 갖추지 않고 있던 유럽인들을 덮쳐 수많은 희생자를 낳았던 것이다. 또한 페스트가 이토록 강력한 영향을 끼칠 수 있었던 것은 11세기부터 대대적으로 일어난 개간운동으로 말미암아 숲이 사려져버렸기 때문이기도 하다. 숲이 사라지면서 찾아온 이상 기후는 농업 생산력을 떨어뜨리기에 충분했고, 유럽인들은 몇 년 동안이나 기근에 시달려야만 했다. 이런 상황에서 불어닥친 페스트의 급습은 유럽인들이 아무런 대책도 세우지 못한 채 그냥 앉아서 죽어갈 수밖에 없는 운명을 던져주었던 것이다.

페스트

　중요한 것은 페스트가 유럽 역사의 방향을 돌려놓는 계기가 되었다는 사실이다. 페스트에 의한 유럽 인구의 급격한 인구 감소는 농업생산 방식을 비롯한 다양한 형태의 사회경제적 변화를 야기함으로써 서유럽 봉건사회를 해체하는 요인으로 작용했다. 대규모의 노동력이 필요했던 농업 방식을 소규모 노동력으로도 가능한 목축으로 전환하거나 농민들의 부역노동이 화폐나 생산물로 전환되는 등 일련의 구조적인 변화가 일어났던 것이다. 물론 이것은 서유럽만의 상황이었다. 서유럽의 대부분 지역에서는 이미 14세기 초엽부터 일어나고 있던 봉건적 질서의 해체 과정이 우연한 페스트의 전파로 더더욱 가속화되고 심화되었던 것이다. 이렇게 본다면 페스트는 서양의 근대를 만들어낸 산파가 아니었을까?

근대
✦
팽창하는 서양,
확장된 세계

근대적 정신의 탄생

서양에서 14~15세기는 새로운 역사적 분기점의 첫 출발점이었다. 이 시기에 일어난 일련의 변화는 서양이 중세사회에서 근대사회로 이행하는 구조적 전환의 물꼬를 터트렸고, 다양한 측면에서 이전과는 사뭇 다른 변화가 일어났다. 특히 르네상스, 종교개혁, 그리고 과학혁명은 지적·정신적 차원에서의 변화를 일으킴으로써 인간을 중심에 둔 근대적 정신이 탄생하는 계기를 만들었다. 르네상스는 인간의 위치에 대한 새로운 해석을 내놓았고, 그에 따라 인간 중심적이고 합리적인 사유가 발전할 수 있는 토양을 만들어주었다. 종교개혁은 기나긴 갈등과 충돌을 통해 거대한 하나의 종교적 세계가 분열되는 계기를 이루었으며, 과학혁명은 고대로부터 이어져온 낡은 우주관과 세계관을 해체함으로써 새로운 시대를 준비하는 지적 기반을 마련해주었다.

르네상스, 인간중심적 사유의 부활

르네상스는 14~16세기에 걸쳐 전개된 고전문화의 부활 또는 "재생"을 의미하는 문화운동으로서 인식되고 있지만 중세에서 근대로의 이행기라는 시대적 의미 또한 갖고 있는 용어이다. 이탈리아 도시국가를 중심으로 전개된 르네상스는 아랍과의 교류 이후 활발해진 고대 그리스와 로마 문헌의 발굴과 재발견, 그리고 재해석에 토대를 두고 진행되었다. 새롭게 펼쳐진 유럽의 지적 분위기 속에서 전개된 르네상스는 주로 그리스와 로마의 고전을 연구했는데, 그것은 고전의 단순한 부활이나 재생이 아니라 이전과는 다른 해석을 내놓았다. 특히 르네상스의 고전 연구는 자연과 인간의 위치에 대해 새로운 해석을 내놓는 한편, 정치, 신, 윤리, 아름다움에 대해서도 변화된 서양인의 감각과 사고를 보여주었다. 이 과정에서 유럽인들은 비판적인 시각을 갖게 되었고, 이후 변화된 지적 분위기는 세속주의의 유행, 개인이나 경험에 대한 강조, 그리고 민족국가나 세속군주에 대한 충성심 등 근본적인 변화를 가져왔다.

그렇다면 왜 하필 르네상스가 이탈리아에서 시작되었을까? 여기에는 다양한 의견들이 있지만, 이탈리아의 특수한 사회적 조건이 중요한 역할을 했다. 이탈리아는 다른 유럽 국가들과 달리 13세기경 이미 봉건제가 소멸되고 지중해 무역을 바탕으로 도시국가 체제가 형성되고 있었다. 르네상스가 시작될 무렵의 이탈리아는 북부의 베네치아와 피렌체의 두 공화국, 밀라노 공국, 중부의 교황령, 남부의 나폴리 왕국 등으로 분할되어 있었고, 이에 따라 도시국가들 사이의 세력 경쟁과 도시 내부의 정파 및 계층 사이의 대립이 지속적으로 전개되고 있었다. 따라서 당시 이탈리아에서는 국가의 유지와 안보를 위해 능력 있는 인재가

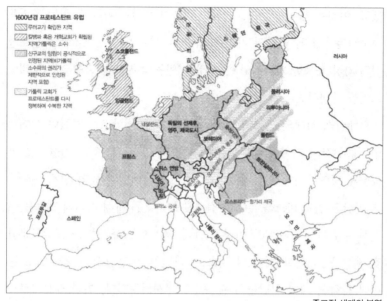

종교적 세계의 분열

무엇보다 필요했다. 이 때문에 이탈리아에서는 어떤 권위나 전통보다
는 인간 개개인의 능력이나 의지를 중요시하는 분위기가 싹트기 쉬웠
던 것이다. 문화적으로도 이탈리아는 고대 로마의 유산을 간직했던 곳
으로 르네상스가 만발할 수 있는 좋은 여건을 갖추고 있었다.

　새로운 정치 및 사회 질서의 태동은 그에 걸맞은 지적 생활을 필요
로 했고, 이 과정에서 활발한 고전연구가 진행되어 이른바 인문주의 운
동이 전개되었다. 르네상스 시기 전개된 인문주의 운동은 도시의 세속
인들이 지적 생활을 영위할 수 있는 길을 터주었다. 즉 중세의 고전연
구가 교회나 수도원에서 성직자들을 중심으로 이루어졌다면, 르네상
스 시기 그것은 문자해독 능력을 갖춘 도시의 세속인들에 의해 진행됨
으로써 기존의 기득권 세력이 갖고 있던 지적 독점현상을 깨트리기 시
작했다. 이 과정에서 인간의 가치에 대한 새로운 인식이 싹트기 시작

했고, 이것은 개개인의 자율성과 능력을 마음껏 발휘할 수 있는 조건을 성숙시켜주었다. 인간의 가치에 대한 새로운 인식은 르네상스 시대정신의 가장 중요한 덕목이었고, 이것은 '만능의 천재들'로 불리는 르네상스인을 탄생시켰다.

르네상스 시대의 만능의 천재들이야말로 르네상스가 가졌던 시대정신, 즉 인간의 가치에 대한 새로운 발견과 인간 개개인의 자율성을 극명하게 보여주는 사람들이었다. 르네상스 시대의 만능의 천재들은 국력 신장과 인기 확보를 추구한 전제군주의 후원 아래 자신의 재능을 여실히 발휘할 수 있었고, 이것은 단테, 페트라르카, 보카치오 등 문학적 재능을 가진 사람들이나 지오토, 다빈치, 미켈란젤로, 라파엘로 등 미적 감각을 지닌 사람들의 활동을 고무시켜주었다. 특히 레오나르도 다빈치는 르네상스 시대의 정신이나 가치를 가장 잘 보여주는 인물이라고 할 수 있다. 그의 이력을 통해 르네상스의 시대정신을 살펴보자. 1452년 북이탈리아의 피사와 피렌체 사이에 있는 빈치에서 태어난 레오나르도 다빈치는 어릴 적부터 천부적인 재능을 유감없이 발휘했던 인물이었다. 당시 피렌체에서 유명했던 베로키오 밑에서 수학하기도 했던 레오나르도 다빈치는 남다른 재능을 보여주었고, 〈최후의 만찬〉에 이르러서는 만능의 천재가 가진 독창성을 유감없이 발휘하였다. 뿐만 아니라 레오나르도 다빈치는 자연을 정확하고 사실적으로 관찰함으로써 그리스 이래의 전통적인 자연관을 허물기도 했다. 그의 데생이 보여주는 세밀함은 해부학에 대한 관심으로 이어졌고, 이것은 다양한 기계제작을 가능하게 한 원동력이 되었다. 즉 레오나르도 다빈치는 세밀한 신체에 대한 관찰과 데생을 통해 생물이 움직이는 메커니즘을 탐구했고, 이것은 바늘이나 거울을 연마하는 기계, 나사나 줄을 자르는 기계, 회전식 제분기, 수위 조절 수문, 굴착기, 그 밖의 전투용 무기 등의 제작으로 발전했다. 레오나르도 다빈치의 천부적인 예술적 감각과 새로운 자연관은 개인의 독창성이나 창의성을 최대한으로 발휘할 수 있었던 르네상스 시대의 분위기와 관련이 깊은 것이었다.

요컨대 르네상스는 자연에 대한 다른 견해, 인간의 가치와 존재 의미에 대한 다른 견해, 다른 신학적 배경, 다른 지리학적 배경, 다른 경제체제 등 새로운 것이 탄생할 수 있는 조건을 만들어주었고, 또한 인간 중심적이고 합리적 사유가 전개됨으로써 근대적 사유가 등장할 수 있는 사상적·사회적 기반을 형성해주었으며, 이것을 레오나르도 다빈치와 같은 만능의 천재들이 몸소 실천해 보여주었다.

종교개혁, 종교적 세계의 분열

르네상스로 촉발된 새로운 사유는 종교개혁과 맞물리면서 서양 사회의 세속적 경향을 한층 가속화시켰다. 종교개혁은 프로테스탄트 교회를 성립시킴으로써 기독교 세계를 분열시켰고, 사회경제적 운동으로까지 확대되어 유럽의 정치형태를 결정짓는 데 중요한 역할을 했다. 물론 종교개혁 이전에도 일련의 종교개혁 운동이 전개되었으나, 서양 사회에 새로운 윤리를 제공하고 새로운 정치적 사회적 경제적 사상을 형성하는 데 크나큰 영향을 끼친 것은 마르틴 루터에 의해 촉발된 종교개혁이었다.

16세기경 기독교 사회는 부패로 점철되어 있었고, 그 가운데 '면죄부' 판매는 가장 큰 골칫거리였다. 원래 면죄부는 회개의 절차만을 없애주

마르틴 루터

는 것이었으나 르네상스 교회의 탐욕은 면죄부를 수입증대의 도구로 활용했다. 이 과정에서 면죄부는 천당에 이르는 허가장으로 둔갑하여 판매되었고, 이러한 상황은 교회권력에 효과적으로 대응하지 못했던 독일에서 가장 심각했다. 중앙집권적 왕권이 부재했던 독일에서 면죄부 판매는 교황청의 배를 불려주는 강력한 수단이었고, 이에 루터는 95개 항에 달하는 면죄부 판매에 반대하는 반박문을 비텐베르크 교회 문 위에 못 박았던 것이다. 루터의 면죄부 판매에 대한 반대는 당시 교황권으로부터의 독립과 교회의 재산 및 경제적 특권을 탈취하려는 세속군주의 후원 아래 진행되었고, 따라서 종교개혁은 종교적 운동으로서만이 아니라 사회경제적 차원의 변혁으로까지 발전하기 시작했다.

당시 독일에서 면죄부는 교황이 건축하려는 성 베드로 성당의 수축 비용을 마련하고, 신임 마인츠 주교가 푸거가로부터 빌린 돈을 반환하려는 목적에서 판매된 것이다. 독일 지역의 면죄부 판매 대리인이었던 테첼이란 인물은 면죄부 구입은 그 자체로 죄를 면하는 것이며, 자신뿐만 아니라 친척의 영혼도 천국으로 올라갈 수 있다고 거짓으로 과대 선전을 했다. 테첼은 "잔돈을 돈궤 속에 짤랑 넣자마자 영혼은 연옥으로부터 빠져 나온다"는 노래를 만들기도 했지만, 루터는 "돈이 돈궤 속에서 짤랑거리면 탐욕과 이득이 불어나는 것은 확실하지만 교회의 기도 결과는 전적으로 신의 뜻에 달려 있다"며 반발했다. 루터의 면죄부 판매에 대한 비판에는 잘못된 교리를 퍼뜨린 테첼 뿐만 아니라 교황청에 대한 불신이 가득 담겨 있었다. 루터는 교황이 사면하더라도 참다운 내면적 회개 없는 사면은 무효라고 선언했다. 이처럼 루터는 면죄부를 공격함으로써 신학과 교회조직을 동시에 공격했다. 루터는 구원이란 개개인의 신앙에 달려 있다고 주장함으로써 성사의 필요성이나 성직제도의 필요성 자체를 부정하기도 했다.

루터의 비판은 당시 친교황파인 신성로마제국 황제 카를 5세에 대항하던 독일의 세속제후, 농민과 도시 서민층, 하급 기사층에게 많은 호응을 받았다. 이후 루터의 종교개혁은 단순한 종교적 차원의 개혁운동이 아니라 정치적이고 경제적인 차원의 운동으로 변모되어갔다. 루터의 교회에 대한 비판은 로마 교회의 가렴주구에 시달리던 독일인들에게 새로운 희망의 불씨를 던져준 것이었고, 이내 독일인들의 사회적 열망과 결합할 수 있었다. 그러나 루터의 종교개혁이 가졌던 보수성의 한계로 말미암아 독일의 기층 민중들은 루터의 종교개혁으로부터 등을 돌리고 말았다. 루터는 천국이 지상에 있는 것이 아니라 피안에 있다고 주장했고, 농민을 비롯한 기층 민중들은 권력에 의해 통제받아야만 하는 나약한 존재로 인식했다. 따라서 정신적인 자유만을 긍정하는 루터의 교리는 농민들보다는 군주 제후의 이상과 부합하기 쉬웠고, 이에 따라 루터의 주장은 군주 제후의 권위를 강화하는 결과를 낳았다. 루터의 교리에 의해 지지받은 세속군주는 교황의 세력을 배제하고 국가의 종교를 직접 통제함으로써 자신의 권력을 강화하고, 교회의 막대한 토지 재산을 통하여 재정을 강화함으로써 절대주의 체제로 가는 기반을 마련하기 시작했다. 결론적으로 루터의 종교개혁 운동은 아우구스부르크 종교회의(1555)를 통해 종결되어 각 지역의 종교적 선택권을 세속군주에게 부여하되, 그 범위를 가톨릭교회 및 루터파 교회로 한정한다는 원칙을 확립했다.

한편 당시 몰락하던 봉건귀족과 자본투자를 모색하던 자본가들도 종교개혁 운동에 가세했는데, 이들은 종교적 자유뿐만 아니라 경제적 차원의 자유를 원했다. 이러한 요구에 부응했던 것이 바로 칼뱅의 종교개혁이었다. 츠빙글리의 종교개혁을 계승한 프랑스 부르주아 출신의 칼뱅은 엄격한 신정정치를 추구한 인물이었다. 1536년 나온 『기독교 강요』에 나타난 칼뱅 교리의 핵심은 예정설과 선민사상으로 집약할 수 있다. 즉 인간은 전능한 신 앞에서는 무력한 존재이며, 따라서 인간은 자신의 운명을 바꿀 수 없는 존재이고, 인간의 구원은 이미 신에 의해 예정되어 있다는 것을 강조했다. 그리고 만일 누군가가 구원을 받는다면, 그것은 지상에서의 모범적 행동에 의해서 그것을 보일 것이고, 이것이 신의 은총의 증표라고 주장했다. 그러나 이것은 어디까지나 증표일 뿐 보증은 아니었다.

칼뱅은 자신의 종교적 신념을 구현하기 위해 제네바에서 신정정치를 전개했으나 너무도 엄격한 도덕주의로 인해 실패하고 말았다. 당시 제네바에서 칼뱅은 외설적인 글을 쓴 자를 목 자르거나 카드놀이를 했다고 칼을 씌우기도 하고 간통으로 피소될 경우 매질하면서 거리를 활보하게 한 뒤 종국에는 추방하기도 했다. 칼뱅에게 교회는 단순히 신을 예배하는 장소가 아니라 신을 경배하는 사람들을 만들기 위한 일종의 교육기관이었던 것이다. 반면 이러한 칼뱅의 엄격한 도덕주의는 절약과 미덕의 필요성을 강조함으로써 자본주의적인 노동윤리와 직업관이 형성되는데 커다란 기여를 했다. 나아가 칼뱅의 교리는 부의 축적에 반대하지 않음으로써 당시 경제적으로 상승의 길을 걷고 있던 중산층의 호응을 받으며 영국, 네덜란드 등지로 전파됐다. 막스 베버는 16, 17세기 자본주의 발전의 부분적인 원인을 프로테스탄티즘의 윤리로 설명했다. 칼뱅주의는 새로운 상업문명을 받아들여 부의 축적, 자유방임, 직업소명의식의 근거를 제공했으며, 17세기 영국과 네덜란드 등지의 청교도들은 칼뱅의 가르침을 부르주아의 이데올로기로 발전시켰다는 것이다. 구체적 사실에 입각해 볼 때 칼뱅주의가 자본가집단을 유인했다는 베버 등의 이론에는 과장된 바가 없지 않지만 그 실천과 사회적 습관이 훗날 자본주의의 생활윤리를 고무한 면은 부인할 수 없을 것이다. 절약과 근면, 절제에 입각한 경제적 성공이 신의 호의의 명백한 증거라는 교의는 광범위한 호응을 얻은 것이다.

요컨대 종교개혁은 유럽 사회에 국가 중심의 정치형태를 그리는 데 중요한 역할을 했다. 루터로부터 촉발된 가톨릭교회에 대한 비판은 보편적 공동체라 불리는 유럽 사회를 세속 군주를 중심으로 국민국가를 형성하는 중요한 계기가 되었으며, 칼뱅주의에서 볼 수 있는 것처럼 중산계급을 고무함으로써 자본주의의 싹이 마련되는 데 중요한 역할을 했다. 국민국가의 형성과 신흥 중산계급의 출현은 서양 근대의 중요한 특징이라 할 수 있는 것이고, 따라서 종교개혁은 새로운 세계, 즉 근대라는 세계를 창조하는 데 기여했던 것이다.

과학혁명, 근대과학의 탄생

르네상스와 종교개혁을 통한 인문주의적이고 비판적인 사고의 발전은 자연에 대한 과학적인 이해 역시 변화시켰다. 르네상스를 거치면서

코페르니쿠스

새롭게 발굴되고 재해석된 고대 그리스의 과학문헌들은 지식의 양을 엄청나게 증가시켰고, 이것은 자연현상에 대한 연구를 촉진시키는 기폭제가 되었다. 이를 통해 촉발된 이른바 과학혁명(1543~1687)은 지적 차원에서 진행된 세속화의 모습이었고, 과학이 교회를 대치하여 유럽 사회의 새로운 구심점이 되는 중요한 계기를 이루었다.

　유럽에서 일어난 과학혁명은 코페르니쿠스의 천문학상의 혁명에서 시작하여 뉴턴의 고전역학의 완성에 이르는 시기에 일어난 일련의 과학지식 상의 변혁을 의미한다. 과학혁명의 핵심을 한마디로 표현한다면 그것은 아리스토텔레스의 파괴라고 할 수 있다. 과학혁명의 서막을 연 코페르니쿠스의『천구의 회전에 관하여』는 한계는 있지만 아리스토텔레스의 우주론에 의심을 품은 것이었고, 이후 이것은 아리스토텔레스 과학의 전체 구조를 허물어뜨리는 계기를 마련해주었다. 코페르니쿠스의 기존 우주론에 대한 회의는 20년 동안이나 육안으로 하늘을 관찰하여 수정체 천구를 깨트리고 정밀한 관측 데이터를 남긴 티코 브라헤, 우주의 조화를 강조하고 티코의 데이터를 활용하여 행성의 타원 궤도를 도입한 케플러, 그리고 망원경을 제작하여 일반인의 우주관을 뒤흔든 갈릴레오 갈릴레이로 이어져 결국에는 기독교 교리와 연관된 아리스토텔레스-프톨레마이오스의 지구중심체계를 태양중심체계에 기초한 우주론으로 대치시켰다.

우주론에서의 변화는 아리스토텔레스의 일상적 경험에 기초한 역학마저 거부하는 방향으로 이어져 역학의 혁명을 낳았다. 갈릴레이가 제기한 낙체의 제1법칙이나 투사체 운동에 대한 증명, 그리고 초보적인 관성개념은 기존의 역학과는 다른 것이었고, 뉴턴이 제기한 이른바 만유인력의 법칙은 기존의 아리스토텔레스의 역학을 송두리째 허물어버렸다. 아리스토텔레스의 경우 우주를 달밑세계와 달윗세계로 구분하고, 이 두 세계에 적용되는 법칙이 다르다고 주장했다. 그러나 뉴턴은 지상과 우주에서의 운동을 만유인력의 법칙을 통해 하나로 통합함으로써 근대 역학의 탄생을 가져왔다.

생리학 분야에서도 변혁은 일어났는데, 윌리엄 하비는 아리스토텔레스에 기초해 인체구조를 설명하고 피가 간에서 만들어져 소비된다고 했던 갈레노스의 이론체계를 부정했다. 하비는 동물의 해부와 실험을 통해 피가 순환한다는 사실을 증명함으로써 생리학의 신기원을 이뤄냈다. 비록 동맥과 정맥의 연결 부위인 모세혈관의 존재는 현미경이 등장한 후에야 밝혀졌지만, 하비가 제기한 피의 순환이론은 생리학의 변혁을 이끌기에 충분한 것이었다.

과학혁명은 과학내용상의 변화뿐만 아니라 중세의 스콜라적 방법을 거부한 베이컨과 데카르트로 대표되는 귀납과 연역이라는 새로운 과학 방법의 등장, 이에 따른 실험과학과 기계적 철학의 대두, 그리고 영국의 왕립학회나 프랑스의 과학아카데미 같은 새로운 과학단체의 출현 등 엄청난 변화를 몰고 왔다. 이와 같은 과학혁명은 인간이 자연을 보는 관점의 변화와 더불어 인간과 자연 사이의 관계 자체에도 변화를 가져왔고, 나아가 과학과 사회구조와의 관계에도 변화를 일으켰다.

요컨대 16~17세기 서양에서 일어난 과학혁명은 신중심적인 패러다

임에 천착한 지구중심체계에서 인간중심적인 태양중심체계로의 전환을 보여주는 역사적 실례였던 것이다. 더구나 과학혁명은 르네상스나 종교개혁과 달리 과감하게 과거의 전통과 결별하고 새로운 시대를 열어가려는 자세를 보였다는 점에서 어찌 보면 진정한 의미의 근대적 정신의 탄생은 과학혁명과 함께 시작되었다고 볼 필요도 있을 것이다.

참고한 책, 더 읽어볼 거리

민석홍, 『서양사개론』, 삼영사, 2003.
송상용, 『서양 과학의 흐름』, 강원대출판부, 1990.
김영식, 『과학사신론』, 다산출판사, 1999.
브로노프스키, 차하순 옮김, 『서양의 지적 전통』, 학연사, 1999.
노먼 F. 캔토, 사무엘 버너, 전원숙 옮김, 『서양근대사 1500~1815』, 혜안, 2000.

대항해 시대

　미지의 세계에 대한 유럽인들의 동경은 고대의 플라톤 시대에까지 거슬러 올라간다. 그러나 동경을 넘어서 보다 본격적으로 미지의 세계에 대한 욕구 분출과 세력 확장을 꾀하기 시작한 것은 크리스토퍼 콜럼버스의 항해 이후이다. 사실 서양은 15세기 초까지만 하더라도 아시아에 비해 훨씬 뒤떨어져 있었던 문명의 후진 지역이었다. 당시 서양은 천연자원도 부족했고, 배타적인 봉건적 질서가 상업활동의 장애로 작용했으며, 지리적으로도 지극히 협소한 지역에 불과했다. 그러나 15세기 말에 이르러 서양은 새로운 전기를 맞이하며, 미지의 세계를 자신의 품안으로 끌어들이기 시작하면서 세계사의 주도권을 거머쥐는 세력으로 성장하게 된다.

무엇이 그들에게 새로운 도전을 가능케 했나

콜럼버스의 서인도 제도 발견 이전까지 유럽인들의 활동무대는 매우 제한적이었다. 당시 서유럽이 이슬람에 의해 포위되어 있었다는 사실을 상기해보면, 유럽의 팽창은 지리적으로 봉쇄당하고 있는 외적 조건에 대해 서유럽이 내적 한계를 극복하기 위한 돌파구를 찾는 과정에서 발생했다고 볼 수 있다. 더군다나 당시 서유럽은 14세기의 페스트로 인한 인구의 감소가 15세기 들면서 줄어드는 기미가 보이고 있었고, 고기와 포도주를 먹는 등 생활수준이 전반적으로 향상되고 있던 터였다. 당시의 상황 속에서 줄곧 이슬람 세력에게 제압당하던 서유럽은 뭔가 새로운 활로를 모색할 필요가 있었다.

오스만 투르크가 콘스탄티노플을 점령한 1453년 이전에도 서유럽은 이슬람 세계를 거간꾼으로 아시아의 향료, 비단, 도자기 등을 은과 교환하는 무역을 전개하고 있었다. 따라서 서유럽은 이슬람의 중개무역으로 인해 상당한 불이익을 감수해야만 했고, 이런 상황에서 오스만 투르크가 콘스탄티노플을 점령하자 더더욱 이슬람에 대한 적개심이 불타오르게 되었다. 즉, 서유럽은 향료무역을 위한 새로운 항로 개척의 필요성과 함께 이슬람 세력을 단죄하고 기독교 문화를 전파하기 위해 신항로 개척에 본격적으로 나섰던 것이다. 바스코 다 가마가 인도에 도착해서 자신의 항해목적을 "기독교인과 향료를 찾아서"라고 공공연하게 표현한 것은 유럽인의 대항해 목적을 선명하게 드러내주는 대목이라 할 수 있다.

한편, 경제적 궁핍을 해결하려는 서유럽인들의 야심과 13세기 몽골의 서방 원정으로 비롯된 동양에 대한 관심, 특히 마르코 폴로가 유럽

대항해 시대

대항해 시대의 원인에 대한 기존의 설명은 대체로 오스만 투르크의 콘스탄티노플 점령(1453)으로부터 시작한다. 이때 설명은 굉장히 도식적인데, '1453년 오스만 투르크의 콘스탄티노플 함락→불관용 정책→동서교류의 폐쇄→향신료 가격의 폭등→동방과의 직교역 절감→신항로 개척'이 그것이다. 그러나 이 같은 설명은 대항해 시대의 원인을 규명하는 데 있어 필요하지만 충분치는 않다. 그 이유는 첫째, 동서 교류의 가교역할을 담당한 콘스탄티노플이 이슬람 세력에게 함락되었다지만, 그 기능을 시리아와 알렉산드리아가 충분히 대체했기 때문이다. 그러한 이유로 유럽으로 들어오던 동방산물의 현저한 감소현상은 없었다는 점이다. 둘째, 향신료 가격의 폭등은 이 기간에만 뚜렷한 현상이 아니었다는 점이다. 향신료는 대항해 시대 이전에도 은과 동일하게 취급될 정도로 매우 값비싼 물건이었다. 향신료 가격이 높았던 이유는 고가를 유지하기 위해 공급량을 조절했던 이슬람 상인과 이탈리아 상인의 담합 때문이었다. 마지막으로 기존의 설명은 이베리아반도의 두 나라, 즉 포르투갈과 에스파냐가 어째서 대항해 시대를 주도해 나갔는지를 적절히 설명해주지 못한다. 본문에서 다루고 있지만 1453년 이전에도 이미 포르투갈은 여러 차례 모험항해를 통해 미지의 세계를 차근차근 개척해나가고 있었다. 한편, 기존의 설명방식은 위험이 도사리고 있는 망망대해에 유럽인들을 떠밀어 넣은 주범(?)으로 은근히 이슬람을 겨냥하고 있다. 결과야 좋았지만, 대항해의 원인을 이슬람의 부정적인 행위에서 찾는 이 같은 시각은 전형적인 '오리엔탈리즘'으로써 기존의 설명방식을 조심스럽게 받아들여야 하는 또 다른 이유일 것이다. 신항로 개척이 종교적 목적에서 추진되었다는 점도 간과하지 말아야 한다. 이베리아반도의 두 국가인 포르투갈과 에스파냐는 이슬람과의 기나긴 전쟁(레콩키스타 운동)을 통해서 건설된 나라였다. 그만큼 이슬람에 대한 두 나라의 적개심은 다른 유럽 국가들의 그것보다 훨씬 컸다. 기독교를 수호하고 이교도를 철저히 괴멸하고자 하는 그들의 열망은 십자군전쟁 때부터 유럽에 퍼지기 시작한 프레스터 존(사제 요한)의 전설을 곧이 곧대로 받아들일 정도였다. 1492년 콜럼버스의 항해와 바스코 다 가마가 인도에 도착해 수소문했던 '기독교인'은 밀접한 연관성을 가지고 있다. 콜럼버스와 바스코 다 가마의 항해는 그라나다 함락(1492) 이후 기독교 세계의 사기가 하늘을 찔렀던 시대에 프레스터 존이 다스리고 있다는 환상의 기독교 왕국을 찾아 동맹을 맺고 이슬람을 협공하여 그 잔당을 박멸코자했던 유럽인들의 지나친 종교적 열병의 결과물이었던 셈이다.

인들에게 심어준 풍요로운 동양이라는 환상은 유럽인들로 하여금 적극적인 신항로 개척에 나서게 한 중요한 동력으로 작용했다. 밀리오네, 즉 백만장자이자 '허풍장이'로 불린 마르코 폴로는 『동방견문록』에서 유럽인들의 호기심을 자극할 만한 다채로운 이야기를 풀어내고 있다. 그중 지팡구Zipangu는 "금으로 거리를 치장"할 만큼 부유한 나라로 소개되어 항해가들의 모험심을 자극했는데, 실제로 『동방견문록』의 애독자였던 콜럼버스는 제1차 항해 때, 지팡구를 찾기 위해 별도의 탐사를 조직할 정도였다 한다. 즉 동양에 대한 호기심과 무역을 통한 경제적 이익의 확보라는 현실적 동기가 결합하여 이전에는 상상도 못할 일을 전개했던 것이다. 르네상스 시대의 그림들에서 나타나는 풍만한 육체의 여인들은 당시 유럽인들이 가지고 있던 풍요로운 미지의 세계에 대한 강렬한 희구를 압축적으로 상징해주는 것일지도 모른다. 향료 무역을 통한 경제적 이익의 확보와 이슬람 세력에 대한 단죄라는 경제적 종교적 동기 이외에도 서유럽이 새로운 항로 개척을 과감하게 단행할 수 있었던 것은 동양과 아랍지역으로부터 유입된 나침반을 통한 항해술의 발전이라든지 삼대 돛을 이용한 새로운 조선술의 전래 등 선진적인 기술의 영향도 있었다.

뿐만 아니라 이베리아반도의 경우, 레콩키스타(711년부터 1492년까지 가톨릭교도들이 이슬람교도에 대하여 벌인 '잃어버린 땅' 회복운동) 과정을 거치면서 유럽에서 가장 일찍이 중앙집권적인 정치체제(절대군주제)를 달성함으로써 국가적 차원에서 모험적인 신항로 개척을 위한 인적 물적 군사적 자원을 동원할 수 있었고, 실제의 위험을 감수할 수 있었기에 초기 유럽의 팽창을 주도할 수 있었다.

신항로 개척의 두 주역, 포르투갈과 에스파냐

당시 가장 먼저 신항로 개척에 나섰던 나라는 포르투갈과 에스파냐였다. 유럽 대륙의 서쪽 끝자락의 이베리아반도에 위치한 이들 두 나라는 지리적 약점으로 인해 당시 베네치아 상인들과 이슬람이 중심이 된 동부 지중해의 이른바 레반트 무역(10세기경부터 북이탈리아 상인이 레반트[동부 지중해 연안의 나라들]를 중계지로 행한 동서무역)과 그것의 영향 하에 성장하고 있었던 북해무역(북유럽과 지중해, 영국과 라인 지방을 잇는 교통의 십자로 역할을 했던 북해 연안의 국가들과 이탈리아 상인 사이에 이루어지던 무역)으로부터 철저히 외면당하고 있었다. 따라서 포르투갈과 에스파냐는 동방과의 직교역을 위한 새로운 항로 개척에 몰두했다. 더욱이 이슬람 세력에 대항하여 레콩키스타 운동을 벌이던 이베리아반도의 이들 두 국가는 이슬람을 격퇴하고 기독교 문화를 전파하려는 야심찬 계획을 실현하고자 했다. 결국 포르투갈과 에스파냐는 대서양을 접하고 있는 지리적 이점을 십분 활용하여 유럽에서 가장 먼저 중앙집권화(절대군주제)를 성립한 나라답게 새로운 동방 항로를 찾아 나섰다. 애초에 한계로 작용했던 소외된 지리적 위치가 새로운 세상을 여는 기폭제가 되었던 셈이다.

이들 두 국가 중 신항로 개척을 선점한 나라는 포르투갈이었다. 이미 15세기 초부터 포르투갈은 신항로 개척을 위한 모험항해를 여러차례 시도하고 있었다. 이 과정에서 중심적인 역할을 했던 사람이 바로 '해상왕'이라 일컬어지는 엔리케 왕자였다. 1422년 엔리케는 당시까지 '공포의 바다'로 불리던 아프리카 서해안으로 탐험대를 파견하여, 아프리카 북서부 대서양 연안의 여러 섬들을 발견했는데, 아조레스, 마딜라,

카나리아, 카보베르데 등이 그것이다. 이들 제도의 발견은 무엇보다 선박을 만들기 위한 목재의 필요성 때문이었다. 11세기부터 대대적인 개간을 통해 숲이 파괴된 유럽은 15세기경에 이르면 큰 배를 건조할 만한 삼림이 거의 남아나지 않았던 것이다. 한편 장거리 항해에 있어서 이들 제도들은 선박의 보수와 선원들의 휴식 및 식수와 같은 필요한 물건을 공급하는 중간 기착지로서 그 중요성이 대단히 컸다. 최초의 신항로 개척은 이렇게 시작되었다. 엔리케 왕자의 서아프리카 탐험은 훗날 바르톨로뮤 디아즈Bartolomeu Diaz의 희망봉 항로 개척(1486)으로 이어졌고, 마침내 바스코 다 가마의 인도 항로 개척(1498)으로 완성되었다. 바스코 다 가마의 도착으로 유명해지고, 오늘날 휴양지로 각광받는 인도의 고아와 포르투갈인들이 1557년 중국 명나라로부터 조차 받은 마카오는 이후 포르투갈의 동방무역 거점으로 자리를 잡았고, 포르투갈은 이후 동방무역에서 주도권을 쥐게 되었다.

콜럼버스가 서쪽으로 간 까닭은?

이웃나라가 이런 상황이다 보니 1470년 가까스로 독립을 이룩한 에스파냐는 몸이 달아올랐다. 그간 이슬람과의 투쟁에서 출혈을 감내해야 했던 에스파냐는 상업과 무역을 통한 경제적 이익에 무엇보다도 목말라하고 있었다. 에스파냐의 입장에서 볼 때, 포르투갈에게 신항로를 선점당하는 것은 경제적 차원에서 여간 큰 문제가 아니었다. 그와 함께 국경을 접한 포르투갈의 소위 잘나가는 모습은 신생왕국 에스파냐를 더욱 긴장시켰다. 에스파냐 왕국은 항로 개척 경쟁에서 포르투갈에게

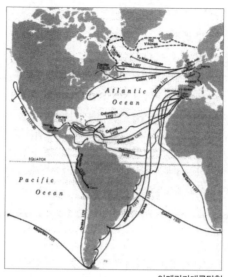

아메리카대륙탐험

주도권을 내줄 수 없는 상황이었지만, 출발점은 포르투갈에 훨씬 뒤처져 있었다. 에스파냐가 처해 있던 이러한 상황을 꿰뚫고 인도항로 개척에 대한 자신의 획기적인 방법을 통해 에스파냐가 처한 현실을 돌파하려 했던 인물이 바로 콜럼버스였다.

콜럼버스가 선택한 항로는 포르투갈의 그것과는 달리 서쪽이었다. 원래 이탈리아 제노바 출신이었던 콜럼버스는 오래전부터 지구가 둥글다는 신념을 갖고 있었고, 어딘가에 있을 이상향에 대한 깊은 동경을 가지고 있었다. 처음에 이탈리아 도시국가의 후원을 받으려던 시도가 좌절되자, 콜럼버스는 영국으로 눈을 돌렸으나 당시 영국은 콜럼버스를 후원할 처지가 되지 못했다. 1484년 콜럼버스는 그의 항해계획을 우선 포르투갈의 주앙 2세에게 제시하지만, 그는 항로 경쟁에서 이미 선두에 서 있다는 안도감에 사로잡혀 새로운 모험에 투자하길 거부했다. 이듬해 콜럼버스는 포르투갈 왕과 경쟁관계에 있었던 에스파냐의 이사벨라 여왕을 찾아갔다. 이때 이사벨라 여왕은 콜럼버스의 턱없이 과도한 계약조건에도 불구하고 그와의 계약을 체결했는데, 항로 경쟁에 뒤늦게 뛰어든 초보 에스파냐의 상황은 당시로서는 대단히 위험천만한 콜럼버스의 제안을 받아들일 정도로 아주 다급했던 모양이다.

여왕의 강력한 후원 덕분에 항해 준비는 일사천리로 진행되었다. 에스파냐가 이베리아의 마지막 이슬람 거점인 그라나다를 함락한 1492년에 콜럼버스의 산타마리아호가 에스파냐 남부에 위치한 팔로스 항을 출항했다. 당시 서유럽은 동쪽으로 이슬람에 의해 가로막혀 있었고, 이미 포르투갈이 아프리카를 돌아 동쪽으로 진출하는 인도 항로를 개척하고 있었기 때문에 콜럼버스는 기수를 대서양 서쪽으로 돌렸다. 그의 획기적인 구상은 이랬다. "지구는 둥그니, 인도로 가기엔 아프리카 남단을 우회하는 것보다 대서양을 곧장 관통하면 될 게 아닌가? 자! 이제부터 서쪽이다. 아마 시간도 훨씬 단축될 수 있겠지?" 그의 판단은 아쉽게도 반만 적중했다. 그는 지금의 바하마 제도에 도착하여 그가 평생 인도라고 믿고 있던, 미지의 신세계를 발견하게 되었던 것이다. 이후 그의 구상은 마젤란의 세계일주로 입증되는데, 중간에 갑자기 튀어나온 미지의 대륙만 아니었던들 콜럼버스는 바스코 다 가마보다 5년은 앞서 인도 항로를 개척했을 것이다.

서유럽은 어떻게 식민지 정복에 성공할 수 있었을까

서유럽이 미지의 세계에서 성공적으로 식민지를 건설할 수 있었던 이유를 잘 설명해주는 유명한 일화가 하나 있다. 1532년 에스파냐의 탐험가이자 정복자였던 피사로가 잉카제국을 정복한 그것이다. 아메리카 대륙을 탐험했던 발보아의 후계자인 피사로가 잉카제국을 정복할 때 보여준 모습은 이후 전개되는 대부분의 서유럽 세력에 의한 식민지 정복의 성공 요인을 전형적으로 보여주는 좋은 실례 중 하나다. 1532년 11월 16일 잉카제국의 황제 아타우알파는 불과 168명을 거느린 신성로마제국의 황제 카를 5세의 대리인인 피사로에게 볼모로 잡히는 수모를 당했다. 볼모로 잡힌 아타우알파는 인질에서 해방되는 대가로 피사로에게 상상할 수 없을 정도의 몸값을 지불했으나, 8개월 만에 처형당했고, 이후 잉카제국은 역사의 뒤안길로 사라져버렸다. 도대체 8만이 넘는 군사를 거느리고 있었던 아타우알파가 고작 168명밖에 되지 않는 피사로의 부대에게 어떻게 패할 수 있었을까? 더군다나 당시 에스파냐의 전초기지는 무려 1,600km나 떨어진 파나마에 있었기 때문에 구원 요청을 할 수도 없는 상황이었다. 과연 무엇이 이런 결과를 가져왔던 것일까? 여기에 서유럽의 식민지 정복의 성공 요인이 숨겨져 있다.

62명의 기병대와 106명의 보병으로 구성된 피사로의 부대가 8만의 군대와 수백만의 백성을 거느린 잉카제국의 황제를 물리칠 수 있었던 것은 기마부대, 쇠로 된 무기, 든든한 갑옷, 화승총 때문이었다. 당시 잉카제국의 군대는 기껏해야 돌이나 청동기 혹은 나무 등으로 제작된 무기가 고작이었고, 갑옷도 헝겊 조각을 붙여 만든 것에 불과했다. 168명에 불과한 피사로의 부대가 수천 명의 잉카제국 군대를 살해하면서도 단 한 명의 사상자도 없었다는 사실은 에스파냐의 신식 무기가 얼마나 큰 위력을 발휘했있는지를 잘 알려준다. 이러한 사실은 코르테스의 아스텍 정복과정과 아메리카 원주민들의 살육과정에서도 잘 나타난다. 수십 명에 불과한 서유럽 기병대가 수천 명에 달하는 원주민들 속을 뚫고 들어가 번번이 그들을 참패시켰다. 말을 이용한 신속한 기동력, 단단한 쇠로 만들어진 쇠칼과 창, 그리고 소리만으로도 공포를 자아냈던 화승총의 위력은 식민지 원주민들에게 정복당할 수밖에 없는 운명의 굴레를 씌웠던 것이다. 서유럽인들에 의해 전해진 전염병과 문자를 통한 서유럽인들의 신속한 정보 전달 체계도 신대륙을 서유럽인들이 정복하는 데 매우 중요한 역할을 했다. 이를 테면 천연두와 같은 질병은 아메리카 대륙에 살고 있던 이들로서는 저항할 수 없는 새로운 형태의 무시무시한 무기였고, 말보다 훨씬 더 효과적인 정보전달 수단인 문자의 사용은 서유럽인들에게 정확하고 알찬 정보를 신속하게 전달해 줌으로써 더 효율적인 전쟁 수행 능력을 발휘할 수 있었다.

　요컨대 서유럽인들의 신세계 정복은 중앙집권적 정치체제가 갖는 정책의 일관성, 이슬람 타도라는 종교적 사명, 향신료 무역을 통한 경제적 이익의 추구라는 강렬한 세속적 욕망, 선진 기술에 의한 신식 무기, 문자와 종이, 서유럽 고유의 전염병 등 다양한 요인들이 한데 어우러져 성공적으로 수행될 수 있었다.

서유럽의 대항해 시대, 무엇을 남겼나

포르투갈과 에스파냐를 필두로 시작된 서유럽의 팽창은 이후 네덜란드, 프랑스, 영국, 러시아 등이 가세하면서 1650년경이 되면 아메리카 대륙의 대부분과 동남아시아, 중국의 일부가 서유럽의 세력권 속으로 편입되기에 이른다. 마치 1차 세계대전의 전초전을 보는 듯 유럽 국가들은 자국의 이해관계에 따라 곳곳에서 충돌과 타협을 경험하였다. 이와 같은 일련의 서유럽의 팽창은 무엇보다도 상업활동의 중심을 지중해에서 대서양으로 이동시키는 결과를 낳았다. 오랫동안 인류 문명의 중심지 역할을 했던 지중해는 이제 빛을 잃었고, 대서양이 근대의 개막과 함께 인류 문명사의 새로운 중심지로 발돋움하게 된 것이다.

한편 서유럽은 아메리카와 아프리카를 약탈하고 착취함으로써 그리고 동방과의 직교역을 실행함으로써 부의 절대량이 큰 폭으로 증가하게 된다. 시장경제는 안정적으로 확대되었고, 원료와 상품의 공급은 원활했다. 서유럽을 보다 풍요로운 세계로 변화시킨 이른바 '상업혁명'은

신대륙에서의 귀금속 약탈

1521년~1660년 사이에 에스파냐가 신대륙에서 약탈해 간 귀금속의 양은 공식 자료만 보더라도 어마어마했다. 그 수량에 있어서 금은 200t, 은은 18,000t이었다고 하는데, 공식적 자료라는 점을 감안하면, 실제로 약탈해 간 귀금속의 양은 공식적인 수량의 2~3배에 이를 것으로 추정된다. 이렇게 막대한 양의 귀금속이 유럽에 유입되면서 서유럽의 물가가 폭등했는데, 16~17세기 초까지 약 한 세기 동안 물가 상승률은 3 1/2 정도였다고 한다. 6~15세기까지 1000년간 유럽의 물가 상승률이 3~4배였다는 점을 고려한다면, 당대 유럽인들이 피부로 느낀 물가 상승의 폭은 실제로 수십 배 이상이었을 것으로 짐작된다.

서유럽 사회에 시장질서를 확립하고, 상인 세력(부르주아)을 성장시키는 중요한 동기로 작용했다. 또한 막대한 양의 신세계 귀금속(금·은)이 유럽에 유입되면서 야기된 인플레이션 현상인 소위 '가격혁명'은 오랫동안 정체되어 있던 서유럽 세계에 활력을 불어넣어 제조업의 성장을 가져온 기폭제가 되기도 했다.

아울러 서유럽인들이 그토록 열망했던 각종 향신료와 비단, 귀금속 등을 비롯한 담배, 커피, 설탕, 감자, 옥수수, 목면, 아편, 고구마 등 새로운 산물의 유입은 서유럽인들의 실생활에도 큰 영향을 미쳐 일종의 생활혁명을 일으키기도 했다. 신항로 개척과 식민지 경영을 통해 야기된 일련의 변화는 '닫혀 있던' 중세 서유럽인들의 사고에도 영향을 미쳐 '열린 세계'를 향한 새로운 가치관을 만들어냈고, 이후 지구 위에 흩어져 있었던 모든 대륙은 서유럽을 중심으로 세계라는 하나의 거대한 공간 속에서 점점 통합되어갔다. 서유럽은 세계의 옴팔로스(중심)가 되어가고 있었다.

참고한 책, 더 읽어볼 거리

이보형, 『미국사 개설』, 일조각, 2005.
이성형, 『콜럼버스가 서쪽으로 간 까닭은?』, 까치, 2003.
이재광·김진희, 『영화로 쓰는 세계경제사』, 세상의 창, 1999.
이혜령 외, 『문화사』, 한국방송대학교출판부, 1995.
제레드 다이아몬드, 김진준 옮김, 『총, 균, 쇠』, 문학사상사, 1998.
조셉 폰타나, 김원중 옮김, 『거울에 비친 유럽』, 새물결, 2000.
주경철, 『테이레시아스의 역사』, 산처럼, 2002.
케네스 데이비스, 이순호 옮김, 『미국에 대해 알아야 할 모든 것, 미국사』, 책과 함께, 2004.

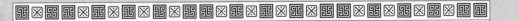

Columbian Exchange? 천연두

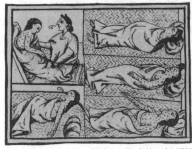

천연두로 죽어가는 아스텍인

천연두는 바이러스에 의해 발생하는 일종의 감염성 질환이다. 우리에게 익숙한 '마마' 귀신이 바로 천연두이다. 천연두에 걸린 사람은 보통 2주 이내의 잠복기를 거쳐 갑작스런 발열과 두통 그리고 요통이 발생하고, 그로부터 2~3일이 지나면 피부 병변이 온몸에 나타난다. 그러다가 1주일 정도가 지나면 피부에 수포가 발생하고, 그 수포에 농이 차오르게 된다. 여기에 폐혈증, 폐렴, 후두염, 늑막염 등이 함께 발생하면서 사망률을 높이는 무시무시한 전염병이다. 보통 천연두는 인간이 정착 생활을 시작하면서부터 발생한 것으로 추정하는데, 서양의 역사 속에서 천연두는 크고 작은 사건과 관련을 맺으면서 나타나곤 했다. 그러나 천연두가 서양 역사 속에서 가장 중요한 변화를 몰고 왔던 것은 아마도 서유럽의 대항해 이후일 것이다.

서유럽의 대항해 시대는 유럽 사회의 전반적인 정치 사회적 모습을 바꾸어놓는 한편, 질병도 세계화시키는 역할을 했다. 1519년 스페인의 코르테스 부대가 지금의 멕시코에 위치한 아스텍제국에 도착하였다. 당시 코르테스의 외모는 아스텍인들에게 자유와 평화 그리고 번영을 약속했던 구세주인 전설 속의 '케찰코아틀'과 흡사하여 신처럼 받아들여졌고, 환대를 받기까지 했다고 한다. 그러나 코르테스가 가져온 것은 자유와 평화가 아니라 천연두라는 이름 모를 질병이었다. 당시 유럽에서는 천연두가 발생한 지 오래된지라 유럽인들은 면역력이 있었지만, 아스텍 사람들은 천연두에 대한 면역이 있을 리가 없었다. 고작해야 300명의 부하로 코르테스가 1521년 아스텍을 점령할 수 있었던 것은 이미 인구의 반이 천연두로 죽었기 때문이었다. 그리고 천연두를 피해 달아난 아스텍 사람들을 따라 천연두는 마야제국

코르테스

과 라틴아메리카 전역으로 퍼져나갔고, 급기야 당시 라틴아메리카 인구의 10분의 1 이상이 천연두에 의해 죽었다고 알려져 있다. 결국 천연두는 아스텍, 잉카 등 라틴 아메리카의 수많은 원주민 제국들을 멸망시키는 데 혁혁한 공(?)을 세웠던 셈이다.

이뿐만이 아니다. 사실 라틴 아메리카의 경우 코르테스가 천연두를 의도적으로 확산시켰던 것은 아니다. 그런데 북아메리카 대륙의 경우는 사정이 조금 달랐다. 북아메리카 대륙을 식민화하기로 마음먹은 영국인들은 천연두를 인디오들을 몰살하는 일종의 생물학 무기로 사용하기도 했다. 당시 영국인들은 천연두 균을 갖고 있는 농이 묻은 담요나 손수건 등을 인디오들에게 고의로 선물했고, 인디오들은 영문도 모른 채 죽어갔던 것이다. 이후 천연두는 미국 독립전쟁 당시 영국군의 중요한 생물학 무기로 등장하기도 했다. 물론 천연두나 페스트 같은 전염병이 유럽인들에게만 유리하게 작용했던 것은 아니다. 아시아, 아프리카, 아메리카 대륙 등에 존재하던 토착 풍토병은 유럽인들이 세계를 식민화하는 과정에서 중요한 장애로 다가서기도 했다. 열대지방에 창궐하던 말라리아, 동남아시아에서 만연하던 콜레라, 아프리카의 가장 치명적인 살인 질병인 황열병 등은 유럽인들이 이들 지역을 식민화하는 것을 지연시키기도 했고, 때로는 유럽인들을 통해 유럽 대륙으로 확산되기도 했다.

절대왕정, 서양 근대사회의 싹

　서양에서 14~15세기는 이른바 중세에서 근대로의 이행기라는 구조적 전환기였다. 이 시기에 르네상스, 종교개혁, 과학혁명 등은 서양 근대사회의 형성과 근대문화의 요소를 싹트게 하는 중요한 계기를 이뤘다. 이러한 변화의 바탕에는 왕권의 강화와 유럽의 경제적 팽창이라는 정치적 사회적 경제적 구조의 변화가 있었다. 서유럽이 세계사 무대의 전면에 나서게 되는 중요한 계기로 작용했던 이른바 지리상의 팽창은 동방의 물산을 대량 유입시킴으로써 유럽인들의 생활을 크게 변화시켰다. 특히 대량의 귀금속 유입은 가격혁명을 초래했고, 확대된 해외시장은 상업혁명을 야기함으로써 서유럽 세계의 상업활동은 비약적으로 확대되었다. 이후 서유럽은 다른 문명권과의 활발한 대외접촉을 통해 세계사를 주도하는 새로운 세력으로 부상하기 시작했다. 지리상의 팽창이 몰고 온 경제적 변화는 중상주의라는 경제적 이데올로기를 형성함으로써 서양 근대 자본주의의 초기 국면을 조성하는 계기를 만들었고, 중상주의는 보편적 권력이 무너진 서유럽 세계에서 민족국가의 형성을 위한 이데올로기로 기능하기도 했다.

지리상의 팽창과 경제적 변화

지리상의 팽창 이후 유럽 사회에서 일어난 이른바 상업혁명은 서유럽 사회의 경제력을 급속히 향상시키는 계기를 이루어주었다. 이를 통해 서유럽은 세계적 차원의 경제적 주도권을 쥘 수 있는 기회를 얻기 시작했다. 상대적으로 후진적인 문명에 속했던 유럽 사회는 지리상의 팽창 이후 그토록 열망했던 동방의 물품인 향료, 비단, 귀금속 등을 수중에 넣을 수 있었고, 담배나 커피, 설탕 등 새로운 품목들이 유입되었다. 지리상의 팽창 결과 나타난 무역량의 증대와 상품 품목의 다변화는 서유럽 내부의 경제적 구조를 변화시키는 중요한 요인으로 작용했다. 이전 유럽 사회는 길드 중심의 경제체제에 익숙해 있었으나, 선대제나 매뉴팩처와 같은 새로운 방식의 작업 방식이 채택되었다. 또한 상업혁명은 서유럽 내부의 주도권의 변화를 가져오기도 했다. 지리상의 팽창으로 최대의 이익을 본 것은 유럽 세계에서 그동안 낙후된 지역에 머물렀던 대서양 연안의 국가들이었다. 이제 새로운 경제활동의 주체로서 이들 국가가 등장하면서 서유럽의 역사는 새로운 흐름으로 전개되기 시작했다.

유럽 세계의 팽창으로 말미암은 경제적 변화는 이뿐만이 아니었다. 새로운 대륙에서 유럽으로 대량 유입되는 금과 은은 가격혁명을 촉발시켰다. 이것은 화폐량의 증가와 상공업활동의 급속한 발전과 결부하여 유럽의 물가를 이전 세기보다 3배 이상 폭등시키는 결과를 가져왔다.

상업주의의 발달로 부상한 부유한 도시의 지배자들

　지리상의 팽창 결과 일어난 경제적 변화는 사회 전반의 변화를 가져왔고, 이 과정에서 중상주의와 같은 새로운 이념이 탄생하기도 했다. 중상주의란 말 그대로 상업을 중시하는 이념과 정책이다. 물론 그 목표는 국내의 부를 증진시킴으로써 국가의 권력을 대내외적으로 강화시키는 데 있었다. 국가 권력의 신장은 세속 권력자인 군주의 권한을 강화시키고, 왕실의 재정을 튼튼히 함으로써 세속 권력을 보다 공고하게 하는 효과가 있었다. 따라서 중상주의는 하나의 경제적 이데올로기일 뿐만 아니라 국가주의라는 정치적 도그마로서도 중요한 의의를 갖는 것이었다. 결과적으로 중상주의는 절대왕정 체제의 수립에 결정적인 이데올로기적 근거를 마련해주었다.

세속권력의 강화, 절대왕정

지리상의 팽창, 상업혁명과 가격혁명, 그리고 중상주의의 등장은 절대왕정 체제의 수립으로 귀결되었다. 종교개혁을 거치면서 유럽 세계의 보편적 권력이었던 교황권은 거세되었고, 이에 따라 세속 권력자인 국왕은 국가를 단위로 하는 정치체제 속에서 절대권력자로 등극하게 된다. 17세기에 절정에 달한 국왕의 권력은 몰락하는 구시대의 귀족층과 새로이 성장하는 부르주아 세력 사이의 견제와 충돌을 적절히 활용하면서 자신의 권한을 서서히 강화시켜나갔다.

세속권력으로서의 왕권 강화는 상비군, 관료제, 전국적인 사법제도와 조세제도 등 일련의 제도적 장치 마련과 루터의 종교개혁 이후 확고해진 왕권신수설과 같은 이데올로기적 장치를 통해 이루어졌다. 상비군은 왕권 강화의 가장 기본적인 도구로서 봉건귀족의 군사력을 약화시켰다. 여기에 새로운 국가체제에 필요한 관료제를 도입함으로써 군주는 봉건귀족을 정치 무대에서 배제하고 자신의 의도대로 중앙집권화를 이루기 시작했다. 관료로 등용된 대부분의 사람들은 경제적 변화의 틈바구니에서 부를 축적한 부르주아였다. 전국적인 단위의 사법제도와 조세제도 역시 군주의 권한을 강화시키는 중요한 버팀목으로 작용했다.

그런데 이와 같은 일반적 차원의 절대왕정에 대한 설명은 서유럽에 한정된 것이다. 동유럽은 전혀 다른 모습을 하고 있었다. 동유럽의 절대왕정은 경제적 변화의 산물이라기보다는 오히려 정치적 군사적 차원의 결과물로 볼 수 있다. 지리상의 팽창과 그로 인한 경제적 변화는 서유럽에 국한된 현상이었고, 당시 동유럽에서는 부르주아의 성장과 같은 경제적 사회적 변화는 일어나지 않았다. 따라서 동유럽 지역에서는 상대적으로 봉건귀족의 세력이 강력한 영향력을 행사하고 있었다. 더군다나 동유럽의 절대왕정은 전쟁이라는 위기 상황을 타개하려는 움직임에서 등장한 측면이 강하다. 동유럽 지역에서 가장 먼저 절대왕정 체제를 구축한 스웨덴의 공격을 막기 위해서 프로이센과 폴란드, 오스트리아와 러시아 등 동유럽 국가들은 이에 대응한 새로운 국가체제를 수립하려고 했고, 이것은 절대왕정으로 발전했던 것이었다. 따라서 동유럽 지역의 절대왕정은 기존의 기득권 세력과의 타협에 의해서 형성된 측면이 강하다. 전쟁이라는 특수한 상황과 경제적 변화의 부재 속에서 군주와 귀족 세력의 이해관계가 결탁하여 강력한 봉건적 성격의 절대왕정 체제가 수립된 것이다. 이것은 후일 동유럽 지역의 국가들이 후발 자본주의 진영에 속하게 되는 중요한 이유가 되기도 했다.

서유럽, 왕권과 부르주아지의 타협

서유럽에서 가장 먼저 절대왕정 체제를 수립한 나라는 에스파냐와 포르투갈이었다. 두 나라는 이슬람의 축출과 동시에 이루어진 지리상의 팽창을 통해 정치적 헤게모니를 쥐었지만 그 영향력은 그리 오래 가지 못했다. 새롭게 창출된 부를 효과적으로 사용하지 못한 채 그 부를 궁정의 사치나 전쟁비용으로 사용하면서 국내의 산업기반을 육성하지 못했고, 이것은 두 나라를 빛 좋은 개살구로 만들기에 충분했다. 뒤이어서 대서양 지역의 헤게모니를 쥐게 된 나라는 네덜란드였다. 에스파냐의 식민지였던 네덜란드는 16세기에 독립을 선포하면서 이전부터 발전시켜왔던 모직물 산업과 중개무역을 더욱 공고히 함으로써 잠시나마

루이 14세

패권을 누릴 수 있었다. 그러나 17세기 영국의 등장으로 말미암아 네덜란드도 그 주도권을 내놓고 말았다.

프랑스는 백년전쟁을 거치면서 점진적으로 절대왕정이 수립되었다. 루이 14세로 대표되는 프랑스의 절대왕정은 강력한 왕권과 중상주의를 바탕으로 점진적인 발전을 도모했다. 그러나 프랑스는 사치품 생산 위주의 경제구조와 그로 인한 판로 개척의 어려움, 그리고 소농 위주의 농업 경영 등으로 비약적인 발전을 이루기는 어려운 실정이었다. 더욱이 루이 14세 시절 전개된 대외무역과 종교적 갈등은 프랑스 절대왕정의 구조적 모순을 더욱 부추기는 결과를 낳았고, 이것은 급기가 혁명으로 폭발하고 말았다.

이에 반해 영국은 15세기 말부터 차근차근 정치적 경제적 안정을 도모하면서 강력한 절대왕정을 수립했다. 종교개혁의 와중에서 등장한 영국의 절대왕정 체제는 엘리자베스 1세에 이르러 절정에 달하게 된다. 경제적 차원에서 영국은 인클로저(토지의 집중적인 사유화)를 전개함으로써 초보적인 형태의 자본주의적 농업경영을 추진하는 등 새 술을 새 부대에 담으려는 변화를 시도했다. 산업 분야에서도 모직물 산업이 비약적으로 발전하면서 경제적 토대 마련에 박차를 가할 수 있었다. 한편 영국 절대왕정의 강력한 지지자였던 젠트리(gentry, 영국에서 중세후기에 생긴 중산적 토지 소유자 층) 계층은 엘리자베스 여왕 사후 영국의 헌정적 전통을 무시하고 자의적인 전제정치를 시도했던 스코틀랜드 출신의 스튜어트 왕실에 맞서 청교도혁명을 일으켰다. 청교도혁명은 신흥 부르주아계급이 아닌 지주, 젠트리에 의해 주도되었기 때문에 급격한 사회적 경제적 변화는 몰고 오지는 않았지만, 그것의 결과는 의회민주주의의 성장과 중상주의정책의 안정적인 구현으로 이어져 영국이 유럽 경제의 주도권을 장악하여 산업혁명에 이르는 길을 닦을 수 있었다.

동유럽, 왕권과 봉건귀족의 결합

동유럽 지역은 앞서도 말했듯이 지리상의 팽창과 그로 인한 경제적 변화에서 멀리 떨어져 있었다. 오히려 동유럽 지역에서는 농노제가 강화되어 이른바 '재판농노제'라는 것이 전개되었고, 봉건영주의 권한이 상대적으로 신장되었다. 봉건귀족의 건재는 왕권 강화에 커다란 걸림돌이었으나 서유럽의 발전과 세력 확장은 둘 사이의 긴장과 대립을 타협과 공존으로 바꾸어놓았고, 이에 따라 동유럽 절대왕정은 봉건적 성격이 강한 절대왕정이 수립되었다.

표트르 대제의 겨울궁전

먼저 독일은 종교개혁의 상처로 인해 16세기를 지나면서 쇠퇴 일로에 있었다. 장기간에 걸친 전쟁과 지방분권적인 정치체제, 그리고 지리상의 팽창으로 인한 경제적 부의 상실 등은 독일을 수렁으로 몰아넣고야 말았다. 그러던 독일이 강력한 군사력을 바탕으로 절대왕정을 수립하게 된 것은 17~18세기를 지나서였다. 독일의 영방국가 가운데 가장 급속히 발전했던 프로이센은 지주귀족(융커)을 중심으로 군국주의적 성격이 강한 절대왕정을 확립했고, 이후 프로이센은 19세기에 독일의 주도권을 장악함으로써 독일 통일의 핵심세력이 되었다.

러시아는 표트르 대제 때 절대왕정 체제를 수립했다. 표트르 대제는 농노제를 근간으로 하는 근대적인 국가 수립과 유럽화를 도모했고, 이 과정에서 그는 근대적인 관료제와 상비군 제도를 통해 유럽의 그것보다 더 강력한 일종의 전제체제를 형성하였다. 표트르 대제의 노력은 예카테리나 2세에 의해 계승되었으나, 근대화와 산업화에 실패하면서 몰락의 길을 걸었다.

참고한 책, 더 읽어볼 거리

민석홍, 『서양사개론』, 삼영사, 2003.
R.R.파머, J.콜튼, 강준영 외 옮김, 『서양근대사 1』, 삼지원, 1985.
패리 앤더슨, 김현일 옮김, 『절대주의 국가의 역사』, 소나무, 1993.
노먼 F. 캔토, 사무엘 버너, 전원숙 옮김, 『서양근대사 1500~1815』, 혜안, 2000.
조셉 폰타나, 김원중 옮김, 『거울에 비친 유럽』, 새물결, 2000.
이혜령 외, 『문화사』, 한국방송통신대학교 출판부, 1995.

커피하우스, 근대의 아고라

1600년대 영국의 커피하우스

크롬웰의 청교도혁명(1640~1660년 영국에서 청교도가 중심이 되어 일으킨 최초의 시민혁명) 후 영국에서는 크고 작은 커피하우스가 등장했다. 당시 영국의 커피하우스는 1페니만 내도 커피를 마시며 신문을 읽고 사람들과 교류할 수 있었기 때문에 '페니 대학'이라고 불렸다. 적어도 미국의 독립혁명이 일어나기 전까지 영국에서 커피는 가장 대중적인 음료 중 하나였다. 물론 크롬웰의 호국경(1653~1659년에 존재한 영국 혁명정권의 최고행정관) 정치가 막을 내린 뒤 망명했던 찰스 2세가 귀국하면서 한때 커피하우스가 혁명의 온상으로 알려져 폐쇄당하는 운명에 놓이기도 했지만, 1페니만 있으면 빠져들 수 있는 한 잔의 유혹을 물리치기란 몹시 어려운 일이었다. 결국 찰스 2세는 물러섰고, 이후 커피하우스는 이름만 대면 알 수 있는 사람들이 들락거리는 근대의 아고라(고대 그리스의 시민 집회 공간) 역할을 하기 시작했다. 커피하우스를 통해 다양한 문학작품이 쏟아져 나오면서 이른바 '커피점 문학'이 출현했고, 프랑스혁명 당시의 자코뱅 클럽도 일종의 커피하우스였다. 미국 독립혁명에 불을 붙인 보스턴 차사건(1773)을 논의했던 장소도 그린 드래건이라는 커피하우스였다. 독립전쟁 이후 미국에서 차茶는 영국 식민지배의 상징으로 인기가 떨어졌지만, 커피는 독립의 상징으로 인식되어 급속도로 미국인들의 삶 속으로 들어갔다. 이렇듯 커피하우스는 근대 시기 학문과 정치의 아고라였던 것이다.

프랑스혁명, 어제의 백성이
국가의 주인으로

바스티유 감옥의 습격

1789년 5월 프랑스 왕 루이 16세는 악화된 재정을 메우려고 세금을 늘리는 방법을 논의하기 위해 세 신분의 대표자들을 소집했다. 제1신분인 성직자 대표, 제2신분인 귀족 대표, 그리고 나머지 주민인 제3신분의 평민 대표들이 왕의 세금정책에 거수기 역할을 하기 위해서 소집된 것이다. 그러나 제3신분 대표자들은 국왕의 명령에 따르는 것도, 귀족에게 복종하는 것도 거부하고 나섰다. 성직자와 귀족들은 전체 인구의 2퍼센트에 불과했지만 전체 농지의 40퍼센트를 차지하고 있었고 게다가 세금도 내지 않았다. 이러한 신분은 세습되었고 영주의 각종 특권과 교회의 십일조 등이 농민들을 무겁게 내리누르고 있었다. 더구나 평민들은 국가에도 세금을 바치느라 일평생을 그야말로 등골이 휘도록 살고 있었던 것이다. 더 이상 성직자와 귀족의 횡포를 참을 수 없었던 제3신분의 대표들은 베르사유 궁의 테니스코트에 모여 국민의 대표기관을 자처하면서 '국민의회'를 선포하였다. 그들은 국왕이 헌법제정 요구를 받아들이기 전에는 해산하지 않을 것이라고 맹세하였다. 그러자 국왕은 2만 명의 군대를 소집하여 이를 진압하려고 했다.

무참한 학살이 있을 것이라는 소문이 나돌자 파리의 시민들은 흥분하여 무기고를 습격하고 무장을 갖추어 이에 대항하였다. 시민들은 구체제의 상징이었던 바스티유 감옥으로 쳐들어가 총격전 끝에 감옥을 함락시켰다.

파리의 봉기 소식은 이내 지방으로 퍼져나갔고, 혁명의 불길이 전국으로 번졌다. 농촌 곳곳에서 농민들이 불만을 표출하여 영주의 성을 습격하고 봉건문서들을 불태우는 일이 빈번해졌다. 이에 힘입어 국민의회는 봉건적 특권을 폐지한다고 선언하였다. 결국 왕과 귀족들은 물러설 수밖에 없었다. 의회가 인정되고, 헌법을 제정하기 위한 작업이 시작되었다.

"국민의회를 구성하는 프랑스 인민의 대표자들은 인권에 대한 무지나 무시나 경멸이 공공의 재난과 정부 부패의 유일한 원인이라고 믿으면서 인간이 지닌 빼앗길 수 없고 신성한 자연권을 엄숙히 선언하기로 결정했다……이에 국민의회는 절대적 존재 앞에서 그의 가호를 받으면서 다음과 같이 인간과 시민의 권리를 인정하고 선언한다."

8월 26일 국민의회는 혁명정신을 '인간과 시민의 권리 선언'(약칭 '인권선언')으로 정리하였다. 인권선언은 제1조에서 "인간은 자유롭게, 그리고 권리에 있어 평등하게 태어났으며, 그렇게 살아간다"고 선언하였다. 또한 인권선언에는 종교적 입장을 포함한 사상과 언론의 자유, 압제에 저항할 권리도 명시되었다. 이런 생각은 특권 신분을 없애고 모든 사람이 법 앞에서 자유롭고 평등한 인간으로 존중받아야 한다는 부르주아들의 '자유주의'를 현실화한 것이었다.

그러나 이런 이상이 글자 그대로 실현된 것은 아니었다. 부르주아들은 왕과 귀족, 성직자의 특권에 저항해 민중과 함께 혁명을 일으켰지만, 능력에 따른 차별은 정당할 뿐만 아니라 당연한 일이라고 생각하였다. 소유권을 신성불가침의 권리로 강조한 것은 이런 생각을 뒷받침하였다.

이들은 '가난한 민중들은 무식해서 합리적 판단을 할 수 없다'고 믿었다. 그래서 선거권을 가지고 정치에 참여하는 것은 교양이 있고 일정한 금액 이상의 세금을 낼 수 있는 자신들 같은 사람의 몫이라고 생각하였다. 부르주아들과 함께 낡은 세력에 맞서 싸웠던 가난한 민중과 여성은 여전히 '자유롭고 평등한 인간과 시민의 권리'를 누릴 수 없었다.

프랑스공화국의 탄생

국민의회가 입헌군주제 헌법을 만들고 있었지만, 루이 16세와 특권층은 이런 타협을 거부하고 호시탐탐 복귀의 기회만을 노리고 있었다. '왕이 곧 국가'라는 생각에서 벗어나지 못했던 루이 16세는 외국 군대를 동원해서라도 혁명을 진압하려고 하였다. 그러나 상황이 악화되고 신변의 위협을 느끼자 1791년 6월 처가인 오스트리아의 군대를 이용해 파리를 탈출하려고 시도하였다. 그러나 이 시도는 실패로 돌아갔고, 국왕은 신뢰에 치명적인 타격을 입었다. 분노한 수천 명의 민중들은 샹 드

마르스에서 왕의 퇴위와 공화정을 요구하는 진정서를 제출하였다. 국민
방위대 사령관이었던 라파예트는 이들에게 발포하여 해산시키는 데 성
공하였으나, 자유주의적 귀족으로서 온건한 입헌왕정 사상으로 2년 넘
게 프랑스 정국을 지배했던 그의 정치적 생명도 끝장났다.

　1791년 10월 새로운 헌법에 의거하여 선출된 '입법의회'가 개회되었
다. 이 의회에서 주도권을 차지한 지롱드파의 지도자 브리소는 이념적
인 혁명전쟁, 즉 '자유의 십자군'을 주장하였다. 그는 혁명전쟁이 왕비
마리 앙투아네트의 친정인 오스트리아를 비롯한 유럽의 절대주의체제
에 철퇴를 가하는 동시에 프랑스 국내의 왕실과 귀족들의 반혁명 음모
를 드러낼 것이라고 주장하였다. 이듬해 3월 정부를 구성한 브리소파는
4월에 오스트리아를 상대로 전쟁을 선포하였다.

　당시 주변국들은 프랑스혁명에 경악하고 있었다. 혁명의 불길이 번
지는 것을 두려워한 것이다. 때마침 프랑스 정부의 선전포고로 이들은
오스트리아와 프로이센을 중심으로 반혁명 연합군을 꾸려 프랑스로 쳐
들어왔다. 혁명전쟁이 본격적으로 시작된 것이다. 혁명을 지키려는 부
르주아와 민중들은 스스로 무기를 들고 파리를 지키기 위해 몰려들었
다. 이 의용군들은 포탄이 쏟아지는 속에서도 '라 마르세예즈'를 부르며
반혁명 연합군에 맞서 용감히 싸웠다. 원래 마르세유 출신의 의용군들
이 불렀던 '라인강 수비대의 노래'라는 이 군가는 그렇게 혁명가가 되고
나중에는 프랑스 국가가 되었다.

　혁명전쟁에 나선 사람들은 여전히 낡은 질서와의 타협을 꿈꾸고 있
는 무기력한 의회를 무너뜨리고, 혁명정부를 선포하였다. 1792년 8월
10일 파리의 각 지구에서 온 수십만 명의 상퀼로트(귀족과 상류계층은 허
벅지에 밀착하는 반바지, 즉 퀼로트[culotte]를 입고 양말을 신었으나, 서민이

루이 16세의 처형

나 민중은 퀼로트를 착용하지 않고, 넓은 긴 통바지를 입었기 때문에, 민중을 '퀼로트 없는 사람'이라는 뜻의 '상퀼로트'라고 불렀다)가 의용군에 가담해 튈르리 궁으로 행진했다. 국왕을 보호하기로 돼 있던 국민방위대도 반란군에 가담하여 스위스 출신의 친위대를 치열한 전투 끝에 물리쳤다. 이에 입법의회는 왕권을 정지하고 왕족을 감금하는 한편, 새로운 헌법제정을 위한 '국민공회'의 소집을 결정하였다.

9월 20일 국민공회가 첫 모임을 가진 날, 혁명군은 발미에서 프로이센군을 막아냈다. 그때 전투현장에 있었던 독일의 문호 괴테는 "바로 이곳에서 오늘부터 세계 역사의 새로운 시대가 시작된다. 그리고 나는 그곳에 있었다!라고 말하게 될 것이다"라고 썼다. 그 다음 날 새로운 국민공회는 왕정을 폐지하고, '프랑스는 분리할 수 없는 하나의 공화국'이라고 선언했다. 급진파가 중심이 된 혁명정부 아래서 혁명의 적으로 간주된 성직자와 귀족들은 무자비한 숙청의 대상이 되었다. 결국 이듬해 1월 루이 16세도 파리 한복판에서 단두대에 올랐다.

이제 프랑스는 왕이 없는 나라, 곧 공화국이 되었다.

혁명의 딜레마, 덕의 공화국 vs 공포정치

공화국의 선포와 국왕 처형은 유럽의 군주제 국가들에 커다란 충격을 주었다. 공화국은 이들에 대해 배수진을 치지 않을 수 없었다. 그리하여 1793년 봄에 오면 러시아를 제외한 유럽 대부분의 국가와 교전상태에 들어갔다. 국내에서는 화폐가치가 절반으로 떨어지고 물가는 급등하는 동시에 생필품 품귀현상이 나타나는 등 경제위기가 격심해졌다. 프랑스 서부의 방데 지방에서는 불만을 품은 농민들이 왕당파의 봉기에 가담했다. 전선에서는 총사령관으로 임명된 지롱드파의 뒤무리에 장군이 탈영해서 적군 편으로 넘어가는 일도 벌어졌다. 이런 가운데 파리의 민중은 과격파와 자코뱅의 선동을 받아 5월 31일과 6월 2일 국민공회를 습격하고 지롱드파 의원들을 숙청하였다. 이제 자코뱅파 지도부가 사실상 프랑스 정부였다.

지롱드파의 숙청 이후 지방에서는 반혁명의 기운이 가열되고, 국경에서는 오스트리아와 프로이센군의 공격이 격화되었다. 파리에서는 경제위기와 식량난이 계속되어 민중이 동요하고 이를 이용해서 극단적인 과격파의 반정부 움직임이 활발해졌다. 이러한 위급한 사태를 맞아 자코뱅파 지도부는 더 혁명적 조치를 취하라는 민중의 압력을 받았다. 국민공회는 공안위원회에 적절한 긴급조치를 취할 수 있는 권한을 부여했다. '최고가격제'로 빵 가격을 비롯한 물가와 임금의 통제에 나섰다. 국민 총동원령이 내려져 18세부터 25세까지의 모든 미혼 남자는 징집 대상이 되었고, '혁명의 적'으로 간주된 사람들은 처단되었다. 특히 10월에 왕비의 처형에 뒤이어 반혁명분자와 지롱드파 의원에 대한 사형 선고가 잇따른 뒤로 1년간 투옥과 처형이 늘어났다. 약 30만 명에서 50만 명의 혐의자들이 투옥되었고, 3만 5천여 명이 처형되었다는 기록이 있을 정도다. 본격적으로 공포정치가 일정에 올랐던 것이다.

국민공회의 지도자 로베스피에르는 혁명적 조치를 시행하라는 민중의 요구를 채택하면서 동시에 혁명적 민중조직들을 탄압하기 시작했다. 왜냐하면 그 조직들이 공화국에 대한 지지 여부를 놓고 동요하는 재산소유자 집단, 곧 로베스피에르 자신을 비롯한 여러 자코뱅 지도자들을 배출한 사회집단까지도 이젠 공격의 대상으로 삼고 있었던 것이다. 로베스피에르는 자기 능력에 따라 일하고 독립적인 생활을 영위하는 사람들이 주권을 행사하며, 자유롭게 그리고 지나친 부나 빈곤없이 평등하게 생활할 수 있는 사회, 곧 '덕의 공화국'을 건설하려고 했다. 그러나 공화정의 지도자 로베스피에르는 혁명을 지킨다는 명분을 내걸고 공포정치를 시행하였다. 얼마 못 가 혁명은 혼란에 빠졌다. 혁명은 지킬 수 있었지만, 자유와 평등의 이상은 빛이 바래어갔다.

테르미도르 반동, 그리고 그 이후

1794년 여름 혁명군은 자신이 유럽 최강의 군대라고 자부하고 있었다. 군대는 브뤼셀을 점령하고 북진하는 중이었고, 지방의 반란들은 분쇄되어 공화국은 실로 "분리할 수 없는 하나"인 듯 보였다. 그러나 혁명군의 계속된 승리는 독재가 더 이상 필요하지 않다는 분위기를 키우고 있었다.

이미 그해 봄 로베스피에르는 자코뱅파 내 온건파와 급진파의 보스들인 당통과 에베르가 혁명세력의 분열을 야기한다고 보고 그들을 처형했다. 그리하여 로베스피에르는 많은 정적들을 만들어냈다. 당통에 동조하는 '관용파', 과도한 억압정책을 실행했다는 이유로 지방에서 소환된 파견 의원들, 에베르의 옛 동맹세력들, 지롱드파와 단절하지 않았으면서도 두려움 때문에 그 사실을 숨긴 자들이 바로 그들이었다. 이들은 서로 단합하여 1794년 7월 27일 국민공회에서 논쟁이 한창일 때 로베스피에르를 기습 공격했다. 한 의원이 로베스피에르와 그 동맹세력들에 대한 체포영장 발부를 제안했고 국민공회는 만장일치로 찬성했다. 로베스피에르는 공화국이 구제불능에 빠졌으며 강도들이 승리하고 있다고 외쳐댔다. 다음 날 로베스피에르와 그의 동맹 세력 21명이 처형됐고 그 다음 날 또 다른 71명이 처형됐다. 로베스피에르가 타도된 달의 공화국 혁명력 이름인 테르미도르는 그 이후 내부의 반혁명을 뜻하는 말이 됐다.

이후 혁명의 주도권을 놓고 엎치락뒤치락이 거듭되면서 혁명은 극심한 혼란에 빠졌다. 낡은 질서는 한순간에 무너질 만큼 호락호락하지 않았다. 사람들은 이제 힘겨워하면서, 강력한 지도자가 나타나 모든 문제를 빨리 해결해주기를 바랐다. 바로 이런 상황에서 혁명 발발 10년째인 1799년 나폴레옹이 등장하였다. 그는 반혁명군을 물리친 전쟁영웅이었다. 그는 군대를 기반으로 쿠데타를 일으켜 권력을 잡았고, 결국 계속되는 혼란을 끝내고 프랑스의 영광을 되찾겠다며 황제의 자리에 올랐다. 이제 혁명이 그토록 지키고자 했던 공화국은 숨을 거두었다. 그로써 혁명도 완전히 막을 내렸다.

프랑스혁명, 무엇을 남겼나

프랑스혁명은 봉건 부과금을 폐지하는 것으로부터 시작하여 많은 변화들을 남겼다. 혁명은 전국 토지면적의 15% 정도를 재분배함으로써 사회적인 변화를 이룩했다. 이에 따라 독립적인 토지 소유농이 증가하였다. 또한 사회적인 지배집단을 봉건적인 귀족으로부터 귀족의 후예, 지주, 대상인, 금리생활자, 공증인, 기타 자유전문직업인, 벼락부자, 군사지휘관 등 다양한 성분으로 구성된 이른바 명사층으로 교체시켰다. 무엇보다도 왕조나 귀족의 목표가 아니라 부르주아 시민의 목표라는 견지에서 정부정책을 결정하는 것이 커다란 변화라고 할 수 있다. 혁명은 프랑스 시민의 법적인 평등성을 확립하고, 동일한 기준에 입각한 중앙집권화를 강화시켰다. 이런 점에서 프랑스는 혁명에 의해서 비로소 국민적 통합을 이루었다고 할 수 있다.

인권선언에는 인민주권의 원칙이 제시되어 있는데, 이것이 공화정 시기에 상퀼로트의 직접민주주의적인 정치활동을 통하여 어느 정도의 실험이 이루어졌다고 할 수 있다. 이 시도는 비록 좌절되고 말았지만, 그 후 서양의 정치적인 사유에 민주주의라고 하는 흐름을 제공하였다. 또한 인권선언은 자유와 평등이라는 과제를 제시하였고, 이에 따라 자유주의 및 사회주의의 발전을 촉진하였다.

그런데 염두에 두어야 할 것은 아무리 혁명이 일어났다 해도 과거와 완전히 단절할 수는 없다고 하는 점이다. 이런 점에서 프랑스혁명은 옛 것과 새것, 혹은 보수반동세력과 혁신세력의 끊임없는 싸움을 예고했다고 볼 수 있다. '자유, 평등, 형제애'로 요약되는 프랑스혁명의 이념은 당시에는 실현되지 못했으며, 또한 아직도 완전히 실현되지 못하고 있다. 프랑스혁명은 인류에게 '어떻게 하면 자유를 상실함이 없이 평등한 사회를 건설할 수 있을까' 하는 과제를 남겨 주었다.

참고한 책, 더 읽어볼 거리

민석홍, 『서양사개론』, 삼영사, 1997.
이혜령, 『문화사』, 한국방송대학교출판부, 1995.
A. 토크빌, 이용재 옮김, 『앙시앵 레짐과 프랑스혁명』, 박영률출판사, 2006.
F. 퓌레, 김응종 옮김, 『프랑스혁명사』, 일월서각, 2000.
G. 르페브르, 민석홍 옮김, 『프랑스혁명』, 을유문화사, 2000.
로저 프라이스, 김경근·서이자 옮김, 『혁명과 반동의 프랑스사』, 개마고원, 2001.
페터 벤데 엮음, 권세훈 옮김, 『혁명의 역사』, 시아출판사, 2004.

티푸스에 굴복한 나폴레옹의 세계 제패

티푸스는 이에 의해 전파되는 전염병으로 보통 상처를 통해 사람의 체내로 들어가 병을 일으킨다. 약 2주 정도의 잠복기가 지나면 고열과 오한, 구토 등이 나타나고, 전신에 근육 경련이 일기도 한다. 이후 폐렴과 같은 질병이 발생하면서 몸이 썩어 들어가 결국엔 사람을 죽게 만드는 등 사망률이 상당히 높은 질병에 해당한다. 티푸스란 명칭은 그리스 신화에 나오는 튜포스에서 유래되었다. 제우스에게 굴복당한 이 괴물은 제우스에 의해 시칠리아 섬의 화산 밑에 갇히게 되었고, 때때로 분노를 감추지 못해 지진을 일으키거나 용암이나 뜨거운 공기를 분출시키기도 했다고 한다. 서양 사람들은 동양에 와서 몬순 기후나 우리에게 잘 알려진 태풍을 본 후, 튜포스의 이름을 따 타이푼이라고 불렀다고 한다. 티푸스도 이 튜포스의 이름에서 유래한 것으로 알려지고 있는데, 세련된 세균학이 발달되기 이전 서양 사람들은 고열을 동반한 몽롱함을 튜포스라고 했던 것이다. 티푸스는 인체 내에서 발생하는 일종의 태풍이었던 셈이다. 어쨌든 티푸스 역시 천연두나 페스트와 함께 인류 역사를 우연의 장으로 만들어낸 대표적인 전염병이다.

티푸스와 관련된 이야기 가운데 역사상 가장 흥미를 유발하는 것 중의 하나는 나폴레옹의 러시아 원정 때의 이야기일 것이다. 기록에 의하면 나폴레옹의 군대에서 티푸스가 발병한 것은 1812년 여름의 일이다. 1812년 6월 22일, 파죽지세로 유럽 대륙을 제패한 나폴레옹 1세의 군대는 동토의 땅을 향해 진군의 나팔을 불었다. 카이사르 이후 최초로 유럽 대륙을 제패했던 프랑스 황제에게 마지막으로 남은 지역이 바로 러시아였던 것이다. 60만 명이 넘는 병력, 11만 마리에 달하는 말, 수천대의 보급용 마차로 구성된 대군을 이끌고 황제는 러시아로 향했다. 그러나 정작 황제가 모스크바에 도착했을 때 그에게는 10만의 병력밖에는 남지 않았고, 근 3개월이 걸려 도착한 모스크바는 그야말로 황량함 그 자체였다. 더군다나 카자흐 기병 부대를 이끌고 있던 쿠투조프가 모스크바에 불을 지르는 바람에 모스크바는 5일 밤낮을 불길에 휩싸여 있었고, 위대한 황제의 군대는 넋을 놓은 채 그 광경을 지켜

크투조프

볼 수밖에 없었다. 끝없이 이어진 굶주림과 피곤에 지친 병사들은 하나둘씩 쓰러져 갔고, 위대한 황제는 단신으로 전장을 빠져나가 허겁지겁 도주하기에 이르렀다. 자신이 일으킨 전쟁이 병사들과 여러 국가들에게 가져다 준 고통과 잔인함 그리고 부도덕함을 뒤로한 채, 영광에 눈이 멀었던 황제는 비참한 모습으로 귀국길에 올랐던 것이다. 나폴레옹이 떠난 이후 사기를 잃은 그의 군대는 음침한 고요와 얼어붙은 땅 위에서 싸늘한 주검으로 변해 갔고, 얼마 지나지 않아 나폴레옹의 군대는 종말을 고하고 말았다. 황제의 모스크바 진격은 수포로 돌아간 것이다. 당시 나폴레옹의 군대는 용기백배로 사기가 한창 충천되어 있었고, 보급상태도 양호했기 때문에 전쟁에서의 패배란 꿈도 꾸지 못하고 있었던 것이다. 물론 쿠투조프 기마부대의 전략 때문에 고생을 겪긴 했지만, 그것이 나폴레옹의 군대를 패배의 늪으로 빠트린 이유만은 아니었다. 6개월간에 걸쳐 모스크바 원정길에 올랐던 60만 대군을 더욱 무기력하게 만든 것은 다름 아닌 티푸스였다. 빽빽한 막사와 야전병원의 불량한 위생이 티푸스의 발병을 가져왔고, 이것이 나폴레옹의 군대에 확산되어 엄청난 수의 병력 손실을 가져왔고 기세마저 꺾었던 것이다. 바로 이런 상황에서 쿠투조프의 기발한 청야전(적군의 식량이 될 들판의 곡식을 깨끗이 불태우는 전법)이 어우러지면서 나폴레옹의 군대는 어둠보다 더 깊은 나락의 끝으로 내몰리게 되었던 것이다.

산업혁명,
맬서스의 저주를 거부하라!

　18세기 말 영국은 국내외적으로 어수선한 분위기였다. 바다 건너 프랑스에선 혁명이 일어나 왕의 목이 단두대에 잘려나갔고, 곧이어 공화국이 선포되었다는 소식과 함께 혁명사상이 거침없이 도버해협을 건너오고 있었다. 국내에선 1760년 이후 급속하게 전개된 인클로저운동으로 수백 년 동안 살아온 터전에서 말끔히 쓸려나간 농민들이 하루아침에 도시빈민으로 전락하여 여러 가지 사회문제를 낳고 있었다. 한편, 그간 산업화의 단물을 실컷 빨아들인 중간계급(지주와 노동자의 중간에 끼어 있다는 의미임. 오늘날의 제조업자)은 지주계급의 권력독점에 불만을 품고 전방위적이고 주도면밀한 반격을 준비하고 있었다. 지배집단 사이의 대립과 새로운 사회문제의 폭증, 여기에 프랑스에서 건너온 급진적인 혁명사상의 결합은, 그간 잘나가던 영국사회를 갑자기 경색되게 만들었다. 전체 역사를 살펴보면 알겠지만, 어수선한 분위기는 사상의 열매를 위한 자양분을 공급해왔다. 영국도 예외는 아니어서, 18세기 말에서 19세기 초는 새로운 사회질서의 원리와 사회문제 해결을 위한 다양한 모색이 정치세력 사이의 이해관계와 맞물려 복잡하게 진행된 시기였다.

18세기가 막바지로 치닫고 있던 무렵, 시끌벅적한 도시에서 벗어난 한적한 시골의 한 아름다운 농장 저택에서 대니얼 맬서스라는 목사와 그의 아들이 최근 유행하고 있는 개혁사상에 대해 토론을 벌이고 있었다. 대니얼 맬서스는 자신과 아들의 주장이 하나로 모아지기보다는 끝 모를 평행선만 긋고 있다는 사실을 발견하고 무척이나 놀라게 된다. 아들의 견해는 논리적이긴 했지만 지나치게 비관적인 결론으로 치닫고 있어, 루소 철학을 신봉하고 있었던 그로서는 선뜻 아들의 주장에 찬성해줄 수가 없었다. 그러나 그는 아들이 인간 사회의 미래에 대한 의미 있는 통찰력을 지니고 있다는 것을 인정하고 그러한 견해를 출판해보라고 권했다. 아들은 아버지의 권유를 받아들여 서재로 들어가 집필을 시작했다. 토머스 로버트 맬서스의 『인구의 원리에 관한 에세이』, 즉 『인구론』은 이렇게 해서 세상에 나타났다. 동시대 거의 모든 자유주의 경제학자들이 낙관적인 미래관을 폈다면, 유독 맬서스만은 비관적인 미래를 그리고 있다. 그래서 그의 경제학은 '음울한 과학'이라고 불렸지만, 이 음울한 경제학자의 선견지명은 그가 바로 『인구론』을 집필하던 그 시기에 자신의 과학이 허물어지고 있었다는 것을 미처 깨닫지 못했다. 맬서스의 과학을 붕괴시킨 역사의 소용돌이는 바로 '산업혁명'이었던 것이다.

맬서스의 음울한 세계

일단, 맬서스가 만들어낸 세계로 들어가보자! 맬서스의 세계는 그가 고안해낸 '인구법칙'에 뿌리를 두고 있다. 중·고등학교 시절, 수학시간도 아닌 사회시간에 유일하게 외운 법칙은 "식량은 산술급수적으로 증가하지만, 인구는 기하급수적으로 증가한다"는 것이었다. 이것이 바로 맬서스의 인구법칙인데, 『인구론』에서 맬서스 자신은 이렇게 설명하고 있다.

토머스 맬서스

세계인구의 총수를 1억이라고 가정할 때, 인구는 1, 2, 4, 8, 16, 32, 64, 128, 256의 비율로 증가하지만 식량은 1, 2, 3, 4, 5, 6, 7, 8, 9의 비율로 증가한다. 이렇게 될 경우 2백 년 후에는 인구와 식량의 비율은 259 : 9, 3백 년 후에는 4096 : 13, 그리고 2천 년 후에는 계산할 수 없을 정도로 차이가 커진다.

맬서스의 설명은 이처럼 매우 간단명료하다. 하지만 그의 글을 읽어 나가다가 다음에 어떤 문장이 이어질지를 곰곰이 생각해보면 굉장히 두려운 생각이 들 것이다. 인간은 그 누구도 식량 없이는 살아갈 수 없다. 하지만 어떤 시점, 어떤 사회에서 식량 생산에 비해 인구의 증가가 현저하게 발생한다면 어떻게 될까? 물론 과잉인구는 생산된 식량이 부양할 정도로 줄어들 것이다. 이때 생산과 인구의 균형을 맞추기 위한 필연적인 법칙이 작동하는데, 맬서스는 인구의 과도한 증가를 억제하는 것으로 단호하게 전쟁과 살육, 자연재해와 기근, 전염병을 꼽고 있다. 그에게 성욕이 포기될 수 없는 본능으로 남아 있는 한, 대중의 빈곤과 비참함은 피할 수 없는 운명이었던 것이다. 애덤 스미스가 시장의 작동을 '보이지 않는 손'의 기능으로 신성시하면서, 경제에 대한 국가와 사회의 간섭을 거부했다면, 맬서스도 생산과 인구가 균형을 이루는 메커니즘을 '신의 섭리'로 묘사하면서, 자유방임의 원리를 적극 옹호하고 나섰다. 다음은 맬서스가 인구증가를 억제하기 위해 마련한 처방전으로, 전직 목사로서 그의 직업이 무색할 정도이다.

적어도 식량이 살아갈 수 있는 최소한의 몫으로 나누어진 후에는 생존수단의 증가율이 어떠하든, 이것에 의해 인구증가가 억제되어야 한다는 것은 분명하다. 이 수준을 넘어서 태어난 아이들은 성인의 사망에 의해 여유가 생기지 않는 한 반드시 죽어야 한다.……그러므로 죽음을 가져오는 자연의 작용을 헛되고 어리석게 방해하기보다는 오히려 쉽게 이루어지도록 해야 한다. 기근이라는 무서운 형태의 재난을 두려워한다면, 우리는 자연을 위해 다른 형태의 파멸을 부지런히 준비해두어야 한다. 빈민에게는 청결함을 권고하지 말고 그 반대의 습관을 장려해야 한다. 도시의 거리는 더 좁게 만들고 집집마다 더 많은 사람이 북적거리게 하고 전염병이 잘 돌도록 유인해야 한다. 시골에서는 썩은 연못 근처에 마을을 만들고 특히 불결한 늪지대에 정착하도록 해야 한다. 그러나 무엇보다도 인간을 황폐화시키는 질병을 특별히 퇴치하려는 것을 비난해야 한다. 또 무질서를 추방하는 계획을 추진함으로써 인류에 봉사하겠다는 자비롭지만 잘못된 생각에 사로잡힌 사람들을 비난해야 한다. 이렇게 해서 매년 죽는 사람이 늘어나면……아마도 우리는 모두 사춘기에 결혼해도 되고 완전히 굶어 죽는 사람도 별로 없을 것이다.

맬서스가 발견한 법칙은 그의 부친이 느꼈듯이 매우 논리적이며 또한 현실적이다. 오늘날에도 인도와 방글라데시, 아프리카 등 제3세계가 겪고 있는 기아와 빈곤, 부족들 간의 전쟁, 병충해 및 자연재해—정확히 얘기해서 인구법칙 때문은 아니지만—등은 맬서스의 음울한 세계가 아직까지도 존속하고 있다는 점을 보여준다. 하지만 맬서스가 나고 자란 곳인 영국, 더 광범위하게 말하자면 유럽에서 이런 현상을 찾아보기는 매우 힘들다. 인구증가를 억제하기 위해 더러운 환경을 유지한다거나 돌림병을 방치한다는 것은 상상할 수 없다. 반대로 인구감소를 억제하기 위해 정부가 두 팔 걷고 나설 정도다. 농축산물의 경우 판매보다 생산이 문제가 된 경우는 아주 오래전 일이며, 우리나라만 하더라도 쌀농사의 흉년과 풍년에 나라 전체가 울고 웃던 시대는 거의 아련한 기억 속의 옛일이다. 기아와 빈곤이 문제가 아니라 비만이 문제가 된 시대 속에 우린 살고 있다.

이렇게 볼 때, 맬서스는 자신의 현실에 대해선 천재적인 설명을 시도했지만, 당대의 역동성을 잡아채 미래의 경향을 예측하는 데는 서툴렀다. 그는 자신의 편협한 법칙으로 인해 새로운 동력이 개발되고, 그 힘으로 움직이는 다양한 기계가 발명되어 인간의 노동을 대체하면서 생산이 급격히 증대되고 있던 당대의 현상과 전망을 무시했다. 인구의 증가를 생산성의 증대로 극복할 수 있다는 가능성이 점차 현실화되던 '산업혁명'의 시기에 생산이 정체되어 있던 중세에 딱 들어맞는 맬서스의 시대착오적인 법칙은 서서히 붕괴되어가고 있었다.

자본주의라는 새 시대의 동력, 산업혁명

자본주의 시스템이 본격적으로 작동하기 시작한 것은 언제부터일까? 자본주의의 기원을 12세기 혹은 14~16세기로 보는 학자라 해도 '본격적 가동'의 측면에서라면 거의 의견이 일치한다. 바로 18세기 말에서 19세기 중엽까지 줄기차게 이어진 산업혁명기다. 그래서 어떤 학자들은 자본주의의 출발 그 자체를 산업혁명에서 찾기도 한다. 이전의 시스템은 산업혁명과 비교해볼 때, 별 것 아니라는 생각에서다. 상품의 생산과 소비, 즉 교환경제의 전면화를 특징으로 하는 자본주의 시스템이 확립되기 위해서는 우선 자본주의적 생산이 본격화되어야만 한다. 이때 자본주의적 생산은 세 가지 요소의 결합을 통해 달성되는데, 자본과 노동 그리고 기술이 그것이다. 산업혁명은 이미 축적되고 형성되어 있었던 자본과 노동에 대량생산을 위한 기술을 공급함으로써 생산을 비약적으로 성장시켰고, 세계경제의 성격 또한 근본적으로 변화시켰다. 산업혁명을 통해 세계최초의 산업국가가 됨으로써 이 같은 변화를 경험하고 주도해나간 나라가 바로 영국이었다.

19세기 유럽에서 시민혁명을 통해 국제정치를 주도한 나라가 프랑스였다면, 산업혁명을 통해 세계경제를 지배한 나라는 단연 영국이었다. 산업혁명이 아니었던들 영국의 경제적 지배는 실현될 수 없었을 것이다. 그렇다면, 산업혁명은 왜 영국에서 발생한 것일까? 우선, 영국은 다른 유럽의 나라들과 비교하여 자본주의적 생산을 위한 두 가지 요소, 즉 자본과 노동이 아주 풍부하게 마련되어 있었다. 산업자본으로 전환될 상업자본은 절대왕정 아래에서의 특혜와 식민지 약탈을 통해 거대하게 비축되어 있었고, 산업시설에 결합될 양질의 값싼 노동인구는 16세기 이후부터 진행된 인클로저운동을 통해 농촌으로부터 끊임없이 배출되어 이미 포화상태에 이르렀다. 한편 17세기 중엽, 때 이른 시민혁명을 통해 경제활동의 자유와 은행제도, 국채 발행 등 자본주의 생산에 걸맞은 여러 제도들이 이미 갖춰졌고, 절대왕정 시대부터 취해진 자국의 산업보호와 적극적인 식민지 정책은 제조업의 전망을 밝게 했다. 자본과 노동의 풍부함, 제도적 뒷받침, 낙관적인 시장조건은 생산증대의 압력으로 이어졌고, 경험주의 전통 속에서 성장한 기술인력들이 대량생산을 위한 발명에 참여하게 되면서, 기계의 발명으로 상징되는 산업혁명이 궤도에 오르게 되었던 것이다.

산업혁명의 첫 출발은 면직물 산업에서였다. 춥고 후줄그레한 날씨

인클로저운동

'울타리 치기'로 알려진 인클로저 운동은 16세기 이후 영국 모직물 산업의 발달로 양모의 수요가 급증하면서 새로운 돈벌이에 눈이 먼 귀족과 젠트리가 대규모 목양지牧羊地를 만들기 위해 공유지를 사유화하고, 인근의 토지를 강제로 병합하는 현상이었다. 이 과정에서 뿌리 뽑힌 수많은 농민은 유랑민으로 전국을 떠돌게 되는데, 이미 헨리 8세 시기에 유랑민 82,000명을 교수대에서 처형할 정도로 유랑민 문제는 심각했다. 당시의 세태는 토머스 모어가 자신의 저서 『유토피아』에서 "적게 먹고 온순했던 양이 이제 사람을 잡아먹는다"고 힐난할 정도였다. 카를 마르크스는 인클로저운동에 상당한 의미를 부여하여, 직접 생산자(농민)를 생산수단(토지)으로부터 분리시켜 대규모 무산대중이 창출되는 과정으로서 '본원적 축적' 단계의 모범적인 사례로 설명하고 있다.

가 계속되는 유럽에서 면직물의 인기는 굉장했다. 무겁고 답답한 양털 옷보다 가볍고 보온성이 뛰어난 면직물은 가장 대중적인 상품으로 다른 상품에 비해 거대한 잠재 수요를 갖고 있었다. 인도산 면직물을 갖다 파는 것만으로도 50%의 짭짤한 이윤을 거둬들인 영국인들이 면직물을 직접 생산하여 떼돈을 벌어들이고자 혈안이 돼가는 것은 불을 보듯 뻔했다. 면직물의 소비시장은 이미 널려 있었고, 최대 목화 산지인 인도가 점차 영국의 식민지로 전락하면서 원료의 공급도 원활해져갔다. 문제는 거대한 수요에 맞춰 면직물을 대량생산할 수 있게끔 기술적 여건을 해결하는 일이었다. 먼저 직물생산의 기초가 되는 실 만드는 기계, 즉 방적기의 발명과 개선이 이루어졌다. 1764년 하그리브스의 제니방적기, 5년 뒤 아크라이트의 수력방적기, 10년 뒤 크롬프턴의 뮬방적기로 이어지고 5년 후엔 1765년 와트가 발명한 증기기관과 결합하여 동력의 문제를 해결함으로써 영국 산업혁명은 본격적인 가동을 시작했다. 한편 방적 부문의 발달로 방직 부문이 상대적으로 뒤떨어지자 이번에는 방직 분야에서의 새로운 기술 발전이 카트라이트의 역직기(1785)로 이어졌다. 불과 20년 만에 면화에서 실을 뽑아 옷감을 만드는 공정은 비약적으로 발전했고, 생산력은 10배 이상으로 증대했다.

대량생산을 향한 욕구는 보다 많은 기계를 돌리기 위한 새로운 동력의 발명과 개선을 낳았고, 이는 곧 기계의 집중을 초래하여 '기계제 대공업'의 시대를 도래케 했다. 제철과 광업은 기계의 확산과 연동하여 발달했고, 대량생산된 상품의 소비를 촉진시키고 원료의 공급을 용이하게 하기 위해 수송과 교통의 발전이 두드러졌다. 특히 철도는 자본주의 발전에 실로 막대한 영향을 끼친 산업이었는데, 철길을 따라 도시와 농촌, 항구와 내륙의 공업지대가 서로 연결됨으로써 산업발전이 촉진되

증기기관차

고 국내 시장의 완전한 통일도 달성될 수 있었다. 한편 철도는 산업화 측면에서 면공업과는 달리 석탄, 철광 등 광산업은 물론 제철 및 에너지 산업과도 밀접한 관계를 갖고 있어 파급효과가 큰 산업이었다. 철도 산업의 붐과 함께 영국의 산업은 서서히 경공업 중심에서 중공업 중심으로 옮아가게 된다.

면직물과 같은 생필품에서 철도와 기선과 같은 운송수단에 이르기까지 산업혁명의 결실은 실로 다양하고 거대했다. 19세기 초 영국의 공업 인구는 농업 인구의 크기를 능가했고, 시장은 구매를 기다리는 다양한 공산품으로 넘쳐났다. 이러한 경향은 19세기 내내 영국을 넘어 유럽으로 그리고 세계로 확산되었다. 인구는 지속적으로 증가했지만, 맬서스가 우려했던 현상은 나타나지 않았다. 이제 인구증가와 생활수준 악화라는 맬서스의 법칙을 따돌릴 정도로 인류의 생산력은 이미 거대해져 있었던 것이다. 하지만 물질적 풍요는 당시 공장에서 뿜어내는 매연의 농도만큼이나 암담하고 요원했다.

'음울한 과학'은 붕괴됐지만

인간이 역사상 최초로 자연의 굴레와 사회적 규제로부터 벗어나 생산력을 무한히 발전시킬 수 있었던 계기로 평가받는 '산업혁명'의 이미지는 밝고 화려하기보다는 어딘가 모르게 어둡고 칙칙하다. 산업혁명의 이미지가 이처럼 역사적 평가와 거리가 있어 보이는 이유는 아마도 산업혁명이 누군가의 커다란 희생을 요구했기 때문이리라. 산업혁명은 인류가 지금까지 꾸려온 거의 대부분의 기간 동안의 목가적인 삶들을 한 세기에 걸쳐 빠르게 잠식해 들어갔고, 이러한 대세를 거부하는 지역과 민족에겐 몇 배 더 큰 고통을 안겨주었다. 산업혁명을 통한 어마어마한 생산력은 인류에게 물질적 풍요를 약속하는 것 같았고, 그래서 맬서스의 '음울한 과학'이 더 이상 통하지 않을 것 같았지만, 그것보다 어떤 차원에선 훨씬 더 우울한 미래가 인류를 기다리고 있었다.

산업 발전의 대표적인 희생자는 노동자, 농민, 그리고 식민지였다. 노동자는 기계제 대공업의 출현으로 기술과 지식의 무용지물화를 경험하면서 기계의 부품으로 전락, 장시간 노동과 저임금에 혹사당하게 되었다. 농민은 농민대로 곡물의 대량생산을 위한 토지집중 과정에서 농토를 잃고 농업노동자로 또는 도시빈민으로 그래서 거대한 '산업 예비군'의 한 축을 구성하게 되었다. 식민지는 식민지대로 본국의 산업화가 안정적으로 진행될 수 있도록 본국의 입맛에 맞게 원료의 공급지로 상품시장으로 자신의 역할을 충실히 해나갔다. 최대의 면직물 생산지였던 인도가, 영국이 면직물을 대량생산해 내자마자 하루아침에 최대의 면직물 수입국으로 전락했다는 사실은 산업혁명이 식민지에 준 영향을 상징적으로 보여준다. 이는 산업혁명이 한마디로 힘없는 사람들과 힘

방적공장에서 일하는 소녀와 런던의 뒷골목

없는 지역에 희생을 강요하고, 착취와 억압의 대가로 진행되었다는 것을 말해준다.

힘이 없을수록 희생은 더 컸다. 그렇다면 누가 가장 힘없는 사람들이었을까? 두말할 것도 없이 '돈 없는 집'의 여성과 아이들이었다. 특히 아이들의 희생이 커서 이들에 대한 노동 착취와 학대는 인류사 전체적으로도 유래를 찾기 어려운 것이었다. 부모로부터 버림받은 7~14세의 많은 아동들이 하루 13시간, 심지어는 18시간씩 중노동에 시달렸다. 심한 경우 5살짜리까지도 일을 해야 했다. 기계는 지치지 않았고, 자본가들은 기계에 퍼부은 돈을 단기간에 뽑아내기 위해 싼값의 여성과 아동 노동자들을 쉴새 없이 부려먹었던 것이다. 피곤으로 집중력이 약해지면서 기계장치에 손발이 잘리는 일은 예사였고, 관리자들에게 '심심풀이로' 린치를 당해 불구가 된 어린이들도 있었다. 다음은 1833년 영국 의회에 제출된 아동고용에 대한 보고서의 일부이다. 이 보고서에서 열한 살짜리 소년 토마스 클라크의 증언은 당시 아동노동의 비참한 실상을 자세히 알려주고 있다.

19세기 말의 런던 빈민가

우리가 졸 때는 그들이 가죽끈으로 때렸습니다.……나는 6시 조금 못 돼서, 때로는 5시에 공장에 나가 밤 9시까지 계속 일하는 것이 보통입니다.……하룻밤 꼬박 일했으며……우리는 스스로 그렇게 했습니다. 돈을 벌고 싶었으니까요. 그저께는 아침 6시부터……다음 날 밤 9시까지 계속해서 일했고……나는 지금 밧줄공장에서 일합니다.……내 동생이 나를 돕고 있습니다. 그 애는 꼭 일곱 살입니다. 나는 그 애한테 아무것도 안 주는데……만약 내 동생이 아니라면 일주일에 1실링씩 줘야 합니다.……나는 아침 6시에 그 애를 데려가서 밤 8시까지 데리고 있습니다.

그렇다면 산업혁명기에 왜 이 같은 아동착취가 강행됐던 것일까? 역사가들은 크게 세 가지로 그 이유를 설명하고 있다. 기계가 근력과 손기술을 대치함으로써 아이들도 쉽게 일할 수 있는 환경이 만들어졌다는 것이 첫째 이유이다. 둘째, 성인 노동력보다는 아동 노동력을 구하기가 더 쉬웠다는 점이다. 당시 성인 남성노동자들은 대체로 가내 수공업에 종사한 숙련공들이었기 때문에 공장주의 눈치 아래 일하기를 극도로 꺼려했고, 자기들의 밥그릇을 빼앗고 자신들의 숙련을 무용지물로 만들어버린 기계를 혐오했다. 마지막으로 아이들은 부리기가 쉬웠다는 점이다. 성인 남성노동자들이 기계와의 경쟁에서 사실상의 패배를 인정하고 목구멍이 포도청이라 공장 노동에 참여했다 한들, 그들을 감시하는 자본가와 감독들에 대한 불만과 반발을 억제하기엔 역부족이었다. 반면 아이들은 달랐다. 시키는 대로 말을 잘 들었고 적응도 빨랐다. 작은 체벌이나 가혹행위, 위협을 가하면 부리기에 별로 어려움이 없었다. 이들은 반발도 크지 않아 결국 대규모 공장에서 요구하는 규율과 규칙에 익숙해지면서 새로운 산업사회가 요구하는 '성인' 노동자로 성장했다. 하지만 착취와 억압의 현실은 이들을 유순한 자본가의 '양'으로만 만들어내지는 않았다.

지금까지 산업혁명에 대해 간략하게 살펴보았다. 산업혁명기에 이룩한 물질적 진보는 실로 거대했다. 그때까지 인류사의 법칙이었던 인구증가와 생활수준의 반비례 관계 즉, 맬서스의 인구법칙은 산업혁명기를 통해 극복되었다. 아니 정확히 얘기해서 반만 극복되었다는 점을 지적해두자! 더 이상의 인구감소 현상이 일어나지 않았지만, 그렇다고 인류의 생활수준이 인구증가와 동반 상승하지도 않았다는 것이다. 소수의 부유함은 천문학적으로 증가했지만, 다수의 생활수준이 빈곤을 넘어선 수준은 아니었다. 산업혁명을 통해 비로소 확고해진 자본주의 체제는 상승된 생산성만큼 사회의 구성원의 필요에 부합하여 그것을 고스란히 내놓는 세계는 아니었다. 우울한 미래를 논증했던 '음울한 과학'

은 붕괴됐지만, 그렇다고 사회적 풍요가 그 자리를 대신하진 않았다. 사회를 구성하는 다수가 인류가 달성한 생산성의 단맛을 조금이라도 맛보기 위해선 길고 격렬한 투쟁과 위기를 겪어야만 했다.

참고한 책, 더 읽어볼 거리

김주한, 『서양의 역사』, 역사교양사, 1998.
남경태, 『종횡무진 서양사』, 그린비, 1999.
유시민, 『부자의 경제학, 빈민의 경제학』, 푸른나무, 1992.
이재광 · 김진희, 『영화로 쓰는 세계경제사』, 세상의 창, 1999.
조셉 폰타나, 김원중 옮김, 『거울에 비친 유럽』, 새물결, 2000.
칼 맑스, 강신준 옮김, 『자본론 I』, 이론과 실천, 1987.

브랜디, 산업혁명의 적자適者

　우리는 일주일 동안의 고된 노동을 마치게 되는 금요일 저녁이나 토요일 밤에 술에 취해 비틀거리거나 보도블록에서 뒹구는 사람들을 종종 목격하게 된다. 음주 동기에는 삶에 관한 감정의 풍요와 사회적 일체감의 상징이라는 면과 함께 근심을 달래보려는 면이 포함되어 있다. 그런데 19세기에는 산업화가 노동자들에게 가져다 준 사회적 비참함이 대단히 격증된 것이어서 이전 시대보다도 도피주의적 동기가 훨씬 강했다.

　도피주의적 근심 차단기라는 알코올의 새로운 기능은 새로운 음료인 브랜디와 아주 밀접하게 연결되어 있다. 브랜디는 알코올 음료의 영역에서 근대의 산물이었다. 브랜디는 알코올에 의한 취기에 있어서 새로운 차원을 만들어냈다. 브랜디는 중세 때부터 알려져 있었다. 그러나 16세기까지 그것은 단지 의약품으로만 사용되었다. 하위 계층들의 알코올 음료는 맥주면 충분했다. 17세기부터 브랜디는 일상 음료가 되었다. 그것은 17세기의 군대에서 나타나기 시작했던 새로운 규율화의 동반현상이었던 것으로 보인다. 그때까지 비교적 스스로 자유롭게 행동할 수 있었던 개별 군인들은 17세기와 18세기에 수학적이고 합리적으로 조직되어가는 군대라는 몸체의 작은 톱니바퀴로 변해버렸다. 군인들에게는 매일 일정량의 브랜디가 배급되었는데, 이는 군인들을 기계적인 군대조직의 통합된 구성원들로 만들기 위한 만큼 적당히 취하게 할 정도의 양이 들어 있었다.

　전통적인 음주문화는 포도주와 맥주에 기초를 두고 있는데, 이 술들의 알코올 함유량은 그 원료가 되는 식물의 설탕 함유량과 동일한 비율이다. 이에 비해 브랜디는 증류를 통해서 제조됨으로써 알코올 함유량을 자연의 경계를 훨씬 넘는 데까지 끌어올렸다. 브랜디는 전통적인 맥주보다 대략 10배의 알코올을 함유하고 있다. 맥주와 포도주는 한 모금씩 여러 차례 나누어 마시고 점차 취하게 되는데 반하여 브랜디는 꺾어 마시고 단번에 취기가 올라온다. 알코올 농도가 10배가 된다는 것은 이제 사람이 지금까지 필요했던 알코올 음료의 10분의 1의 양만 가지고도 취

산업혁명기 가내노동

할 수 있다는 것, 또는 지금까지 필요했던 10분의 1만 가지고도 만취에 도달할 수 있다는 것을 의미했다. 효과의 극대화, 급속화와 저렴해진 가격은 브랜디를 산업혁명의 적자로 만들었다. 그것은 음주 영역에서는 마치 방직업에서의 방직기와 같은 것이었다. 브랜디와 방직기는 18세기 영국에서 오래된 생활형태와 노동형태를 파괴시키는 데 있어서 동시에 작용했다.

18세기 중반에 갑자기 브랜디의 소비가 하늘로 치솟았다. 1684년 50만 갤런(약 200만 리터)이 생산되었던 것이 1737년에는 500만 갤런 이상으로 상승했다. 당시 대략 600만 인구가 있었다고 추정한다면 이것은 1인당 8리터의 브랜디를 의미한다. 1974년 서독에서는 1인당 2.6리터의 브랜디를 마셨는데, 이것은 18세기 영국에서의 소비량의 1/3에 불과한 것이었다.

인클로저운동으로 인하여 뿌리가 뽑힌 농촌 대중들은 도시로 밀려들었다. 그들은 지극히 낯선 세계에 내버려졌다. 전통적인 자기 이해, 과거의 규범과 삶의 형태가 앞으로 더 이상 유효하지 않게 되었다. 전반적인 방향 감각을 상실했다. 브랜디를 마심으로써 이 견디기 어려운 삶의 상황을 최소한 잠시만이라도 잊어버릴 수 있어야만 했다. 브랜디가 제공했던 것은 사회적인 도취가 아니라 알코올에 의한 마비였다. 이와 함께 고독한 음주, 산업화된 유럽과 아메리카에 한정된 음주의 한 형태가 시작되었다. 산업화 시기에 높은 도수의 술을 빨리 마셔대는 사람들을 만족시키기 위해 선 채로 술을 마시고 곧 자리를 비우게 만드는 술 판매대bar의 발전이 불가피했다. 바는 마치 철도가 여행을, 방직기가 섬유 생산을 가속화한 것처럼 술 마시는 것을 가속화시켰다.

민족주의, 유럽에서 기지개를 켜다

프랑스혁명, 민족주의를 낳다

유럽에서 민족적 감정은 오래전부터 존재해왔지만 그것이 보편이념으로 부각되어 하나의 운동으로 실천적 당위성을 획득하게 된 데에는 프랑스혁명이 결정적으로 작용했다. 당시 프랑스 국민 사이에서 요원의 불길처럼 일어난 애국심과 민족주의는 민족단결의 필요성과 국민통합의 이점을 널리 일깨웠던 것이다. 요컨대 근대 유럽의 민족주의는 프랑스혁명의 산물이었다고 할 수 있다.

19세기 유럽의 지배적 조류를 형성했던 민족주의는 각 민족이 처한 상황에 따라 각기 다른 과제를 부여했다. 외세의 지배로부터의 해방과 독립, 분단 내지 분열되어 있는 민족과 국가의 정치적 통일, 이미 정치적 통일을 달성한 국가의 내적 통합 수준의 제고와 대외 팽창 등이 그것이었다. 첫 번째 경우 19세기 초의 라틴아메리카 여러 나라와 그리스, 벨기에가 독립에 성공하였고, 1848년에 고조되었던 동유럽의 여러 약소민족의 독립운동은 대부분 실패하였다. 두 번째 경우는 1860년대와 1870년대에 이루어진 이탈리아와 독일의 통일이다. 세 번째 경우는 영국, 프랑스, 미국, 러시아 등에서 국가적 발전을 전개하는 기반으로 작용하였다.

여기서 19세기 유럽사의 주요 흐름이었던 민족주의와 자유주의의 관계에 대해서 살펴볼 필요가 있다. 자유주의와 민족주의는 기본적으로 양립되기 어려운 면모를 지니고 있다. 자유주의가 모든 개인의 권리를 중시하는 보편적이고 합리적인 원리라면, 민족주의는 개인을 민족에 종속시키는 다소 폐쇄적이고 비합리적인 성향을 지니고 있다. 그러나 19세기 초까지도 자유주의자들은 민족주의운동을 지지했다. 민족해방 특히 절대주의체제 아래에서의 해방 및 민족통합은 근대화를 촉진하고 개인의 자유를 보장하리라고 생각했기 때문이다. 예컨대 이탈리아에서는 자유주의자들인 카르보나리('숯 굽는 사람'이라는 의미)의 전통이 마치니의 민족주의운동으로 이어졌다. 또한 유럽의 자유주의 지식인들은 그리스의 독립전쟁에 참여하고 벨기에의 독립운동을 지지했다.

19세기 중엽 이후 민족주의운동은 자유주의와 갈등을 보인다. 자유주의, 민족주의, 낭만주의, 사회주의 등 제반 세력들이 진출했던 1848년의 혁명이 실패로 끝나면서 특히 독일과 이탈리아를 중심으로 자유주의적인 민족주의운동이 퇴색하고, 보다 현실적인 방향으로 민족주의가 추구되었던 것이다. 이리하여 국가의 무력 내지 물리력의 강화를 통한 민족통합 내지 국가통합의 움직임이 나타났다. 이러한 노선에 따라 독일과 이탈리아의 통일이 이루어졌다. 이들의 통일과 함께 유럽의 민족주의는 다시 점화되었다.

여기에서는 먼저 19세기 중반 유럽 대륙을 혁명에 휩싸이게 하고 민족주의운동이 활발하게 전개되는 데 불을 붙였던 프랑스의 1848년 2월 혁명부터 보도록 하자.

1848년 혁명, 유럽을 휩쓸다

나폴레옹의 몰락 이후 몇 번의 우여곡절 끝에 수립된 왕정은 소수 대자본가의 이익을 위해 민중들을 억압하고 있었다. 흉년으로 식량 사정이 악화되자 민중들의 불만은 더욱 커졌고, 이 틈을 타 부르주아들도 선거권 확대를 요구하고 나섰다. 1848년 2월, 프랑스 파리 시내에는 분노한 시민들이 모여들어 이러한 상황을 타개할 것을 주장하였다. 점점 더 불어나는 시위군중을 향해 어느 순간 군인들이 방아쇠를 당겼고, 거리는 순식간에 피와 시체로 뒤덮였다. 마침내 그 동안 억눌려왔던 민중들의 분노가 다시 폭발하였다. 무능한 왕정은 불과 하루 만에 무너졌고, 새로운 혁명정부가 구성되었다.

2월혁명으로 수립된 혁명정부는 노동시간을 줄이고, 실업자들을 위해 국영 작업장을 만들었다. 그러나 이후 선거를 통해 새롭게 구성된 정부는 이런 성과를 무효로 돌렸다. 선거로 권력을 잡은 사람은 부르주아들이었고, 이들은 교양과 재산을 가진 사람만이 제한적으로 참여하는 온건한 공화정을 주장하였다. 이에 분노한 노동자들은 다시 무기를 들고 바리케이드를 설치하였다.

정부는 '질서와 안정'을 내세우며 봉기세력을 무자비하게 진압하였다. 수천 명이 죽고 수만 명이 체포되었으며, 체포된 사람들은 알제리 강제 노역소로 추방되었다. 민중들이 정치에 참여하는 것은 부르주아들에게도 공포 그 자체였다. 그래서 부르주아들은 차라리 왕이나 귀족과 손을 잡았다. 이런 사정은 다른 나라에서도 마찬가지였다. 혁명은 시작될 때만큼이나 순식간에 사그라졌고, 쫓겨났던 왕정이 다시 복귀하였다.

한편 파리에서 시작된 혁명은 나폴레옹 전쟁 이후 얼어붙었던 전 유럽으로 삽시간에 번져나갔다. 이미 석 달 전 스위스에서는 내전이 발생하였고, 1월에는 이탈리아에서 봉기가 일어났다. 그리고 프랑스에서 2월혁명이 성공하자, 3월에는 오스트리아에서도 국회와 왕궁이 습격당하였고, 결국 빈 회의(나폴레옹 전쟁이 끝난 뒤 1814년 9월 오스트리아의 수도 빈에서 전후 처리를 위해 열린 회의. 프랑스혁명 이전의 상태를 정통적인 것으로 보고, 유럽의 질서를 그 상태로 복귀시키려고 함)를 주도했던 메테르니히가 쫓겨났다. 독일도 베를린을 비롯한 곳곳에서 혁명이 일어났고, 영국에서는 차티스트운동이 재개되어 500만 명이 넘는 사람들이 선거법 개정 서명운동에 나섰다. 1848년 혁명으로 유럽 각지에서 왕정이 무너졌고, 낡은 체제는 더 이상 유지될 수 없다는 사실이 분명해졌다. 또한 혁명은 '민족'의 독립과 통일에 대한 기대도 부추겼다. 바야흐로 '온 국민의 봄'이 온 듯하였다.

독일, '철과 피'로 제국을 건설하다

19세기 중엽까지도 독일은 하나의 지역 명칭에 불과했다. 중세 말 독일 지역에는 300여 영방이 난립하고 있어 통일국가가 출현할 가능성이 요원해 보였다. 그런 가운데 프로이센이 30년전쟁(1618~1648년 독일을 주무대로 하여 가톨릭과 프로테스탄트 사이에 벌어졌던 최대의 종교전쟁. 이 전쟁을 통해 독일지역에서는 가톨릭, 루터파, 칼뱅파가 각각 동등한 지위를 확보하게 되었다)의 참화를 딛고 두각을 나타내기 시작했다. 프로이센에서 '왕'이라 칭한 최초의 군주는 프리드리히 1세였다. 이 신생 왕국은 얼마 되지 않아 유럽의 열강으로 부상했다. '대왕' 프리드리히 2세의 영도 아래 오스트리아 왕위계승 전쟁에 개입하여 승리했으며, 7년전쟁에서도 막강한 프랑스와 러시아의 동맹군을 훌륭히 막아냈던 것이다.

프로이센의 질주는 프랑스혁명과 그에 따른 전쟁으로 일단 멈추었지만, 이때의 경험은 독일 통일이라는 관점에서 볼 때 매우 유익한 것이었다. 우선, 초기 패전의 굴욕에 자극을 받아 민족의식이 각성되었다. 둘째, 최종 승전국으로서 작센 북부와 라인지방을 새로 얻었다. 셋째, 오스트리아가 남부 독일의 영토를 포기했다. 넷째, 35개의 군주국과 4개의 자유시로 구성된 독일 연방이 탄생했다. 이후 1833년 프로이센은 인접국들과 함께 관세동맹을 결성하고 오스트리아를 제외한 대다수 연방 가맹국을 여기에 끌어들임으로써 독일의 경제적 통합을 크게 진전시켰다.

정치적 통일을 위한 기반이 하나둘 축적되는 가운데 1848년 3월에 마침내 기회가 온 듯했다. 프랑스 2월혁명의 영향으로 베를린에서 3월혁명이 발생하여 독일 전체가 자유주의와 민족주의 열기에 휩싸인 것이다. 이러한 들뜬 분위기 속에서 5월에는 보통선거로 뽑힌 연방 대표들이 프랑크푸르트에 모여 프로이센을 중심으로 통일한다는 원칙에 합의했으며(소小독일주의), 이듬해 3월에는 자유주의적 통일헌법을 기초하고 프로이센의 왕을 황제로 선출했다. 그러나 한쪽에서는 이미 반혁명의 조짐이 나타나고 있었다. 왕은 '신민臣民'이 선사하는 제관帝冠을 차갑게 뿌리쳤고, 프랑크푸르트 의회는 제풀에 해산하고 말았다. 아래로부터의 자유주의적 통일이 좌절된 것이다.

이후 한동안 가라앉았던 통일의 열기는 빌헬름 1세가 '철혈재상' 비스마르크를 등용하면서 다시 달아올랐다. 1862년 프로이센 총리가 된 비스마르크의 취임 연설은 놀랄 만큼 대담하고 단호하였다. "지금 우리의 문제는 언론이나 다수결로는 해결할 수 없다. 오직 철과 피, 곧 무기와 병력만으로 해결할 수 있다." 이렇게 비스마르크는 '철과 피'의 효능을 강조하며 군제개혁을 단행했다. 이를 통해 군사력을 강화한 그는 오스트리아와 프랑스를 무력화시키기 위한 전쟁에 착수했다. 이 두 장애물을 제거하지 않고는 통일이 불가능하다고 판단한 것이다.

군국주의적 철혈정책의 첫 시험 대상은 오스트리아였다. 1866년 비스마르크는 오스트리아에 속전속결을 벌여 대승을 거두고 통일을 가시화할 수 있었다. 독일 연방이 해체되고, 프로이센 중심의 북독일 연방이 결성되었다. 아울러 오스트리아가 서유럽 방면으로부터 시선을 거두게 된 것도 프로이센으로서는 큰 수확이었다.

승세를 이어서 비스마르크는 교묘한 언론조작을 통해 프랑스의 선전포고를 이끌어냄으로써 독일인들의 지지를 얻어내는 한편 개전 초기에 황제 나폴레옹 3세(루이 나폴레옹)의 항복을 받아냈다. 그 결과 프랑스는 알자스, 로렌을 잃고 제2제정의 종말을 맞이했으며, 빌헬름 1세는 베르사유 궁전에서 독일의 모든 군주가 무릎을 꿇은 가운데 제국을 선포하고 황제로 등극했다(1871년 1월).

이탈리아, 투쟁과 외교로 통일왕국을 성취하다

빈 체제가 출범할 무렵 이탈리아는 분단과 외세의 지배라는 이중고에 시달리고 있었다. 반도의 남부 일대는 에스파냐에 예속된 시칠리아왕국이었고, 북부는 오스트리아의 통치를 받았으며, 중부는 대부분 교황령에 속해 있었다. '이탈리아인에 의한 이탈리아인의 나라'는 사보이왕가가 다스리는 북서부의 조그만 왕국 사르데냐뿐이었다.

19세기 초 이탈리아인들은 비밀결사인 카르보나리를 결성하고 남과 북에 포진한 외세에 대중선동과 반란으로 맞섰다. 이들은 1820년 나폴리혁명, 1821년 피에몬테혁명, 1831년 중부 이탈리아의 혁명 등에서 지도적 역할을 담당했으나, 메테르니히가 보낸 군대의 완력 앞에 여지없이 무너지고 말았다.

2월혁명은 이탈리아에서도 통일의 기운을 한껏 북돋웠다. 빈의 혁명 소식에 고무된 밀라노와 베네치아의 시민들은 반反 오스트리아혁명을 일으키고 공화국을 수립했다. 이러한 일련의 성공 뒤에 이탈리아인들은 사르데냐를 중심으로 민족해방전쟁에 나섰는데, 나폴리와 교황이 지원군을 보내옴으로써 승리가 목전에 다가온 듯했다. 그러나 사르데냐의 위상이 강화되는 것을 우려한 교황과 나폴리가 발을 빼자 판세가 역전되었다.

일찍이 민주통일공화국을 지향하며 '청년이탈리아당'을 조직했던 마치니가 로마공화국의 수반이 되어 고군분투하는 한편, 사르데냐가 민족독립과 통일의 기치를 다시 내걸었지만, 오스트리아와 프랑스의 반동적 의지는 매우 확고했다. 결국 1848년의 이탈리아혁명 역시 이들의 무력간섭 앞에 좌절되었다.

카르보나리와 마치니의 실패는 자유주의나 공화주의 같은 이념을 앞세우고 대중을 동원하는 식의 민족주의운동에 한계가 있음을 명확히 보여주었다. 특히 오스트리아라는 강적을 퇴치하기 위해서는 좀 더 현실적인 방법을 모색해야 했다. 1850년 사르데냐의 재상으로 취임한 카보우르는 이 점을 간파하고 이탈리아의 독립과 통일을 일구어냈다.

카보우르는 내정 개혁과 더불어 외교를 통한 오스트리아 압박에 큰 비중을 두었는데, 이 전략은 크림전쟁(1853~1856년 크림반도 및 흑해를 둘러싸고 러시아와 오스만 투르크·영국·프랑스·프로이센·사르데냐 연합군 사이에 일어난 전쟁)에서 영·불 진영에 가담한 것을 계기로 점차 구체화되었다.

종전 후 그는 오스트리아가 공격해올 경우 프랑스는 사르데냐를 군사적으로 원조할 것, 사르데냐에 의한 롬바르디아·베네치아 합병을 양해받는 대가로 프랑스에 니스·사보이를 양도할 것 등을 골자로 하는 밀약을 나폴레옹 3세와 체결했다. 그러고 나서 카보우르는 즉시 오스트리아를 자극하여 공격을 유도함으로써 외세를 반도에서 축출하고 중·북부 이탈리아를 사르데냐에 통합하는 데 성공했다.

카보우르는 곧이어 남부로 눈을 돌렸는데, 마침 그곳에서는 '붉은 셔츠단'을 이끌고 시칠리아와 나폴리를 차례로 점령한 공화주의자 가리발디가 로마 진군을 준비하고 있었다. 하지만 이는 교황과의 충돌을 야기해 통일에 장애를 줄 우려가 있었기 때문에 카보우르는 군사적 압력을 가하여 그를 저지시키는 데 성공했다. 얼마 후 반도 남부의 이 두 지역은 국민투표를 실시하여 북부와의 합병을 결정했다.

1861년 3월, 교황령을 제외한 이탈리아 반도가 마침내 하나의 왕국으로 통합되었고, 사르데냐의 왕 비토리오 에마누엘레가 초대 국왕으로 추대되었다. 이로써 이탈리아인들은 고대 로마 이후 실로 오랜만에 통일국가를 재건하게 되었다.

참고한 책, 더 읽어볼 거리

김영한 · 임지현, 『서양의 지적 운동 I』, 지식산업사, 1994.

민석홍, 『서양사개론』, 삼영사, 1997.

배영수, 『서양사강의』, 한울아카데미, 2000.

한국서양사학회, 『서양에서의 민족과 민족주의』, 까치, 1999.

베네딕트 앤더슨, 윤형숙 옮김, 『상상의 공동체—민족주의의 기원과 전파에 대한 성찰』, 나남출판, 2002.

에릭 홉스봄, 강명세 옮김, 『1780년 이후의 민족과 민족주의』, 창작과비평사, 1998.

대량생산되는 유럽의 전통들

　　서양은 19세기 말 20세기 초 급격한 산업화와 도시화, 그리고 신생 독립국가의 탄생 등 매우 불안전한 국면을 맞이했다. 이에 서양의 각 나라에서는 급변하는 사회의 안정화를 꾀할 요량으로 다양한 형태의 전통을 창조해내기 시작했다. 기실 우리가 알고 있는 유럽의 전통들, 즉 왕실의례라든지 명품과 관련된 것들은 누군가에 의해 인위적으로 만들어진 것에 불과하다. 특히 1870~1914년 사이 탄생한 신생 국들, 즉 독일, 이탈리아, 그리고 일본은 영국을 좇아 수도를 정하거나 이전에 없었던 국기, 국가, 그리고 국경일들을 제정하기 시작했다. 이들 나라는 새로운 전통의 창조를 통해 집단적 기억을 안정화시키는 전략적 선택을 했던 것이다. 그래서 19세기 말, 20세기 초엽에 수없이 이루어진 유럽의 기념행사들은 실제로 민중을 위한 것이었지만, 민중에 의한 것은 아니었다. 이 시기에 집중적으로 나타난 전통의 창조는 사람들 사이에 존재하는 경제적 사회적 정치적 차이점들을 극복하고 '상상의 공동체'를 만들어내는 공통분모를 형성해내는 데 기여한다. 이를 통해 서로 다른, 때로는 반목하는 집단들이 자신들을 단일한 초월적인 민족적 소속감을 갖는 공동체로 믿게 되고, 그것은 국가적 또는 민족적 정체성의 핵심을 이루게 된다. 이제 민족경제, 즉 국가 영토나 그 하위 영토에 의해 규정된 국가영역이 경제발전의 기본단위로 이해되기 시작하고, 국가 안에서 행정과 법률이 표준화되며, 공교육 수혜자들을 국민으로 수렴시키는 일들이 벌어진다. 이를 테면 과거의 농부들은 이제 프랑스인, 영국인 등등으로 스스로를 인식하기 시작했고, 이에 따라 국가와 민족은 하나의 공동체 안에서 서로가 서로를 수렴하기 시작했다.

　　몇몇 사례를 들어보자. 프랑스에서는 19세기 말 수많은 공적의례들이 창안되어 다채로운 기념행사들이 진행되었다. 이를 테면 1880년 바스티유 함락 기념제라든가, 우리에게는 에펠탑의 건설로 기억되는 만국박람회가 그것이다. 독일은 기본적으로 누가 독일의 적이었는가라는 전제를 전통 창조의 핵심으로 꼽았다. 이에 따라 독일에서 민족적 정체성을 강화하는 상징이나 전통이 많이 창조되었는데, 게르마

추수감사절

니아와 미헬이란 개념이 대표적이다. 게르마니아는 군사적 의미를 갖는 여신의 이름이고, 독일인 미헬은 영국의 존 불이나 미국의 양키처럼 독일인들에 대한 세속적 애칭이다. 그것은 교활한 외국인들에 너무 잘 휘둘리는 순진함과 단순함이 뭉친 그런 존재를 의미한다. 하지만 독일인 미헬은 외국인들의 괘씸한 속임수와 극악무도한 정복에 끝내는 분기탱천하는 강한 면모를 지닌 존재이다. 미국의 경우, 남북전쟁 이후 출생이 아닌 이민을 통해 미국인이 된 비동질적인 대중을 어떻게 동화시킬 것인가가 가장 중요한 정치적 문제로 대두했고, 이에 따라 다양한 기념일이 제정되었다. 7월 4일 혁명과 건국의 아버지들 기념일이나 WASP(앵글로색슨계 미국 신교도를 말함)의 전통 추수감사절, 그리고 콜럼버스의 날 등이 대표적이다. 이밖에도 많은 동서양의 나라들에서 국가적 정체성과 민족적 동질성의 확대를 목표로 다양한 방식의 전통을 창조했다. 20세기 초 10년 동안 전 세계적으로 유행을 떨친 역사적 사건 기념우표 발행이 그 증거일 것이다.

이러한 현상은 노동계급에서도 여실히 나타났고, 노동운동의 상징이 적기에서 꽃으로 이미지의 전환이 일어나거나 모자가 노동자를 상징하는 의복의 하나로 인식되기도 했다. 1890년 노동절의 탄생도 전통의 창조와 무관하지 않다. 지연과 학연을 위한 동문회, 동우회, 그리고 향우회 등이 우후죽순으로 발생한 것도 집단적 기억의 형상화를 통한 정체성의 확보에서 기인한 것이라 볼 수 있다.

현대
✦
흔들리는 서양,
뒤섞이는 동서양

제국주의, 고삐 풀린 전쟁,
제1차 세계대전

    19세기 중반 유럽의 국가들은 전 지구적 팽창을 시도하게 된다. 지리상의 팽창 이후 세계사의 전면에 나섰던 서유럽 사회는 19세기 중반 이후 팽창을 한층 더 가속화했고, 이 과정에서 제국주의가 출현하였다. 제국주의 출현은 서양인들이 품었던 야망의 실현과 관련을 맺고 있으며, 새로운 시대의 전환점을 몰고 온 일대 사건이었다. 당시 유럽 국가들은 군사적 경제적 지적 문화적 우위를 바탕으로 다양한 형태의 자원을 이용해 조직적이고 체계적으로 제국주의적 팽창을 도모했다. 19세기 말 세계의 4분의 1 이상이 유럽 국가들의 직간접적 식민지가 되었다는 사실은 그 팽창의 규모를 짐작케 해준다. 팽창의 규모가 커지고, 식민지 건설에 대한 욕구가 커질수록 유럽 국가들 사이의 대립과 갈등은 증폭될 수밖에 없었고, 이것은 결국 제1차 세계대전으로 비화되었다. 유럽의 제국주의적 팽창 과정에서 촉발되었던 제1차 세계대전은 유럽 중심주의가 깨지고 미국을 중심으로 하는 새로운 형태와 내용을 갖는 서양 문명이 탄생하는 이정표가 되었고, 경제적 차원에서도 자본주의적 체계 속에 세계가 하나로 묶이게 되는 계기를 이루었으며, 정신적으로도 오래된 담론들을 변형하거나 해체시키는 결과를 가져왔다.

제국주의란 무엇일까?

우리가 일반적으로 사용하고 있는 제국주의란 말은 단편적으로 정의 내리기가 쉬운 용어는 아니다. 가난한 마을에 나타난 어느 부자의 이야기를 통해 제국주의가 갖는 일반적인 특성에 대해 알아보자. 지지리도 못사는 어떤 가난한 마을에 어느 날 나타난 어떤 부자가 가난한 마을 주민들에게 하얀 쌀밥과 소고기 등 일용할 양식을 아무런 조건 없이 나누어준다. 자비로운 선행으로 비춰질 수 있는 대목이다. 허기진 일상에 익숙해 있던 가난한 마을 주민들에게 하얀 쌀밥과 소고기는 오히려 해가 되어, 배탈과 설사를 동반한 소화 장애가 나타난다. 자신이 나눠준 쌀밥과 고기를 먹은 주민들이 소화장애를 일으키자 그 부자는 약상자를 들고 나타난다. 한 번 더 좋은 일을 하려고 하는 것일까? 절대로 아니다. 세상에 공짜는 없는 법이다. 그 부자의 말은 이렇다. "제가 쌀과 고기는 공짜로 제공했지만, 이 약만큼은 여러분들이 돈을 주고 사 먹어야 합니다." 벼룩도 낯짝이 있다고 했거늘, 주민들 입장에서 지금까지 일용할 양식을 주어서 고맙다고 느끼고 있던 터에 그 부자에게 약값을 지불하지 않을 수야 없지 않겠는가. 설령 그 약값 속에 자신들이 먹은 쌀값과 고기값이 포함되어 있다는 것을 안다고 해도 그것을 거부할 도리는 없을 것이다. 이 경우 주민들은 그야말로 울며 겨자 먹기로 그 약을 사 먹을 수밖에 없다. 부자의 모습은 제국주의 국가와 닮아 있고, 가난

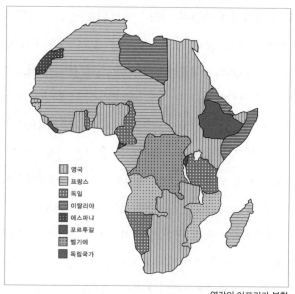

열강의 아프리카 분할

한 마을의 주민들은 식민지인들의 모습과 흡사하다. 이 이야기에서 알수 있는 제국주의의 일반적 특성은 바로 명분과 실리이다. 부자, 즉 제국주의 국가가 보여준 선행은 바로 명분이다. 주민들이 사지 않을 수 없는 그 약은 식민지에 대한 일종의 경제적 약탈이며 제국주의 국가의 실리이다. 제국주의 국가들은 나름대로의 명분을 들먹이며 실리를 동시에 챙긴다. 이뿐만이 아니다. 제국주의 국가는 식민지인들에게 정신, 문화, 제도, 기구 등 모든 것을 강요한다. 물론 처음에는 주민들이 분노하여 반발도 하고 저항도 해보지만, 제국주의 국가의 다양한 회유와 압박에 당해낼 재간은 없다. 이제 제국주의 국가와 식민지는 지배와 종속의 관계를 맺는 일만 남았다. 다소 단순화된 논리일 수도 있겠지만, 명분과 실리, 이것이야말로 제국주의의 가장 일반적인 특성이라 할 수 있다.

지금 우리가 사용하고 있는 제국주의란 말은 원래 로마공화정 말기와 로마제정 초기에 로마법의 권위가 통용되는 공간적 영역을 의미하는 말(Imperium 임페리움)에서 유래했다. 프랑스에서는 1840년대에 나폴레옹 제국의 영광을 되살리려는 의도에서 이 용어를 새로운 개념으로 사용하기 시작했고, 1870년대에 이르면 제국주의란 용어는 일반적인 용어로 자리매김하게 된다. 그러다가 1900년대에 이르러 제국주의란 용어는 당시의 시대적 조류를 표현하는 용어로 사용되게 되었다. 이 때문인지 통상 서양 역사에서 1870년대부터 제1차 세계대전까지를 제국주의 시대로 부르고 있다. 사전적인 의미에서 제국주의를 구체화시켜본다면, 제국주의란 어떤 국가가 정치, 경제, 군사적인 지배를 다른 지역에 확장시키는 것을 의미하거나 원료확보나 상품수출, 잉여자본의 해외투자를 위한 후진지역으로의 진출과 이권획득이 가능한 해외식민지 종속지역을 획득하여 세계적인 통합을 도모하는 것을 의미한다. 앞서 본 이야기는 두 가지 모두에 해당한다. 만일 제국주의를 한 국가가 정치, 경제, 군사적인 지배를 다른 지역에 확장시키는 것으로 파악한다면 제국주의는 지역이나 시기를 넘어서는 초역사적인 개념으로 이해할수도 있다. 하지만 보통 제국주의라고 하면 1870년대 독일과 이탈리아가 통일을 이룬 뒤 후발자본주의 국가군 대열에 합류하면서 시작되는 유럽 국가들 사이의 긴장과 대립을 그 출발점으로 삼는 것이 일반적이다. 1840년대부터 시작된 이른바 제2차 산업혁명 이후 대부분의 유럽 국가들은 개별 국가의 상황에 따라 서로 다른 모습의 자본주의적 발전을 시도했다. 유럽 국가들은 저마다 자국의 자본주의적 발전의 토대를 강화하기 위해 후진지역을 보호국이나 자국의 세력범위로 흡수함으로써 값싼 노동력을 유입하거나 본국에서 남아도는 자본을 수출하기도하고, 식민지 경영을 구사하는 등 일련의 제국주의적 행보를 강화하기 시작했다.

제국주의의 출현

　독일과 이탈리아의 통일은 1870년대 들어 유럽 국가들이 제국주의적 팽창을 본격화하는 신호탄이었다. 유럽은 대항해 시대 이후 꾸준한 상업적 발전을 추진해왔고, 이 과정에서 영국은 산업혁명에 성공하여 세계의 공장이 되었으며, 프랑스에서는 시민혁명을 통해 오래된 봉건체제를 해체하고 새로운 사회체제인 자본제가 자리를 잡았다. 영국과 프랑스 이외의 유럽 국가들도 저마다의 사정에 맞는 자본주의적 발전을 앞다투어 진행했고, 1870년대 이르면 유럽 시장은 포화상태에 다다르게 되었다. 이런 상황에서 영국으로부터 독립한 미국이 꾸준한 자본주의적 발전을 통해 시장을 둘러싼 유럽 국가들 사이의 경쟁에 끼어들자, 유럽 국가들은 경제적 민족주의를 앞세우며 자국의 이익을 극대화하려는 노력을 강화하게 되었다. 여기에 이탈리아와 독일이 통일된 국민국가를 수립하여 새로운 경쟁자로 등장하게 되자, 오랫동안 유럽을 지탱해오던 세력 균형이 깨지기 시작했고, 이것은 제국주의적 경쟁과 세계적 영토분할을 가속화시켰다. 당시 유럽에는 다양한 교통수단의 발달과 통신수단의 증대가 이루어진 상태였기 때문에 유럽 국가들의 세계적 팽창은 더더욱 탄력을 받을 수 있었다.
　독일과 이탈리아의 통일 이후 깨어지기 시작한 유럽의 세력균형이 산업화가 가져온 서유럽 국가들 내부의 정치사회적 모순들과 결합하면서 심각한 문제들을 양산해냈다. 자본주의적 발전의 초기에는 전혀 예상하지 못했던 장기적인 경기침체 상황, 즉 이른바 '대불황'(1873~1896)이라는 초유의 사태가 벌어진 것이다. 당시 자본가들은 무정부적인 대량생산이 불러온 시장경쟁의 심화와 임금의 증가, 그리고 자본회전의 정체로 인한 지속적인 이윤의 감소라는 위기에 직면하고 있었다. 새로운 돌파구를 찾는 것이 유럽 국가들로서는 가장 시급한 문제였고, 바로 이 점이 해외에 대한 적극적인 관심과 팽창으로 이어지게 되었던 것이다. 또한 자본주의적 발전의 과정에서 나타난 또 다른 문제들, 이를테면 독점기업의 횡포와 이에 맞선 급진세력의 등장도 유럽 국가들로서는 골칫거리였다. 결국 유럽 국가들은 자본주의적 발전의 구조적 문제들과 세력들 사이의 갈등 등 여러 문제들을 해결할 목적으로 이전보다 적극적인 해외시장 개척에 눈을 돌렸던 것이다. 이제 세계는 점점 선진자본주의 국가군과 후발자본주의 국가군 사이의 대립 양상이 격화되는 격전장으로 변모해가기 시작했다.

고삐 풀린 전쟁을 향해

우여곡절 끝에 통일에 성공한 독일과 이탈리아는 산업화와 동시에 군비확장에 열을 올리면서 식민지 경쟁에서 뒤처진 자신들의 위치를 타개하려고 갖은 노력을 다했다. 특히 독일의 저돌적인 군비확장은 유럽 국가들 사이의 대립을 폭발시키는 주요한 원인으로 작용했다. 1888년 빌헬름 1세에 이어 등장한 빌헬름 2세는 신생 통일제국 독일의 안정적인 세력 확대를 꾀했던 비스마르크의 현상유지 차원의 균형정책에 불만이 많았다. 빌헬름 2세는 황제에 즉위하자 비스마르크를 실각시키고, 이전보다 적극적인 제국주의적 팽창 전략을 구사하여 다른 나라들을 자극하기 시작했다. 비스마르크 시절 1873년 삼제동맹(오스트리아, 러시아, 독일)과 1882년 삼국동맹(오스트리아, 이탈리아, 독일)을 맺어 프랑스를 격리시킴으로써 후발자본주의 국가로서의 입지를 굳히려고 했던 독일은 빌헬름 2세의 친정체제 이후 터키(오스만 제국)를 새로운 동반자로 맞이하여 자국의 이익을 도모하고자 했다. 터키는 오랫동안 서유럽 세계에 대해 반발해왔던 터였다. 그런 터키가 독일과 손을 잡게 되자 유럽의 대외관계는 매우 복잡한 상황으로 치닫기 시작했다. 유럽은 협상과 동맹으로 그야말로 얽히고설키는 복마전의 무대가 되어갔다. 당시 독일이 터키와 동맹을 맺은 것은 발칸반도와 중동지역에 교두보를 확보하려는 야심이 있었기 때문이었다. 이미 영국은 이집트, 페르시아, 아프가니스탄 등지로 진출을 도모했으며, 프랑스는 모로코, 러시아는 범슬라브주의를 제창하며 발칸반도로의 진출을 각각 시도하면서 서로가 서로를 견제하고 있던 상황이었다. 결국 프랑스와 러시아의 재정적 결속, 독일의 경제성장에 자극받은 영국의 고립정책 탈피, 트리폴리에 대한 지배권을 확보하려는 이탈리아의 독일과의 단절, 그리고 중동 진출의 교두보 확보를 위한 독일과 터키의 결속 등 유럽 국가들 사이의 대외관계는 급격히 변화할 수밖에 없었다. 이른바 독일의 3B정책(베를린-비잔티움-바그다드)과 영국의 3C정책(카이로-케이프식민지-캘커타)이 당시 변화된 유럽 국가들 사이의 대외관계를 상징적으로 보여준다. 이후 유럽은 자국의 이해관계에 따라 동맹과 협상 그리고 견제를 반복하는 치열한 제국주의적 경쟁의 용광로로 빠져들어갔다.

독일의 저돌적인 군비확장은 유럽의 새로운 대외관계를 가져왔고, 여기에 독일이 이룩한 급속한 경제적 성장은 유럽 국가들 사이의 제국주의적 경쟁을 격화시키는 또 하나의 요인으로 작용했다. 독일은 통일 직후부터 급속한 산업적 확대를 꾀했고, 19세기 말에 이르러 철강, 화학, 해운분야에서 영국과 맞설 수 있는 위치에 올라서게 되었고, 이것은 시장을 둘러싼 영국과의 피할 수 없는 한판 승부를 예고하는 상황을 만들었다. 또한 독일이 자국의 산업 성장에 절대적인 요소였던 석탄과 철강의 대규모 공급지인 알자스-로렌 지방을 병합한 것은 프랑스에게는 치명적인 것이었다. 독일은 러시아를 사극하기도 했는데, 독일이 상업적 교두보를 확보하기 위해 터키에 접근한 것은 범슬라브주의를 제창하며 발칸으로의 진출을 꾀하던 러시아에게는 매우 위협적인 것이었다. 독일이 자국의 산업적 발전을 도모하기 위해 벌인 일련의 행동들은 자연스럽게 영국, 프랑스, 그리고 러시아(3국협상)를 하나로 묶어주는 계기가 되었고, 세 나라의 연합은 당시 발칸지역에서 대두하고 있던 민족주의 문제와 결부됨으로써 유럽 국가들은 더더욱 치열한 협상과 동맹 그리고 대립의 장으로 내몰리게 되었다. 러시아의 범슬라브주의에 편승한 세르비아는 보스니아와 헤르체코비나를 합병했고, 이에 오스트리아가 반발하면서 유럽 국가들의 상황은 새로운 국면으로 전환하기 시작했다. 세르비아가 러시아의 범슬라브주의에 가담하고, 오스트리아가 독일과 연합하고 여기에 터키가 결합하게 되면서 발칸지역은 범슬라브주의와 범게르만주의가 대립하는 양상을 보이게 되었다.

이런 상황에서 철광석을 차지하려는 프랑스의 이해관계 때문에 촉발된 이른바 모로코 위기(1880년 마드리드 회의에서 유럽 국가들이 모로코의 자원을 공유하기로 합의한 것에 대해 프랑스가 반발하면서 시작된 모로코 위기는 1911년까지 세 차례에 걸쳐 프랑스를 중심으로 전개되었다), 보스니아와 알바니아 문제 등으로 인한 발칸지역의 위기 등 일련의 외교적 위기는 끝내 사라예보의 총성으로 이어졌다. 결국 이것은 세르비아에 대한 오스트리아의 선전포고를 시작으로 러시아의 대독일 선전포고, 영국의 대독일 선전포고 등으로 발전해갔다. 여기에 미국, 일본 등이 가담하면서 이제 전쟁은 유럽의 전쟁이 아니라 세계의 전쟁으로 치닫기 시작했다. 19세기 내내 진행된 유럽의 모든 발전이 한순간에 파국을 맞이하게 된 것이다. 이렇게 시작된 제1차 세계대전은 전 세계를 전쟁의 소용돌이 속에 밀어 넣었고, 미국의 참전과 독일의 패배로 귀결되면서 유럽 세력의 쇠퇴와 미국의 부상이라는 결과를 가져왔다.

유럽 국가들의 다양한 이해관계가 충돌하면서 시작된 제1차 세계대전은 제국주의적 경쟁의 당연한 귀결이었다. 이유가 어찌되었든 산업화와 동시에 추진된 유럽 국가들의 군비확장은 엄청난 병력을 동원하면서 전 유럽을 전쟁의 도가니 속으로 몰아넣었고, 이 과정에서 식민지 지역의 많은 사람들이 병력으로 차출되어 전쟁은 제국주의 국가와 식민지 모두가 참여하는 세계전쟁으로서의 모습을 띠게 되었다. 세계가 전쟁이라는 비극적인 현상을 통해 연결되어갔던 것이다. 뿐만 아니라 19세기 중엽 이후 전개된 기술상의 혁신과 생산성 향상, 상업적 팽창 등이 제1차 세계대전을 통해 폭발하면서 이제 전 세계는 하나의 체제, 즉 자본주의적인 세계체제로서의 면모를 갖추기 시작했다. 이후 세계는 유럽중심구조가 붕괴되고 대서양 건너편의 미국이 서구 문명의 중심세력으로 부상하면서 국제관계의 틀이 바뀌어졌고, 정치적인 관계의 변동은 경제적 차원의 세계체제의 등장과 맞물리면서 이전과는 명백히 다른 작동체계를 갖춘 또 다른 체제를 만들어갔다. 제국주의와 그로 인한 제1차 세계대전이 몰고 온 세계의 변화는 오늘날에도 여전히 국제관계에 뚜렷이 잔존하고 있고, 제국주의적 팽창을 통해 섞여진 다양한 인

종들의 세계적 확산은 다문화주의와 함께 지구화 또는 세계화 담론을
만들어내는 주요한 기제로 작용했다고 볼 수 있을 것이다.

참고한 책, 더 읽어볼 거리

권오신, 『미국의 제국주의 : 필리핀인들의 시련과 저항』, 문학과 지성사, 2000.
민석홍, 『서양사개론』, 삼영사, 2003.
박지향, 『제국주의 : 신화와 현실』, 서울대학교 출판부, 2000.
에릭 홉스봄, 김동택 옮김, 『제국의 시대』, 한길사, 2001.
프레데리크 들류슈, 윤승준 옮김, 『새 유럽의 역사』, 까치, 1995.

축구의 오래된 전설, 프리미어리그

우리에게는 박지성으로 대표되는 세계에서 가장 인기 있는 프로리그이자, 가장 오랜 역사를 자랑하는 리그가 바로 프리미어리그다. 영국은 우리가 잘 알다시피 축구의 모든 것을 만들어낸 나라다. 19세기 말에 이르러 근대적 축구의 규칙이 만들어진 이후 축구는 잉글랜드의 문화와 전통을 전 세계에 알리는 선교사로서의 역할을 수행했다. 축구가 막대한 이익을 남기는 스포츠 사업으로 성장하게 만든 이들도 영국인이었다. 우스갯소리로 미국과 절친하거나 직간접적 영향을 받은 나라들은 주로 야구를 하는 반면, 영국의 식민지였거나 유럽적 영향을 받은 나라들은 대부분 축구를 한다. 믿거나 말거나이지만 나름대로 신빙성이 있다. 그런 면에서 우리나라는 야구와 축구를 동시에 즐기는 세계에서 몇 안 되는 나라 가운데 하나다.

영국의 프리미어리그는 1863년 잉글랜드축구협회가 창설되면서 기본 틀이 마련되었다. 최초의 잉글랜드축구리그는 우리가 보통 FA컵이라 부르는 1871년의 "The Football Association Challenge Cup"에서 시작되었다. 원래 이 대회는 잉글랜드 남부의 사립학교 클럽이나 신사 클럽이 참가하는 대회였지만, 이후 대중적인 여세를 몰아 북부로 전파되어갔고, 이것이 발전하여 1888년 세계 최초의 프로리그인 잉글랜드리그가 출범하였다. 리그의 출범 초기 주로 북부와 중부의 팀들(프레스톤 NE, 블랙번 로버스, 아크링턴, 볼튼 원더러스, 에버튼, 번리 등)이 리그를 주도했고, 반면 남부의 클럽들은 리그 창설 이후 단 16차례만 우승을 거두었을 뿐이며, 그것도 아스날 혼자 11번을 우승했다. 이렇듯 잉글랜드에서는 축구의 남북격차가 존재한다.

원래 프리미어리그라는 명칭은 스코틀랜드에서 사용하던 것이었다. 그러던 것이 축구의 중흥을 꾀하며 1992년 새로운 리그가 잉글랜드에서 출범하면서 프리미어리그라는 명칭을 사용하기 시작했다. 프리미어리그는 20개 클럽이 8월 중순 시작해 이듬해 5월 중순까지 겨울 휴식기 없이 리그를 진행한다. 프리미어리그의 하위 3개 팀은 2부 리그로 강등되고, 2부 리그의 상위 두 개 팀과 플레이오프 승자는 자동으로 프리미어리그로 승격된다. 프리미어리그는 1, 2, 3, 4부를 운영하고 있으며, 4부 리그 이하의 승격은 세미프로리그인 컨퍼런스 챔피언이 되어야 자격이 주어진다. 물론 컨퍼런스 우승팀이라고 하더라고 리그 규정에 준하는 경기상 등 제반 시설을 갖추어야만 승격이 이루어진다.

 스코틀랜드와 벌인 세계 최초의 A 매치 이후 잉글랜드는 축구의 종가라는 이름에 걸맞지 않은 행보를 보여왔다. 처음 참가한 브라질 월드컵에서 잉글랜드는 예선 탈락을 했고, 이후로도 잉글랜드는 '상상속의 강자'로서만 인식될 뿐 별반 걸출한 성과는 얻지 못했다. 물론 1966년 안방에서 열린 월드컵에서 우승하며 축구 종주국으로서의 체면을 살렸지만, 지금까지도 명성에 걸맞은 성적은 얻지 못하고 있다.

러시아혁명,
세계 최초의 사회주의 체제를 낳다

19세기 중반 러시아에서는 뒤늦게나마 농노해방령이 내려져 농민들이 인신예속상태에서 벗어나고 토지를 분배받았다. 하지만 많은 농민들이 자급자족하기에는 턱없이 부족한 토지를 분배받았고 그 대가로 지불해야 하는 토지상환금은 너무 높았기 때문에 극심한 빈곤에 시달려야 했다. 그래서 전국민의 80퍼센트를 차지하는 대다수의 농민들은 옛 지주로부터 또다시 토지를 빌려 경작하는 대신 높은 소작료를 내거나 지주의 토지를 경작하는 등 반봉건적 관계에 묶이게 되었다. 한편 1880년대 이래 국가 주도로 본격적인 산업화가 전개되어 몇몇 대도시와 공업중심지에서 부르주아지가 대두하고 자유주의가 발전하였다. 또한 공장노동자가 증가하여 노동운동이 전개되고 마르크스주의를 비롯한 사회주의사상도 퍼지게 되었다. 그러나 차르의 전제정치는 러시아 사회의 개혁보다는 체제에 안주하면서 산업화를 위해 농촌과 농민을 희생시키고 자유주의와 혁명운동에 대해 철저한 탄압으로 일관하였다. 이리하여 체제에 대한 국민의 불만은 점점 더 높아져만 갔다.

'피의 일요일', 혁명의 서막이 오르다

1905년 1월 9일, 러시아제국의 수도인 상트페테르부르크에 20만 명이 넘는 노동자와 그들의 가족들이 모여들었다. 한 해 전부터 러시아는 만주와 조선의 지배권을 둘러싸고 일본과 전쟁을 벌이다가 계속해서 패배하는 바람에 경제적으로 심각한 어려움을 겪고 있었다. 굶주린 군중들은 '빵과 평화'를 외치며 차르인 니콜라이 2세에게 자비를 구하려고 궁전으로 행진하였다. 그러나 궁전 수비대의 무자비한 총탄 세례가 그들을 맞았다. 여성과 어린이들을 포함한 수천 명의 시체와 붉은 피가 광장을 뒤덮어 그날은 말 그대로 '피의 일요일'이었다. 이 사건은 1차 러시아혁명이라고도 불리는 1905년 혁명의 불꽃을 점화한 것이었다.

학살 소식이 순식간에 전국으로 퍼졌고, 이제 러시아 민중은 '자비로운 아버지 차르'의 환상에서 깨어났다. 곳곳에서 차르를 타도하자는 함성이 터져 나왔다. 1월 중에만 40만 명이 넘는 노동자들이 파업을 단행했고, 6월에는 전함 포템킨 호에서 해군들이 봉기를 일으켰다. 또한 10월에는 모스크바의 인쇄공들로부터 시작하여 노동자들이 주요 도시를 중심으로 전국적인 총파업을 벌였다. 농민들도 여름을 지나면서 지주의 집을 습격하고 토지를 점거하는 등 현저하게 급진적으로 변해갔다. 이러한 과정에서 러시아 민중들은 자신들의 요구와 활동을 조직적으로 전개하기 위해 자체 대표기관들을 만들어냈다. 1905년 10월부터 노동자들은 상트페테르부르크를 필두로 각 지역에 노동자대표 소비에트(평의회)를 결성하기 시작했고, 농민들도 전 러시아 농민동맹을 조직해냈다. 자유주의자들도 민중들의 급진화에 압력을 받아 체제에 대해 보다 비판을 강화해나갔다.

이처럼 사회의 대다수 계층이 체제에 반대하는 사태에 직면하여 위기를 느낀 차르는 10월 17일, 헌법과 시민적 자유를 보장하고 두마(의회)에 입법권을 부여하겠다며 이른바 '10월 선언'을 발표함으로써 가까스로 위기를 모면했다. 그러나 이러한 개혁 다짐은 혁명의 열기를 꺾고 체제 유지의 방책을 마련하는 데 필요한 여지를 얻기 위한 것이었다. 2차 두마에서 사회주의세력이 대거 의회에 진출하자, 수상 스톨리핀은 1907년 6월 두마를 전격 해산하고 일부 사회주의 의원들을 시베리아로 추방했다. 이어서 그는 선거법을 고쳐 노동자나 농민, 그리고 비러시아 민족이 선거에 참여하는 것을 제약하고, 정부에 순종하는 유산계급 출신이 두마 의석의 대다수를 차지하게 만들었다. 결국 개혁의 성과는 무위로 돌아가고, 혁명세력의 체포와 유형이 줄을 잇는 가운데 혁명운동은 침체되어갔다. 게다가 스톨리핀이 추진한 일련의 농업개혁이 농민 결속의 기반인 촌락공동체를 해체하여 농민의 토지부족과 빈곤을 심화시킨 반면, 지주와 부농의 이익을 보호하는 것으로 드러났다. 1911년 말에 오면 기아선상에 놓인 사람들이 2,500만 명이나 되었고, 농촌사회의 계급 갈등은 더욱 깊어만 갔다. 이러한 때에 제1차 세계대전이 터졌다.

타오르는 혁명의 불길

1914년 제1차 세계대전이 일어나자 차르 치하의 러시아도 연합국의 일원으로 전쟁에 뛰어들었다. 그동안 러시아의 체제유지를 위한 차관을 제공해오던 프랑스가 독일의 팽창을 저지할 것을 강력히 요구하는데다가 발칸반도를 차지하고 내부의 혁명 열기를 잠재우기 위해서였다. 하지만 차르 정부의 기대와 달리 러시아군은 패전을 거듭하였다. 병사들은 보급품도 제대로 지급받지 못한 채 전쟁의 총알받이로 수없이 죽어갔다. 1917년까지 러시아군에는 1천만 명에 가까운 사상자와 전쟁포로가 생겼다. 또한 전쟁에 모든 것을 쏟아붓다 보니 국내에는 식량과 물자가 턱없이 부족하였다. 굶주림에 시달린 사람들이 빵 가게와 식료품 가게를 습격하는 일이 잦아졌고, 노동자들의 파업과 시위도 계속되었다. 이에 사회주의자들의 반전·반정부 선전은 대중들에게 그 어느 때보다 큰 호응을 얻었다.

마침내 1917년 2월 러시아 민중들은 "빵을 달라! 전쟁을 중지하라! 차르를 타도하자!"라는 구호를 외치며 수도 한복판을 누비고 다녔다. 이 과정에서 노동자, 농민, 병사들은 1905년 혁명 당시의 경험을 살려 자신들의 대표기관인 소비에트를 수립하였다. 진압군을 싣고 올 기차는 노동자들의 파업으로 발이 묶였고, 거듭되는 패전에 지친 병사들까지 혁명세력으로 합류했다. 불과 한 달 만에 시위는 혁명으로 발전했다. 이것이 1917년 2월혁명이다. 결국 3월 초 니콜라이 2세가 퇴위함에 따라 제정이 무너지고, 입헌군주정의 지지자인 보수적 자유주의자들이 주류를 이룬 러시아공화국 임시정부가 수립되었다. 이제 러시아는 부르주아적 임시정부와 프롤레타리아적 소비에트가 공존하는 이른바 '이중권력' 상황을 맞게 되었다.

임시정부는 '빵과 평화, 토지와 자유'에 대한 민중들의 염원을 외면하고, 전쟁의 계속 수행을 가장 우선적으로 추구하였다. 대중의 광범한 지지를 얻고 있던 소비에트는 무병합·무배상·민족자결 원칙에 입각한 조기 전면강화를 주장했지만, 독일의 공격과 반혁명세력에 의한 내전의 위험을 계속 받고 있는 러시아를 방어해야 한다는 생각에서 이른바

'혁명적 방위주의'라는 모호한 태도를 취하고 있었다. 소비에트 역시 전쟁문제에 관심이 쏠려 대중의 절박한 문제들을 처리하지 못한 채 사실상 혁명을 주도해나가지 못하고 있던 것이다. 이러한 어정쩡한 상태에 결정적 변화를 가져온 것이 볼셰비키의 지도자인 레닌이었다. 1차 세계대전이 발발하자 그는 전쟁 반대를 강력히 표명하면서 제국주의전쟁을 혁명으로 전화시킬 것을 역설했다. 1917년 4월 3일, 레닌은 망명지인 스위스로부터 러시아로 귀국하여 임시정부를 맹렬히 비난하였다. 그는 소비에트가 모든 권력을 가질 것, 전쟁을 즉각 중단할 것, 지주 토지의 몰수와 모든 토지의 국유화, 은행의 국유화 등을 골자로 하는 이른바 '4월 테제'를 발표했다.

임시정부에 크게 실망하고 있던 노동자와 병사들은 레닌의 주장을 적극적으로 지지하였다. 또한 농민들도 토지를 약속하는 볼셰비키에게 점점 더 큰 관심과 지지를 보내기 시작하였다. 7월에는 모든 권력을 소비에트로 넘길 것을 요구하는 대중들의 봉기가 일어나고, 9월 이후에는 농업문제 해결을 촉구하는 농민봉기가 격화되었다. 게다가 10월 초에는 페테르그라드 소비에트가 군사혁명위원회를 조직하여 군부의 음모에 대처하였는데, 병사소비에트의 90퍼센트가 볼셰비키를 지지하였다. 드디어 레닌의 지도 아래 10월 24일 저녁부터 무장봉기대가 주요 기관들을 접수하기 시작하면서 '10월 혁명'의 불길이 타올랐고, 26일 군사작전이 완료되면서 임시정부는 무너졌다. 새롭게 수립된 혁명정부는 '평화에 관한 포고령', '토지에 관한 포고령', 그리고 '노동자 통제에 관한 규정'을 발표하여 전쟁 중지, 토지 사유의 폐지, 노동자들에 의한 산업 통제를 선언하였다. 또한 8시간 노동법, 신분제 철폐에 관한 법, 러시아 제민족의 권리에 관한 법, 국가와 교회의 분리, 교회법이 아닌 민법에 따른 결혼에 관한 법 등을 공표해 봉건적 잔재들을 일소하고 시민적 권리들을 보장하는 개혁조치들을 추진하였다. 이리하여 '노동자 · 농민의 정부'를 내세운 최초의 사회주의국가가 지구상에 탄생하였다.

혁명이 성공한 이후

혁명이 성공한 이듬해 3월 레닌은 볼셰비키당을 러시아공산당으로 바꾸고, 수도를 모스크바로 옮겼으며, 새 헌법을 제정했다. 이와 함께 그가 약속했던 대로 독일과 평화협상을 벌여 단독강화조약을 체결했다 (브레스트리토프스크조약). 강화의 대가는 참담한 것이었다. 러시아는 독일에게 핀란드와 발트해 연안, 우크라이나를 내줘야 했다. 그 결과 러시아는 인구의 3분의 1, 철생산의 80퍼센트, 석탄생산의 90퍼센트를 상실하였다. 그러나 그러한 출혈은 새로 탄생한 사회주의 정권이 안정을 찾기 위해 반드시 필요한 것이기도 했다. 그런데 러시아가 전선에서 발을 뺀 지 몇 개월 만에 1차 대전이 끝나버렸다.

이제 소비에트 혁명정부는 혁명보다 더 험난한 가시밭길을 헤쳐나가야 했다. 연합국측은 독일과 단독강화를 맺은 러시아를 배신자로 규정하고 응징에 나섰다. 게다가 서유럽 자본주의 정부들이 혐오하는 사회주의 정권이 러시아에 들어섰기에 연합국들은 더욱 분노했다. 사회주의혁명이 세계로 번지는 것을 두려워한 연합국 측은 직접 군대를 파견하였고, 이에 힘입어 귀족과 지주, 자본가들이 반혁명군을 만들어 소비에트정부에 격렬히 저항하고 나섰다. 러시아 각지에서 반혁명군에 맞서 노동자, 농민, 병사들이 혁명과 토지를 지키기 위해 무기를 들고 일어나 치열한 격전이 벌어졌다. 2년여에 걸친 내전을 통해 혁명정부는 반혁명세력을 물리칠 수 있었다.

　　제1차 세계대전과 잇따른 내전으로 산업시설은 폐허가 되었고, 농토는 피폐해졌으며, 외국과의 교역도 끊어졌다. 또한 내전 과정에서 많은 도시노동자들이 죽거나 다쳐 혁명정부의 주요 지지세력이 크게 감소했고, 농촌경제의 피폐와 농산물의 강제징발에 대한 농민들의 불만도 크게 증대되었다. 이러한 어려움을 극복하기 위해 혁명정부는 시장경제를 일부 인정하는 신경제정책(NEP)을 실시하였다. 한편 1919년 레닌은 각 나라 사회주의자들의 연대와 혁명의 세계화를 기치로 '코민테른(공산주의자 인터내셔널)'을 건설하였다. 코민테른은 제국주의에 반대하는 노동운동과 식민지 민족해방운동을 지원하여 사회주의가 전 세계로 확산되는 데 큰 영향을 끼쳤다. 그리고 1922년 12월 30일, 소비에트사회주의공화국연방(소련)이 성립하였다.

참고한 책, 더 읽어볼 거리

김경묵 엮음, 『이야기 러시아사』, 청아출판사, 2004.
김학준, 『러시아혁명사』, 문학과지성사, 1999.
배영수, 『서양사강의』, 한울아카데미, 2000.
이재광, 김진희, 『영화로 쓰는 20세기 세계경제사』, 세상의 창, 1999.
존 리드, 서찬석 옮김, 『세계를 뒤흔든 열흘』, 책갈피, 2005
존 M. 톰슨, 김남섭 옮김, 『20세기 러시아 현대사』, 사회평론, 2004.

러시아의 몰락과 괴승 라스푸틴의 죽음

러시아제국의 마지막 황후 알렉산드라는 황제 니콜라이 2세 뒤에서 절대 권력의 영향력을 행사했던 것으로 유명하다. 그런데 그녀가 낳은 황태자 알렉세이가 당시 불치병이었던 혈우병을 앓고 있었다. 한 번 피가 나기 시작하면 어간해서 멈출 수 없는 병이다. 그녀는 명의들이며 초능력자며 물불 가리지 않고 만나보았으나, 황태자의 병세는 나을 기미를 보이지 않았고 여러 차례 위독한 상태에 빠지기도 했다.

황후가 고통과 절망의 나날을 보내고 있을 때 괴승 라스푸틴이 나타났다. 황후는 라스푸틴이 기적적인 치료능력을 가졌다는 소문을 듣고 그를 불러들였다. 신기하게도 그는 흐르던 피를 멈추게 하고 고통을 줄여주기도 했다. 그야말로 황후에게는 이보다 더 기쁜 일은 없었다. 황후는 그의 신비한 능력에 홀딱 빠져버려 라스푸틴을 신이 보내준 사람이라고 믿고 의지했다. 황제도 황후의 마음을 따랐다. 하지만 궁정 밖에서는 라스푸틴을 둘러싸고 온갖 좋지 않은 소문들이 무성했다. 술로 인한 실수와 추문, 엽색행각 등등. 황후와 황녀들이 그의 정부라는 말도 흘러 나왔다. 거기에다 황실의 신뢰를 바탕으로 온갖 권력을 남용하여 주요 인사가 그의 손에 있다는 얘기까지 떠돌았다.

세계전쟁이 터지고 민중들이 당장이라도 들고일어나 황실을 엎어놓을지도 모르는 상태인데, 기괴하게 생긴 시베리아 사기꾼이 황제와 황후의 총기를 흐려놓는 것을 보고 러시아 귀족들은 분통을 터뜨렸다. 일부 귀족들이 황제에게 간언도 해보았지만 통하지 않았다. 그러자 황제의 조카사위이자 이리나 공주의 남편인 유스포프 공작이 중심이 되어 몇몇 귀족들이 그를 살해하기로 결심했다. 1916년 12월 29일을 거사일로 잡았다. 암살 계획은 간단했다. 라스푸틴을 초대해서 독이 든 음식을 먹인 뒤 2층에서 대기 중이던 일행과 함께 시체를 치운다. 문제는 조심성 많은 라스푸틴이 의심 없이 초대에 응하도록 하는 것이었다. 그래서 그들은 라스푸틴이 이리나 공주의 미모에 반한 것을 이용해서 공주가 그를 초대하는 것으로 일을 꾸몄다. 라스푸틴은 공주의 초대에 기쁨의 탄성을 지르며 흔쾌히 응낙하고 말았다.

라스푸틴

　그런데 암살 과정이 기막히다. 라스푸틴은 만찬에 참석하여 치명적인 독이 섞인 음식까지 남김없이 먹어치웠다. 그래서 암살자들은 이제 시체 치울 일만 남았다고 생각했다. 그런데 이게 웬일인가. 그가 치명적인 독을 먹었음에도 끄떡하지 않고 두 시간도 넘게 술과 노래를 즐기고 있는 것이 아닌가. 유스포프는 공포에 질려 더 이상 참을 수가 없었다. 그는 마침내 겁에 질린 표정으로 권총을 뽑아 들어 라스푸틴을 향해 방아쇠를 당겼다. 총을 맞은 라스푸틴은 털썩 쓰러졌다. 그러나 다시 일어나 피를 흘리며 노여운 눈빛으로 유스포프의 멱살을 잡아당겼다. 놀란 유스포프가 비명을 지르며 도망치자 라스푸틴은 그를 잡으러 뛰어갔다. 이때 암살일행인 푸리시케비치가 다시 라스푸틴을 향해 총을 쏘아 그의 어깨를 관통했다. 그는 다시 쓰러지고는 힘을 쓰지 못했다. 일행은 겁에 질린 표정으로 그를 꽁꽁 묶어 강의 얼음을 깨고 밀어 넣었다. 거사는 우여곡절 끝에 간신히 끝난 것이다.

　하지만 독을 먹고도, 총을 맞고도 살아 있던 라스푸틴이었기에 강물에 던져 넣었다고 해서 꼭 죽을 것이라는 확신이 없었다. 만일 살아난다면 모골이 송연해질 얘기다. 그는 이제 초능력을 부여받은 악의 화신으로 여겨졌다. 사흘 뒤 그의 시체가 발견되고 나서야 암살자들은 비로소 안심할 수 있었다. 그러나 황실은 슬픔으로 가득 찼다. 이제 누가 황태자의 고통을 덜어준다는 말인가. 슬픔과 분노에 빠진 황제는 철저한 검시를 지시했다. 그 결과는 다시 한 번 암살자들을 놀라게 했다. 검시팀이 발표한 최종 사인은 독살도 총살도 아닌 익사였던 것이다.

암살당하기 얼마 전에 라스푸틴은 황제에게 자신의 죽음을 감지한 듯한 예언적인 편지 한 통을 남겼다. 그 신비로운 내용은 아직까지도 '라스푸틴의 전설'로 전해진다.

"저는 내년 1월 1일 이전에 죽을 것 같습니다……만일 제가 일반 백성, 특히 나의 형제인 러시아 농민의 손에 죽게 된다면 황제께서는 옥좌에 앉아서 계속 통치할 것이며 황제의 가족들에 대해서도 두려워할 것이 아무 것도 없을 것입니다. 그러나 만일 제가 귀족들에 의해 살해된다면 그들의 손은 나의 피로 젖어 있을 것이며 25년 동안 내 피를 그들의 손에서 지우지 못할 것입니다. 그들은 러시아를 떠나게 될 것이고 형제가 형제를 죽이고 서로가 서로를 미워할 것입니다……만일 저의 죽음을 가져온 사람이 황제의 친척이라면 황제의 자녀들과 친척들은 모두 2년 이내에 죽을 것입니다."

세계대공황, 자본주의 세계의
장밋빛 미래를 강타하다

미국발 세계대공황의 신호탄 '암흑의 목요일'

제1차 세계대전이 터질 무렵, 이미 세계 최고의 공업국의 입지를 갖고 있던 미국은 전쟁 중반까지 중립을 지키면서 군수품 보급을 도맡아 톡톡히 재미를 봤다. 전쟁 기간 중 미국의 공업생산은 200~300퍼센트로 증가했고, 금 보유액도 1913년 7억 달러에서 1921년 25억 달러로 늘어났다. 전쟁에서 벌어들인 돈 때문에 미국의 1920년대는 그야말로 황금기였다. 유럽의 전후 복구에는 막대한 자금이 필요했고 미국에는 자금이 남아돌았다. 미국은 유럽 각국에 돈을 빌려주었고 일약 세계 최대의 채권국이 되었다. 미국은 연합국에 대해 무려 120억 달러에 달하는 전쟁채권을 보유하고 있었다. 또한 해마다 엄청난 무역흑자를 올려 세계 최고의 경제력을 자랑하게 었되다.

전쟁이 끝나고 1929년까지 미국의 실질 성장률이 무려 80퍼센트에 달했다. 기업들은 꾸준히 사업을 확장했고 일자리도 크게 증가했다. 한

혼란이 정점에 다다른 1929년 10월 29일

편 1920년대에는 테일러리즘과 포디즘에 기반한 생산이 확산되어 생산성이 향상됨으로써 생산량은 크게 늘어난 반면 상품가격은 떨어졌다. 1910년대 말 2천 달러 정도였던 미국 최초의 국민차 'T형 포드'는 100만 대 가량 생산되었다. 1920년대 후반 그 차의 가격은 290달러까지 떨어져 생산량이 500만 대까지 늘었다. 하지만 수요를 충족시키지 못할 정도였다. 자동차산업의 발전은 그와 유기적으로 연관되어 있던 강철·기계·유리·고무·전기·석유산업 등의 발전을 가속화했다. 기계는 쉬지 않고 움직였고, 공장에는 엄청나게 생산된 물건들이 점점 쌓여가기 시작했다. 경기가 호황을 구가하고 돈이 모이면서 사람들은 더 많은 돈을 벌기 위해 투기할 만한 곳을 찾아 부동산으로 증권 시장으로 옮겨갔다.

이런 호황에도 불구하고 노동자들의 임금은 크게 오르지 않았다. 그래서 소비는 점차 생산을 따라갈 수 없게 되었다. 자본과잉에다 생산과잉, 세계 전체가 가난해졌는데 미국만이 부자라는 것은 결국 수요의 부족을 낳을 테고 그 결과는 세계의 자본가이자 생산자인 미국으로 부메

랑처럼 되돌아올 터였다. 점차 재고가 쌓이자 기업들은 생산을 줄였고, 일자리를 잃는 사람들이 늘어났다. 그러나 문제의 폭발은 너무나도 순식간에 사람들의 예상을 압도하며 일어나고 말았다. 폭발이 일어나기 불과 몇 달 전까지 미국 대통령 후버는 빈곤과 실업이 곧 사라질 것이라고 주장할 정도였다.

1929년 10월 24일 목요일, 뉴욕의 증권거래소에서 1,600만 주가 넘는 매물이 쏟아져 나오면서 주가가 하락하기 시작했다. 사상 최악의 주가폭락 사태가 발생했다. '암흑의 목요일'로 불리게 된 이날의 주가폭락은 장밋빛 미래를 노래하던 세계를 순식간에 혼돈으로 몰아넣었다. 이날 월 스트리트에서만 11건의 자살 사건이 발생하였다. 닷새 뒤인 10월 29일에는 하루 동안 투자자들이 400억 달러에 이르는 주식을 시장에 내놓아 폭락을 부채질했다. 어제까지만 해도 백만장자였던 사람들이 호화 자동차와 값비싼 장식품을 팔겠다는 신문광고를 앞다퉈 냈고, 뉴욕의 전당포업자는 쏟아져 나오는 물건을 감당할 수 없어 점포를 더 크게 늘렸다.

주가폭락과 함께 기업과 은행이 연달아 무너졌다. 1929년부터 1933년 사이에 전체 산업의 생산이 절반 이하로 떨어졌고, 1931년에서 1932년 사이에 5천 개가 넘는 은행들이 도산했다. 이에 따라 실업이 늘어나고 소비가 줄어드는 악순환이 계속되었다. 1929년의 실업률은 3.2퍼센트로 거의 완전고용수준에 가까웠지만, 불과 5년 뒤에는 26.7퍼센트를 기록했다. 농업도 공황의 파괴력을 고스란히 받아야 했다. 예컨대 차와 밀의 가격이 3분의 2 수준으로 하락하는 등 농산물 가격이 대거 폭락했다. 대공황의 물결은 몇 개월 만에 미국 전체를 초토화시켰다. 미국의 경제 위기는 경제적으로 매우 긴밀하게 연결되어 있었던 유럽에도 급속히 전해졌다. 곧 미국의 자본가들이 독일과 오스트리아에 빌려주었던 단기 차관을 거두어들임에 따라 그곳에서도 주식거래와 신용이 위기를 맞았고, 영국과 프랑스 역시 국제적인 금융위기에 말려들었다. 이러한 경제 위기는 지구상의 거의 모든 자본주의 국가로 급속히 확산되었다. 세계대공황이 일어난 것이다.

자유방임적 자본주의에 메스를 가하다

상점과 공장에는 팔리지 않는 상품들이 산더미처럼 쌓여 있는데 거리에는 가난과 빈곤이 휩쓸고 다녔다. 일자리를 잃은 가난한 노동자, 농민, 소시민들은 날마다 일자리를 요구하며 시위를 벌였다. 정부는 공산주의자들이 시위를 조종하고 있다고 비난하면서, 경찰과 군대를 동원하여 이들의 생존권 요구를 탄압하였다. 모두가 자유롭게 자신의 이익을 추구해도 '보이지 않는 손'이 모든 일을 조화롭게 만들어줄 것이라던 경제적 자유주의의 믿음은 이제 깨져버렸다. '시장의 자유'를 절대시하는 자유방임적 자본주의가 파탄을 맞은 것이다.

1930년대 미국의 루스벨트 대통령은 자유방임적 자본주의체제에 수정을 가하여 경기회복을 꾀하려는 일련의 개혁정책을 표방하였다. 우선 기업간의 과도한 경쟁과 독점적인 기업활동을 규제하는 법률을 강화하고, 정부가 나서서 임금협상에도 관여하였다. 이와 함께 상대적 약자인 노동자가 자본가에 대해 자신의 권리를 대등하게 확보할 수 있도록 단결권과 단체교섭권을 보장해주었으며, 최저임금제도도 도입하였다. 이러한 조치들은 무분별한 생산의 과잉 현상을 막고, 구매력을 늘리기 위해 노동자의 소득을 안정시키고자 한 것이었다. 또한 국가가 댐 건설과 같은 대규모 공공사업을 벌여 일자리를 만들어나갔다. 한편 국가가 잉여 농산물을 직접 구입해주어 농산물의 가격을 안정시키고자 했다. 이러한 일련의 개혁정책이 이른바 '뉴딜New Deal'이었다. 이러한 정책을 추진하던 루스벨트 대통령은 사회주의자라는 공격에 시달리기도 했지만, 국가가 자본노동관계에 적극적으로 개입하여 사회적 타협을 이끌어내는 수정자본주의 체제는 2차 세계대전 이후 주요 자본주의 세계에 정착하게 된다.

대공황에서 제2차 세계대전으로

영국과 프랑스는 대공황에서 벗어나기 위해 국내적으로 타협적인 노사관계를 제도화하려고 노력하는 한편, 대외적으로는 관세장벽을 쌓아 자국 경제를 방어하는 보호무역주의를 취했다. 이와 함께 본국과 식민지를 하나의 블록으로 묶고, 본국에서 과잉생산된 물건을 식민지에 떠넘겼다. 여기에다 식민지 경제가 의존하던 몇몇 농산물 가격의 세계적인 폭락으로 식민지 민중들은 대공황의 고통을 이중, 삼중으로 겪어야만 했다. 자국의 산업을 보호하기 위한 블록경제는 세계무역을 크게 위축시켜 소비시장을 더욱 줄이는 악순환을 가져왔다. 예를 들어 1929년 처음 석 달 동안 153억 달러였던 국제 무역액이 1933년에 54억 달러로 급감하였다.

이러한 경제의 블록화 추세에 대응하여 독일, 이탈리아, 일본은 넓은 식민지를 갖고 있지 못한 형편에서 침략전쟁을 통해서라도 대공황에서 벗어나고자 노력하였다. 이들 나라에서는 파시스트 세력이 출현하여 대공황으로 인한 사회적 갈등을 타협이 아니라 강권으로 봉쇄하였다. 그리고 자국의 생존과 번영을 위해 다른 나라로 팽창해야 한다는 뻔뻔한 이데올로기를 애국심으로 포장하였다. 대공황은 전쟁을 주장하는 파시즘을 낳았고, 대중은 파시즘을 희망으로 보기까지도 했다.

한편 자본주의 국가들이 대공황의 여파로 고통받고 있는 것과는 대조적으로 소련은 그 여파에서 벗어나 있었다. 소련은 5개년 계획 아래 초고속의 대대적인 공업화에 몰두하여 1929년과 1940년 사이에 공업 생산량이 세 배 이상 증가하였고 실업률은 제로를 기록했다. 국가 계획에 따라 움직이는 사회주의경제는 애초부터 소비를 능가하는 과잉생산이 일어날 수 없었던 것이다.

국가가 경제에 적극적으로 개입하는 수정자본주의는 공황을 낳은 과잉생산의 문제를 충분히 해결할 수 없었다. 과잉생산은 마치 체내에 쌓인 노폐물처럼 적절히 배설해주어야 했다. 이것이 곧이어 터져 나오는 제2차 세계대전의 경제적 배경을 이룬다. 전쟁과 무기 산업만큼 대량으로 수요를 촉발해주는 것은 없었기 때문이다. 미국발 세계공황은 세계 전쟁의 원인을 제공했고, 미국은 이 전쟁으로 비로소 공황에서 확실히 탈출할 수 있었던 것이다.

참고한 책, 더 읽어볼 거리

배영수, 『서양사강의』, 한울아카데미, 2000.
이보형, 『미국사 개설』, 일조각, 2005.
이재광, 김진희, 『영화로 쓰는 20세기 세계경제사』, 세상의 창, 1999.
찰스 P. 킨들버거, 박명섭 옮김, 『대공황의 세계』, 부키, 1998.
디트마르 로터문트, 김영완, 박복영, 양동휴 옮김, 『대공황의 세계적 충격』, 예지, 2003.
클라우스 뮐러, 김대웅 옮김, 『돈과 인간의 역사』, 이마고, 2004.

미국의 대공황은……

대공황(Great Depression, 1929)은 1920년대의 풍요로움을 넘어 그야말로 비극적인 일상을 미국인들에게 심어주는 계기가 되었다. 아름다움이란 한낱 지나간 추억 속 그리움으로 남았을 뿐이었다. 당시의 모든 지표들은 이런 상황을 더욱 잘 보여준다. 실업률은 8배로 뛰었고, 임금이나 빈곤율 역시 지난 시대와 비교해 엄청나게 악화되었다. 거리에는 홈리스들이 넘쳐났고, 범죄의 소굴처럼 도시는 변해가기 시작했다. 그 유명한 알 카포네가 활약하던 시대가 바로 이런 무방비 도시였던 것이다. 미국은 모든 영역에서 침체를 겪으며, 비참한 나날이 이어지는 그런 시절을 보내고 있었던 것이다. 그저 '이 또한 지나가리라'를 희망할 뿐.

대공황 이후 미국사회에 등장한 판자촌을 흔히 후버빌(Hooverville)이라 부르곤 했는데, 이는 대공황이 시작될 때 대통령이었던 하버트 후버(Hovert Hoover)를 비꼬면서 부른 이름이다. 이러한 후버빌은 미전역에 걸쳐 등장하였다. 사진은 시애틀에 있었던 후버빌.

불안과 공포 속에서 피어난
집단적 광기

제1차 세계대전에서 대부분의 유럽 국가들이 전례 없는 규모의 인력과 물량을 동원하여 제로섬 게임을 펼친 결과, 전후 참전국들에서는 경제적 피폐, 정치적 불안, 정신적 혼란이 팽배하였다. 이와 함께 러시아 혁명의 성공은 각국에서 점증하던 노동대중의 급진화를 더욱 부채질하여 자본주의 세계를 위협할 것으로 보였다. 그나마 영국을 비롯한 중심부 자본주의국가들에서는 경제적 호황과 노동대중을 보호하기 위한 사회정책을 실시한 덕택에 기존 질서를 복구하고 유지하는 데 큰 곤란을 겪지 않았다. 이에 비해 중동부와 남부 유럽의 자본주의 국가들은 중심부 국가들이 취했던 개혁조치들을 실시할 여지가 없어 사회 내부적인 갈등상황이 고조되어갔다. 여기에 1929년 미국발 대공황이 유럽 대륙을 휘감게 되자 잠재되어 있거나 국지적으로 한정되어 있던 기존 질서의 취약성이 적나라하게 드러나면서 전반적으로 증폭되었다.

혼란에 빠진 유럽 각국은 자구 노력을 기울였지만, 갈수록 많은 사람들이 극심한 경제난으로 생존마저 위협받게 되었다. 그러자 유럽인들은 19세기 내내 확신해왔던 근대 자유주의의 가치들, 곧 개인주의, 재능에 의한 출세, 대의제 민주주의, 이성과 과학에 기반한 사회와 역사의 진보 등에 대해 의구심을 품게 되었다. 특히 부르주아지를 비롯한 많은 시민들은 경제적 위기 상황과 사회집단 간 갈등을 극복하지 못하고 정치적 분열과 혼란만 거듭하고 있는 자유민주주의체제에 대한 환멸을 느끼며 경제와 정서적 안정을 회복할 수 있는 대안의 출현을 염원하였다.

이런 배경 아래 1930년대 유럽에서 파시즘이 세력을 떨치게 되었다. 파시즘은 대부르주아지에서 서민대중에 이르기까지 다양한 계층으로부터 폭넓은 지지를 얻으며 정치적으로 상당한 성공을 거두었다. 무솔리니와 이탈리아 파시스트의 권력 장악에 자극받은 유럽의 많은 파시스트 운동가들이 독일, 에스파냐, 포르투갈, 오스트리아, 헝가리, 폴란드, 루마니아, 불가리아, 유고슬라비아, 그리스 등지에서 국가권력을 장악했던 것이다. 유럽의 파시스트 정권들은 공화파 정부에 반기를 들고 쿠데타를 일으킨 프랑코 장군을 도와 에스파냐 내전(1936~1939년)에 일부 참전하는 등 국제적으로 연대하기도 했다. 또한 독일과 이탈리아는 아시아의 전체주의 국가인 일본과 더불어 세계전쟁을 일으키게 된다. 여기서는 파시즘이 출현하여 세계적 차원의 운동으로 발전하는데 핵심적 역할을 했던 두 국가, 곧 이탈리아와 독일을 중심으로 살펴보고자 한다.

무솔리니, 이탈리아에서 파시즘을 만들어내다

1922년 이탈리아에서는 베니토 무솔리니와 그의 추종자들로 구성된 파시스트 집단이 정권을 잡았다. 이는 제1차 세계대전 이후 이탈리아 사회가 처했던 복잡하고도 어려운 상황이 종합적으로 반영된 결과였다.

이탈리아는 취약한 경제기반에도 불구하고 전후 영토와 전리품에 대한 관심 때문에 섣불리 참전했다가 60만 명 이상의 인명을 희생시켰다. 하지만 전후 연합국으로부터 받은 보상은 그들의 요구에 못 미치는 것이었다. 이 '기형적인 승리'에 대한 반작용으로 민족주의적 감정이 극단적으로 고조되었다. 또한 1918년부터 2년 동안 북이탈리아에서는 공장 점거운동 등 혁명 전야를 떠올리게 하는 상황들이 전개되면서 급진적인 우익세력들이 대두하였다. 혼란한 상황이 지속되는 가운데 참전용사 출신으로 한때 사회주의자였던 무솔리니는 1919년 3월 전우회('전우 파쇼', 파쇼는 고대 로마공화정 때 관직을 상징하는 홀笏을 뜻하는 말로 파시스트의 어원이 되었다)를 결성했다. 이 파시스트들은 대중의 민족주의적 감정을 이용하여 세력을 넓히면서 활발한 사회·정치운동을 전개했는데, 이때 이탈리아의 생산현장과 정치계에 득세하고 있던 사회주의를 주요 표적으로 삼았다.

무솔리니와 추종자들은 국가의 법과 질서를 수호하고 민족의 단결과 번영을 증진한다는 미명 아래 민병대를 조직하여 검은 셔츠 차림으로 몰려다니며 파업 노동자, 공산주의 운동가, 사회주의 성향의 관리와 정치인 등에 대한 폭행과 테러 공격을 감행했다. 이와 같은 방식으로 기업가와 대지주에서 소농·소부르주아에 이르는 유산층의 주목을 끌게 된 파시스트당은 민족주의적이고 반사회주의적인 정서를 지닌 청년들에게 커다란 호소력을 발휘하여 1921년 초에는 20만 명에 달하는 회원을 확보할 수 있었다.

그러나 요란한 선전활동과 과시적인 대중집회에도 불구하고 파시스트당은 1921년 선거에서 500석 가운데 겨우 35석을 얻었다. 이처럼 파시스트당은 군소정당에 불과했지만 다수파인 자유주의자들이 사회주의 세력을 약화시키기 위해 그들을 연립정부로 끌어들이려 했다. 1922년 10월 무솔리니는 느슨한 정계 분위기를 틈타 파시스트 민병대를 이끌고 로마로 진격했다. 자유·민주계열의 연립내각은 계엄을 선포하려 했으나 왕국을 구하기 위해 궐기했다는 그들의 주장에 현혹된 국왕 에마누엘레 3세는 이를 제지하고 무솔리니를 수상으로 임명했다.

무솔리니는 이내 전권을 장악하고, 파시스트 민병대는 국가기관으로 승격했다. 1924년 총선에서 그들은 사회주의에 대한 공포심, 민족주의, 반의회주의, 일자리에 대한 기대, 권위와 질서에 대한 열망, 선거부정 등에 두루 힘입어 60% 이상의 의석을 차지했다. 이어 선거권 축소, 기타 정당들의 해산, 노동조합의 불법화, 언론검열 등 반자유적·반민주적 조치들이 단행되었다. 무솔리니에 반대하는 자들에게는 국가보안법과 비밀경찰, 특별재판소가 차례로 기다리고 있었다.

히틀러의 나치, 독일에서 권력을 장악하다

제1차 세계대전의 패전과 함께 독일제국이 붕괴하였다. 전쟁의 폐허 위에서 독일은 1919년 2월 보통선거를 통해 연방공화국으로 거듭났다. 그러나 행정수도의 이름을 빌어 바이마르공화국이라 불린 신체제의 앞날은 결코 밝지 않았다. 폭동을 일삼는 좌우 극렬 정치세력의 소요가 끊이지 않았던 데다가 극심한 인플레이션으로 인해 재정 파탄에 직면했기 때문이다. 1천 3백 20억 금화 마르크의 배상금과 엄청난 부채를 안고 있던 바이마르공화국은 존립마저 위태로웠다. 1921년에 1달러당 45마르크였던 교환비율이 1922년 말에는 7천, 1923년 11월에는 무려 40억 마르크로 치솟았다. 공화국은 붕괴 직전까지 치달았다.

독일의 천문학적 인플레이션은 1924년에 가서야 잡히기 시작했다. 기존 마르크화를 1조 대 1로 평가절하한 통화개혁이 기적처럼 효과를 발휘하는 가운데, 2억 달러의 차관 제공과 경제성장을 고려한 배상금의 연도별 차등 상환을 골자로 하는 미국의 도즈 안이 발효된 데 힘입은 결과였다. 1929년에는 미국의 제의에 따라 배상금이 1/4로 감액되었고 상환기환도 59년 더 연장되었다. 이에 따라 독일경제는 1920년대 후반 안정을 되찾고 성장세로 돌아서는가 싶었다. 그러나 공화국은 1929년 미국에서 시작된 대공황으로 치명상을 입었다. 미국 은행들이 해외 대출금 회수에 나서면서 휘청거리기 시작한 독일경제가 이내 불황의 늪으로 빠져들었다. 기업들이 연달아 파산하고 실업자가 급증했으며, 서민들은 생계마저 위태롭게 되었다.

이러한 위기 상황은 파시스트들, 즉 히틀러와 나치(국가사회주의 독일노동당 NSDAP의 약어)가 정치적으로 득세하는 요인이 되었다. 독일노동당의 후신으로 히틀러가 이끌던 나치는 사회주의와는 아무런 공통점이 없는 극단적인 반사회주의, 반노동자 정당이었는데, 1930년 12월 선거에서 107석을 차지했다. 12석밖에 보유하지 못한 군소정당에서 제2당으로 급부상한 것이다. 이러한 정치적 약진에 고무된 나치는 온갖 수단을 동원하여 선전활동에 박차를 가했다. 그들은 공산주의자와 유대인,

뉘른베르크 나치 당대회, 1934

베르사유조약을 모든 불행의 근원으로 돌리며 대중의 민족감정을 자극하는 한편, 의회민주주의의 무능과 부패를 비난했다. 그리고 오직 자신들만이 독일에 새 힘을 불어넣고 불평등과 무기력을 치유할 수 있다고 선동하면서 '빵과 일자리'를 약속했다. 불안과 절망에 빠진 많은 독일인들에게는 실로 솔깃한 말이 아닐 수 없었다.

나치의 대중 캠페인은 확실히 효과가 있었다. 1932년에 그들은 230석을 차지함으로써 최대 정당으로 올라섰다. 공산당도 100석을 얻으며 선전했지만, 이는 오히려 유산층의 공포심을 가중시켜 나치 쪽으로 기울게 하는 결과를 낳았다. 특히 재벌을 비롯한 기업가, 대지주, 구귀족, 군부 등 전통적인 보수 우파 집단은 나치에 직접 정치자금을 제공할 정도였다. 따라서 1933년 1월 히틀러가 수상에 임명된 것은 그리 이상한 일이 아니었다.

합법적으로 집권에 성공한 히틀러와 그의 일당은 무솔리니의 독재 수법을 더욱 발전시켰다. 그들은 반대파에 대해 채찍을 가차 없이 휘둘렀다. 언론·집회의 자유는 즉각 폐기되었고, 의사당 방화사건을 빌미로 공산주의자를 비롯한 반나치 정치인들이 대거 숙청되었다. 1933년 3월에는 수권법(정부의 독재권과 바이마르헌법의 기능정지를 규정함으로써 바이마르공화국의 사망선고서라 볼 수 있다)을 통과시켜 공화국 대신 '제3제국'을 표방하며 노골적인 독재에 들어갔다. 나치 이외의 정당과 기존 노동조합은 모조리 불법화되었고, 나치 내부의 불평분자들도 제거되었으며, 유대인에게는 온갖 제약이 가해졌다. 1934년 8월 히틀러는 총통에 오름으로써 마침내 유일한 '지도자'로 군림하게 된다.

다른 한편으로 나치는 대중들에게 다양한 당근을 제공했다. 600만 명에 달하던 실업자는 급속히 감소하여 1938년에는 오히려 인력부족 현상이 나타났다. 어쨌든 '빵과 일자리'를 해결한 것이다. 나아가 영화, 연극을 비롯한 오락거리와 함께 폴크스바겐과 바캉스로 상징되는 현대적 여가생활이 어느 정도 가능해졌다. 그리하여 1936년 베를린 올림픽이 열렸을 때 독일은 권위주의 독재의 실상을 은폐하고 마치 복지국가와도 같은 이미지를 대외에 과시할 수 있었다.

독일은 나치 체제 아래에서 경제 근대화를 이룩했다. 공업생산은 제1차 세계대전 이전의 수준을 상회할 만큼 비약적으로 성장했으며, 고속도로 '아우토반'으로 상징되는 현대적 교통망과 통신시설을 갖추었다. 그러나 그것은 군수산업에 대한 막대한 투자와 침략전쟁의 결과일 뿐이었다. 나치는 민족과 국가의 이익과 안정이라는 명분을 내세우며 국내외의 자유와 민주주의를 압살하였다.

히틀러는 독재적 기반을 확고히 다지면서 동시에 본격적인 대외팽창에 나섰다. 이때 히틀러는 '생활공간'이란 개념을 내세웠다. 어느 민족이나 고유의 '생활공간'이 필요하며 마땅히 그에 대한 권리를 가진다는 것이다. 히틀러는 많은 독일인들이 독일 주변의 국가들에 거주하고 있는 현실을 통탄하면서 이를 '생활공간'의 부족 탓으로 돌렸고, '생활공간'의 확대를 설파했다. 이는 사실상 인접국들에 대한 독일의 팽창과 지배야욕을 드러낸 것이었다. 이러한 궤변적 논리를 정당화하기 위해 나치는 인종주의 이데올로기를 차용했다. 그리고 마침내 공격적 민족주의를 실천에 옮겼다. 히틀러는 먼저 독일의 재무장과 군비를 제약하는 국제연맹에서 탈퇴하고 징병제를 부활시켰다. 또한 그는 1936년 베르사유조약의 준수와 분쟁의 평화적 해결을 골자로 하는 로카르노조약을 파기하고 비무장지대인 라인란트에 군대를 진주시켜 점령했다. 곧이어 같은 해 10월에는 파시스트 이탈리아와 추축동맹을 맺었으며, 이 두 파시즘 세력은 에스파냐에서 일어난 파시스트 프랑코를 적극 지원하면서 파시즘 세력 사이의 국제적 협력관계를 만천하에 과시하였다.

에스파냐, 파시즘과 반파시즘의 대결장이 되다

파시즘은 대공황 때문에 경제가 어려워지고 계급갈등이 심해진 유럽 국가들에게 마치 해결책인 양 여겨지면서 확산되었다. 하지만 파시즘의 본질이 알려지면서 파시즘을 적극적으로 반대하는 사람들도 늘어났다. 이들은 반파시즘연합, 곧 인민전선을 건설하자고 호소하였다. 파시즘에 반대하는 모든 사람들이 서로 뭉치자는 것이었다. 각국의 사회주의 정당뿐만 아니라, 파시즘의 광기와 전쟁 위협을 우려하던 많은 지식인들이 인민전선으로 모여들어 반파시즘 세력을 형성하였다.

1936년, 이탈리아만큼이나 파시즘의 기세가 높았던 에스파냐에서 합법적인 선거를 통해 인민전선 정부가 수립되었다. 인민전선 정부는 교회의 특권을 박탈하고 토지개혁을 추진하였다. 그러자 가톨릭교회와 지주, 군부의 지원을 받은 파시스트 프랑코 장군이 쿠데타를 일으켜서 인민전선 정부를 무너뜨리고 파시즘 정부를 세우려 하였다. 에스파냐는 이제 파시즘과 반파시즘의 대결장이 되었다.

독일, 이탈리아는 군대를 동원하여 프랑코를 적극 지원하였지만, 영국, 프랑스, 미국은 어정쩡한 '불간섭 정책'을 내세워 인민전선 정부를 지원하지 않았다. 인민전선 정부를 격려해준 것은 평화와 민주주의를 지키기 위해 세계 각지의 50여 개 나라에서 스스로 무기를 들고 달려온 연 5만여 명의 '국제의용군'이었다. 헤밍웨이의 『누구를 위하여 종은 울리나』, 앙드레 말로의 『희망』, 조지 오웰의 『카탈루냐 찬가』 등은 국제의용군으로 참전한 경험을 소재로 한 소설로, 에스파냐 내전의 양상을 상세히 전하고 있다.

내전은 4년이나 지속되었고 그 결과는 참혹하였다. 프랑코를 지원한 독일군 폭격기는 민간인에게까지 대규모 공습을 감행하였다. 1939년 3월 쿠데타군이 마드리드를 함락하면서 많은 지식인들이 목숨을 걸고 지키려 했던 인민전선 정부는 결국 무너지고 말았다. 독일과 이탈리아는 에스파냐 내전을 통해 다가올 제2차 세계대전에 대비한 대규모 실전 연습을 치른 셈이었다. 에스파냐에 파시즘 정권을 세운 것으로 자신감을 얻은 '파시즘의 총수' 히틀러는 더 이상 일정을 늦출 필요가 없다고 판단했다. 그는 체코슬로바키아 전역을 무력 점령하고 이어 폴란드 침공을 감행했다. 이리하여 불과 20여 년 전에 작성된 모든 기록을 깨고

전쟁에 관한 새로운 신기록들을 세우게 될 제2차 세계대전의 서막이 올랐다.

참고한 책, 더 읽어볼 거리

배영수, 『서양사강의』, 한울아카데미, 2000.
로버트 O. 팩스턴, 손명희·최희영 옮김, 『파시즘—열정과 광기의 정치혁명』, 교양인, 2005.
이혜령 외, 『문화사』, 한국방송대학교출판부, 1995.
김영한·임지현, 『서양의 지적 운동 II』, 지식산업사, 1994.

더러운 유전인자를 제거하라!

19세기 후반 찰스 다윈은 생존경쟁을 통한 자연선택이 생물 종의 진화를 결정한다고 주장했다. 스펜서는 진화의 생존경쟁이 인간에게도 적용될 수 있기 때문에 나약한 존재들의 소멸은 자연법칙의 순리라고 역설했고, 최적자생존이라는 자연법칙을 위배하여 허약한 형질을 재생산하는 정부의 사회복지 정책을 강력하게 비난했다. 다윈의 사촌 골턴은 이러한 사고에 기반하여 우생학을 창안했다. 우생학은 그리스어 εύγενής(eugene)에서 온 말로 "출생이 좋은(good in birth)"이라는 의미이다. 말 그대로 우생학은 "잘난 태생에 대한 학문"이었다. 골턴은 우생학을 "인종의 타고난 질을 개선하는 모든 영향을 다루는 과학이자, 인종의 타고난 질을 최대한으로 이롭게 발전시키는 모든 요인을 연구하는 과학"으로 정의하면서 신중한 결혼을 통해 천재를 만들거나 하층계급의 출산율을 제한해야 한다는 주장을 했다. 이후 골턴의 우생학은 과학적 담론의 경계를 넘어 구체적인 사회적 실천으로 이어졌고, 이것은 서구 사회에 지우기 힘든 흔적을 남겼다. 당시 서구의 많은 사람들은 과학에 대한 믿음이 컸던 만큼 우생학이 야기할 수 있는 부정적 폐해에는 관심이 없었다. 우생학자들은 과학적 근거도 없이 자의적인 판단만으로 사회적 부적자들을 제거했고, 정치적 사회적 인종적 차별을 정당화했다. 우생학은 승자의 논리를 대변하며 애초부터 정해져 있는 결론을 생물학이라는 과학의 권위를 빌어 정당화했다.

특히 독일의 우생학은 인종위생, 강제불임, 안락사, 집단학살과 밀접한 연관을 가지며 전개되었다. 독일의 우생학은 19세기 말 독일사회의 급격한 산업화과정에서 파생된 사회문제와 계급간 출산율 차이가 야기한 인적 구성의 불균형에 대한 반작용이었다. 초기의 우생학은 생물학에 엄밀한 지적 기반을 두었고, 인종적 정치적 색깔도 두드러지지 않았다. 그러나 제1차 세계대전에서의 패배와 대공황의 여파는 우생학의 인종주의적 색채를 강화시켰고, 1933년 나치의 집권 이후 우생학은 유대인, 동부 유럽인들을 인종적으로 구분하고 열등시하는 정치적 운동으로 급속히 변질되어갔다. 미국 불임법의 영향으로 제정된 1933년 독일의 불임법은 자의적인 판

프랜시스 골턴

단에 의거해 신체적 허약자로 분류된 40만 명 이상의 사람들을 거세하려 했다. 1935년 제정된 뉘른베르크법은 독일 인종의 우수성을 보존하기 위해 혼혈을 금지하고, 결혼 전 건강검사를 의무화했으며, 독일인이 아닌 독일 내 모든 거주자의 권리를 박탈하기도 했다. 결국 히틀러의 우생학 정책은 안락사로 귀결되었다. 나치는 신체적 허약자들과 아리안 인종이 아닌 다른 인종들을 '살 가치가 없는 생명'으로 간주했다. 1939년 장애 아동에 대한 안락사를 시작으로 1943년 성인 안락사가 종료되기까지 독일 내 28개 안락사 센터에서 수십만 명의 사람들이 제거되었다. 안락사는 최종결정의 전초전이었고, 이것은 홀로코스트라는 전대미문의 대량학살로 귀결되었다.

당시 독일의 우생학에서 볼 수 있는 가장 큰 문제는 유전의 고정성에 기댄 정치적 사회적 인종적 편견에 있었다. 우생학자들은 인간의 도덕적 특성에서 신체적 특성에 이르기까지 인간이 가진 모든 특성을 유전적 특질로 환원시켜버렸다. 이것은 인간 능력의 근본적 차이는 선천적인 차이이며, 선천적 차이는 유전되는 것이기 때문에 사회의 위계질서는 인간 본성의 당연한 귀결이라는 생물학적 결정론에 다름 아니다. 그러나 유전자가 어떤 방식으로 행동하는지에 대한 구체적인 증거는 없다. 더군다나 유전성과 불변성을 등치시키는 것은 과학적 오류이고, 이것은 생물학적으로 가장 큰 실수이다. 때문에 생물학적 결정론은 사이비 과학적 난센스라고 할 수 있다. 그럼에도 우생학자들은 생물학적 결정론에 기초하여 정치사회적 차별을 정당화했고, 이러한 차별은 개인의 생식 자유까지도 침해했다. 누가 누구를 출산하고 양육할 것인가라는 본질적 문제에서 우생학은 폭력적 도구 역할을 했던 것이다. 결론적으로 우생학은 틀린 이론이자 질 나쁜 이데올로기였다.

과거 우생학은 그것의 목적을 관철하기 위해 강제적인 입법이나 물리적인 구금, 그리고 특정 사회 집단의 희생을 강요했었다는 사실을 간과해서는 안 될 것이다. 우생학은 항상 폭력을 동반했고, 20세기 역사는 이를 극명하게 보여주고 있다. 역사는 단순한 과거의 텍스트가 아니라 반복 가능한 현실이라는 사실을 잊지 말아야 할 것이다.

제2차 세계대전, 파시즘 vs 반파시즘

파시스트, 제2차 세계대전을 일으키다

　영국과 프랑스는 나치 독일이 동쪽에서 소련 공산주의의 위협을 봉쇄하는 데 도움이 될지 모른다는 생각에 독일이 비무장지대인 라인란트를 점령해도 눈감아주었다. 그러자 히틀러는 1938년 오스트리아를 합병하고 체코슬로바키아의 주데텐란트를 점령하여 그 지배권을 요구하였다. 이러한 나치의 침략에 대해 영국과 프랑스는 전쟁을 피해야 한다는 이유로 유화정책을 취했다. 양국은 무솔리니의 주선으로 1938년 9월 말 뮌헨에서 히틀러와 정상회담을 가져 독일이 더 이상 영토를 요구하지 않는다는 약속을 받고 주데텐란트를 독일에게 넘겨주었다(뮌헨협정). 그러나 이듬해 3월 히틀러는 체코슬로바키아의 나머지 지역으로 진격하여 이를 송두리째 집어삼키고 말았다. 그는 잇달아 폴란드에게 단치히 자유시와 '폴란드 회랑'(제1차 세계대전 후 베르사유조약에 의해 독일이 폴란드에 할양한 길이 400km, 너비 128km의 좁고 긴 지역으로, 폴란드는 이곳을 거쳐 발트해의 항구도시 단치히로 나아갈 수 있었다)을 요구하였다.

이 즈음에서야 영국과 프랑스는 사태의 심각성을 깨닫고 경계 태세에 들어갔다. 그런데 히틀러와 나치 지도자들에게는 서부가 아니라 동부의 소련이 위협적 상대로 보였다. 그래서 나치 독일은 1939년 8월 공산주의 소련과 상호불가침조약('히틀러스탈린조약')을 맺어 동부에 대한 두려움을 없앤 뒤 곧바로 폴란드에 최후통첩을 보내고 9월 1일 공격을 감행했다. 그때까지 설마하며 독일을 주시하던 영국과 프랑스는 경악하였고, 그제야 폴란드와 맺은 상호원조조약에 의거하여 독일에 선전포고를 하였다. 제2차 세계대전이 시작된 것이다.

전투기와 탱크를 앞세워 폴란드를 침공한 나치 독일은 전격전을 통해 불과 2주일 만에 완승을 거두었다. 영국과 프랑스는 독일에 선전포고를 하고도 폴란드 함락을 속수무책으로 지켜볼 수밖에 없었다. 1940년 4월 독일군은 중립국 덴마크와 노르웨이를 점령한 데 이어 네덜란드와 벨기에를 손쉽게 굴복시키고, 프랑스의 주된 방어선인 마지노선의 북쪽 끝을 돌아 도버해협을 향해 진격하였다. 이제 프랑스와 영국을 향해 본격적으로 포문을 열었다. 허를 찔린 프랑스는 변변한 저항 한번 못해보고 어이없이 무너지고 말았다. 파리를 포함한 국토의 2/3는 독일 점령군에게 넘어갔으며, 나머지 지역은 휴양도시 비시에 급조된 꼭두각시 정부의 통치 아래 들어갔다. 영국의 하늘도 폭격을 위해 출격한 독일 전투기로 뒤덮였다.

독일군이 파리에 입성하기 얼마 전에 무솔리니의 이탈리아도 영국과 프랑스에 대항하여 참전하였다. 그해 9월에 히틀러는 이탈리아, 일본과 삼국동맹을 맺었다. 나아가 전선을 확대하여 아프리카에 롬멜 휘하의 정예 기갑부대를 파견했으며, 1941년 봄에는 발칸반도와 그리스를 포함한 남동부 유럽까지 점령했다. 영국과 소련을 제외한 거의 대부분의 유럽이 이제 파시즘의 손아귀에 들어가고 말았다.

1941년 여름, 전쟁은 극적으로 확산되었다. 영국의 결사항전으로 전투가 교착상태에 빠지자 히틀러는 소련으로 발길을 옮겼다. 소련과의 세력권 조정 문제를 해결하는 동시에 장기전에 대비한 식량과 석유를 확보할 필요가 있었기 때문이다. 1941년 6월 히틀러는 전략적 필요에 의해서 맺었던 상호불가침조약을 깨고 소련을 침공하였다. 독일군은 거침없이 진격하여 가을 무렵에는 우크라이나를 점령하고 모스크바의 문턱까지 이르렀다. 그러나 이때부터 나폴레옹의 대군이 겪은 악몽, 곧 소련의 겨울 추위 때문에 제대로 싸워보지도 못하고 퇴각했던 상황이 재현되었다. 결국 겨울 내내 소련군은 필사적으로 독일군에 맞서 모스크바를 방어하는 데 성공하였고, 레닌그라드와 스탈린그라드를 중심으로 대대적인 반격을 모색하였다. 독일의 기습으로 소련도 엄청난 피해를 입었다. 하지만 이를 계기로 자본주의 국가인 미국, 영국, 프랑스와 사회주의 국가인 소련이 파시즘에 맞서 함께 손을 잡게 되었다.

한편 1941년 12월 7일 새벽, 일본은 미군이 주둔하고 있는 진주만을 기습 공격하여 태평양전쟁을 일으켰다. 미국은 곧바로 연합군의 일원으로 전쟁에 참여하였다. 이제 전 세계의 땅과 바다, 하늘이 모두 전쟁터로 변하였다.

대량학살, 대량파괴의 시대

제2차 세계대전은 참전국들이 국가경제와 과학기술의 힘을 총동원하여 지구상의 전 공간을 최대한 활용했던 전쟁이었다. 레이더파가 공중을 누볐고, 수중 음파탐지기가 해저 깊은 곳까지 파고들었으며, 제트기관, 미사일, 탄도 미사일, 그리고 핵무기 등이 대규모 파괴를 위해 사용되었다. 과학기술의 놀라운 발전에 바탕한 이러한 전쟁도구들은 원격조작과 시스템 및 기계적 절차에 의해 비인격적인 대량파괴와 학살을 가능하게 했다. 그리하여 이전까지는 상상할 수도 없었을 만큼 많은 무기가 세상을 파괴하였다. 건물, 철도, 교량, 항구가 파괴되었고, 기관차, 자동차, 선박 등이 부족하여 운송체계는 거의 붕괴되다시피 했다. 독일에서는 주택의 40퍼센트가 잿더미로 변했고, 프랑스에서 운행되던 기관차의 5/6 가량이 가동 중지되었다.

광신적인 인종주의 정책을 펼치던 나치 독일은 좀 더 많은 사람을 보다 신속하고 효율적으로 죽일 수 있는 방법을 고안해냈다. 이들은 '살인공장'의 대명사인 아우슈비츠를 비롯한 몇몇 곳에 공산주의자와 유대인, 집시들을 가둘 대규모 강제수용소를 만들고, 매일 처형자를 골라내 가스실에서 학살하였다. 강제수용소에서 끊임없이 쏟아져나오는 사체를 처리하기 위해 대규모 화장시설이 쉴 새 없이 가동되었다. 이렇게 가스실에서 학살당한 사람을 포함하여 강제수용소에서 굶주림, 질병, 고문과 처벌로 죽어간 유대인이 모두 300만 명을 넘었던 것으로 추정되며 독일 점령지역의 전체 유대인 사망자 수는 600만 명을 헤아린다.

독일의 유대인 학살(홀로코스트)뿐만 아니라 전쟁 기간 내내 곳곳에서 끔찍한 민간인 학살이 벌어졌다. 난징 대학살을 비롯한 일본군의 중국인 학살, 독일이 소련 침공 후 벌인 슬라브인 학살, 그리고 소련군의 독일인 학살 등이 그 예이다.

또한 전쟁이 첨예해지면서 교전국들은 적의 모든 저항 의지를 근절

1945년 4월 베르겐

하고 무조건 항복이라는 목표를 달성하기 위해 점차 폭력의 무제한 사용이라는 전략을 채택하였다. 이러한 전략 때문에 민간인들과 민간인들의 생활이 갈수록 중요한 표적이 되었던 것이다. 1944년 말 연합군은 독일의 드레스덴에 위협적인 전략적 폭격을 퍼부었고, 미국은 일본의 두 도시에 위협적인 핵무기를 투하했던 것이다. 세계 인구의 20%가 전쟁에 동원되었고, 희생자는 5,000만 명에 이르렀는데, 그 중 민간인 사망자는 군인 희생자의 두 배가 넘었다.

반파시즘 진영, 반격에 성공하다

1940년 여름 프랑스 곳곳에서 파시즘에 저항하는 민간인 의용군인 레지스탕스가 결성되었다. 이들은 독일의 점령 기간 내내 엄혹한 감시 속에서도 필사적으로 나치에 맞서 싸웠다. 한편 드골 장군이 이끄는 무리는 영국으로 망명, '자유 프랑스'를 결성하여 독일과의 전쟁 수행을 선언하고 프랑스 안의 레지스탕스를 지원하기도 하였다.

동부 유럽에서도 유격대인 파르티잔이 점령군에 맞서 치열한 게릴라전을 전개하였다. 특히 유고슬라비아에서는 1941년 여름 이후 티토가 이끄는 공산당이 파르티잔을 조직해 산악지대를 중심으로 독일군과 싸우면서 해방구를 넓혀가고 있었다. 티토의 파르티잔은 소련군이 들어오기 전에 유고슬라비아를 독일로부터 해방시켰다. 이탈리아에서도 공산당의 지도 아래 반파시즘 저항운동이 전개되었고, 독일 국내에서도 나치에 반대하는 용감한 사람들이 지하활동을 벌였다.

미국의 참전과 소련의 저항은 전쟁을 일으킨 추축국들을 괴멸시키는 데 결정적이었다. 미국은 전쟁 중에 전 세계 GNP의 절반을 차지할 정도의 엄청난 경제력, TNT 수천 톤의 파괴력과 맞먹는 힘을 가진 원자폭탄을 개발한 눈부신 기술력과 군사적 우위를 지니고 제2차 세계대전을 끝장내는 데 결정적 역할을 했다. 또한 소련은 100만 명이 넘는 사상자를 내며 스탈린그라드 전투에서 승리를 거두어 전세를 연합국 쪽으로 기울게 만드는 데 일등공신이 되었다. 스탈린그라드에서 승리를 거둔 소련은 후퇴하는 독일군을 쫓아 대공세를 벌이면서 동유럽 지역들을 나치의 점령으로부터 해방시켰다.

1943년 5월 연합군은 아프리카 전선에서도 반격에 나서 '사막의 여우'로 불리던 롬멜 휘하의 전차군단을 소탕하고, 9월에는 이탈리아 본토에 상륙하여 무솔리니 정권을 붕괴시켰다. 이어 1944년 6월 연합군은 아이젠하워 장군을 총사령관으로 '지상 최대의 작전'이라 불린 노르망디 상륙작전을 벌여 서부전선에서 독일군을 공격하였다. 연합군은 독일 전역의 모든 주요 도시들을 폭격하여 잿더미로 만들어버리고, 마침내 1945년 4월 말 수도 베를린을 점령하였다. 히틀러는 스스로 목숨을 끊었고, 독일은 무조건 항복하였다.

아시아에서 중국과의 전투에 상당수의 주력군을 배치하였던 일본은 태평양전쟁 이후 미국의 대대적인 공격으로 후퇴를 거듭하였다. 1945년 8월 6일 미국은 히로시마에 원자폭탄을 터뜨렸다. 히로시마 건물의 60퍼센트가 완전히 사라졌고, 인구 24만 명 중 14만 명이 죽었다. 곧이어 소련이 일본에 선전포고하였고, 사흘 뒤 나가사키에 두 번째 원자폭탄이 투하되었다. 1945년 8월 15일 일본은 무조건 항복하였다. 이로써 5년간에 걸친 제2차 세계대전은 끝이 났다.

전쟁은 끝났지만

20여 년 전 인류는 제1차 세계대전을 치르면서 사상 처음 겪는 엄청난 전쟁의 규모에 경악했다. 한 번으로 족할 줄 알았던 세계대전은 겨우 20년 뒤에 그것도 더욱 큰 규모로 터져 나왔다. 사망자만도 제1차 세계대전의 두 배가 넘었다. 제2차 세계대전은 말 그대로 지구 전체를 뒤덮는 '세계전쟁'이었다. 세계 모든 나라들이 추축국과 연합국으로 나뉘어 세계 운명을 판가름하는 전쟁 속으로 휘말려 들어갔다. 역사상 유례 없는 총력전이 벌어지는 과정에서 이루 헤아릴 수 없는 사상자와 물적 손실이 발생했다. 패전국도 승전국도 모두 값비싼 대가를 치러야 했다. 그제야 세계는 얼마든지 더 큰 전쟁도 가능하다는 사실을 실감했다. 또 그럴 경우 세계는 공멸하리라는 것도 실감했다. 이런 경험을 통해 평화에 대한 인류의 열망이 국제연합(UN)의 탄생으로 이어졌다. 또한 전범 처리를 위해 뉘른베르크 재판과 도쿄 국제군사재판을 열어 침략전쟁을 하나의 범죄로 취급하고, 비인도적 행위에 대해서는 그 책임을 물을 수 있도록 하였다.

패전국 독일은 영토가 한층 축소되어 미국, 영국, 프랑스, 소련 등 4대 전승국의 점령 통치를 받게 되었다. 1949년에 주권을 회복하긴 했지만 서독(독일연방공화국)과 동독(독일민주공화국)으로 분단되었다. 영국과 프랑스는 비록 승리를 거두었다지만, 전쟁에 지치고 폐허 위에서 허덕이고 있었다. 유럽 열강은 16세기 이래 누려온 경제적 군사적 우위를 상실했을 뿐만 아니라 자율적인 재건 역량마저 잃어버렸다. 한마디로 제2차 세계대전은 오랜 문명 세계임을 자부하던 유럽의 완전한 자멸을 의미하였다. 승리의 실제 주역은 미국과 소련이었고, 이 두 초강대국이 전후 유럽 질서의 주도권을 쥐게 되었다. 이제 미국은 세계의 지도국가로서의 역할을 거부하지 않았으며, 소련은 서유럽과 대등한 입장에서 자기 이익을 관철시키려고 했다. 기진맥진해진 유럽은 당분간 이들의 뜻을 따를 수밖에 없었다.

전쟁이 끝나가면서 전시 동안 묻혀 있던 오랜 갈등이 드러나기 시작하여 세계는 새로운 전쟁 위협에 직면하게 되었다. 자본주의 국가인 미국, 영국과 사회주의 국가인 소련이 종전에 즈음하여 노골적으로 대립하였다. 두 진영이 대립하면서, 국제 협조를 통하여 평화를 이룩하자던 국제연합의 헌장정신도 약해졌다. 자주독립국가 건설을 열망하던 식민지 국가들의 미래도 이 새로운 전쟁의 위협 속에서 밝을 수만은 없었다. 바야흐로 세계는 이념적 대립과 경쟁에 기초한 '차디찬 전쟁Cold War' 속으로 들어가고 있었다.

참고한 책, 더 읽어볼 거리

최호근, 『제노사이드』, 책세상, 2005.
에릭 홉스봄, 이용우 옮김, 『극단의 시대: 20세기 역사』, 까치, 1997.
프랑수아 제레, 고선일 · 유재영 옮김, 『인류의 영원한 굴레, 전쟁』, 부키, 2005.
존 키건, 류한수 옮김, 『2차 세계대전사』, 청어람미디어, 2007.
마이클 하워드 · 로저 루이스, 차하순 외 옮김, 『20세기의 역사』, 이산, 2000.
윌리엄 맥닐, 신미원 옮김, 『전쟁의 세계사』, 이산, 2005.

미국의 흑인은 언제부터 전투에 참여했을까?

결론부터 말하자면 제2차 세계대전까지 흑인이 미국의 전쟁에 참여하는 것은 매우 예외적인 상황에서만 이루어졌다. 이는 백인의 흑인에 대한 편견 때문이었다. 즉 흑인은 전투수행능력이 백인에 비해 월등히 떨어진다는 것이었다. 그럼에도 흑인은 미국의 전쟁사에서 빼놓을 수 없는 역할을 했다. 물론 그 역할이 보조적이기는 했으나, 흑인도 미국인의 일원으로서 차츰 차츰 전쟁이라는 비극적인 체험을 통해 사회 속으로 발을 내딛기 시작했다. 처음으로 흑인이 미국 전쟁사에 모습을 드러내는 것은 미국의 독립전쟁기로 알려져 있다. 당시 약 5,000명의 흑인이 식민지군에 복무하였다고 한다. 이후 남북전쟁시기에는 그 숫자가 현저히 늘어 대략 186,097명(장교 7,122명, 사병 178,975명)이 북군에 소속되어 전쟁을 치렀다고 한다. 이는 북군 병력의 10%에 달하는 인원으로 전쟁에서 흑인의 역할이 적지 않았음을 알려준다. 그럼에도 불구하고, 흑인은 흑인으로만 구성된 부대에 편성되었고, 월급과 진급에서도 차별을 받았다. 제1차 세계대전에는 미국이 참전을 결정하자 많은 수의 흑인이 원정군에 지원하였으나, 대다수의 흑인은 전투병으로서가 아니라 후방 예비병력이나 지원병력으로서만 전쟁에 참여할 수 있었다. 제2차 세계대전 때는 일본군의 진주만 공습 이후 미군이 전쟁에 참여하였고, 이 때 약 150만의 흑인이 참전하였지만, 이들 대다수는 수송이나 취사 등 전투와는 거리가 먼 역할을 담당했다. 1950년 한국전쟁이 발발하고 미군이 이 전쟁에 참전하자, 처음으로 흑백 혼성부대가 등장하였고 흑인이 본격적으로 전투에 참전하기 시작하였다. 이런 점에서 한국전쟁은 흑인의 인권신장과도 일정정도의 연관을 지니고 있다고 할 수 있겠다. 흑인이 본격적으로 전투에 참여하자 흑인사회는 그들의 권리에 대하여 진지한 고민과 함께 그들의 정당한 권리를 행사하고자 하였다. 흑인의 본격적인 전투참여는 1954년부터 시작된 흑인인권운동의 자그마한 불씨가 되었다. 한국전쟁, 우리에게는 처절했던 역사의 경험이 흑인에게는 새로운 희망의 꽃을 피우는 계기가 된 것이다. 한국전쟁, 이 얼마나 슬프고도 아름다운 역설인가!

무장된 평화, 이념으로 나뉘어진 세계

미국과 소련, 세계를 양분하다

　제2차 세계대전의 종결로 파시즘이라는 공동의 적이 사라지자 자유민주주의 진영과 공산주의 진영의 대립양상이 두드러지게 나타났다. 특히 종전 후 유럽과 아시아 등지에 나타난 힘의 공백을 둘러싸고 양 진영을 대표하는 미국과 소련이 자국의 안정과 번영을 꾀하면서 세력 다툼을 벌였다. 한편에서는 자유민주주의 진영이 공산주의 세력에 대한 봉쇄전략을 펴고, 다른 한편에서는 공산주의 진영이 자본주의 세력에 대한 철의 장막을 드리웠다. 이처럼 이념적 대립과 경쟁에 기초한 대결 구도는 유럽을 동과 서로 분열시켜, 이후 반세기 동안 모든 면에서 두 지역이 서로 다른 길을 걷게 되었다. 이른바 '동서 냉전'이 시작된 것이다.

　종전 뒤 유럽 대륙에서는 반파시즘 투쟁에 적극적으로 앞장섰던 공산주의 및 사회주의 세력이 자연스레 주요한 정치세력으로 부상하였

냉전의 시작, 얄타회담(1945)

다. 프랑스와 이탈리아에서는 공산당과 사회당이 제1당과 제2당이 되기도 했다. 세계 자본주의와 자유민주주의 체제를 유지하기 위해 미국은 서유럽 각국의 공산주의자들을 공직에서 추방하는 작업을 진행하였다. 그리스처럼 공산당이 격렬하게 저항한 곳에는 미국이 직접 개입하기도 했는데, 1947년 미국의 트루먼 대통령은 미국을 중심으로 공산주의 세력의 팽창을 저지한다는 방침을 만천하에 공표하였다(트루먼 독트린). 이어서 미국은 1948년부터 1952년까지 영국, 프랑스, 서독 등에 120억 달러라는 막대한 경제원조를 제공하여 경제적 자유주의에 입각한 서유럽의 재건과 통합에 결정적인 도움을 주었다(마셜 플랜). 이러한 지원은 서유럽 국가들이 반공노선을 수용한 대가로 이루어진 것이었다. 그 결과 서유럽은 세계 자본주의 체제의 핵심부에 머물 수 있었다. 이와 함께 미국은 1949년 북대서양조약기구(NATO)를 결성하여 서유럽 국가들을 정치군사적으로 결속시키는 데에도 힘을 쏟았다.

소련도 유사한 통합 노력을 기울였다. 동유럽 지역에 수립된 공산주의 정권들을 포괄하여 소련은 자신을 중심으로 통합질서를 구축하기 위해 1947년 국제적인 정보기관인 코민포름을 결성하였다. 이 과정에서 비공산계열 정당들은 해체되거나 허수아비로 전락하였으며, 폴란드의 고무우카처럼 모스크바의 지시를 어기고 독자노선을 추구한 공산당 지도자들은 숙청되었다. 1949년 소련은 동유럽 진영 내의 무역과 경제협력 증진을 명분으로 상호경제원조회의(COMECON)를 창설하였다. 그런데 이 기구는 사실상 세계 자본주의 질서에 맞서 소련식의 국유화 정책과 계획경제를 확산시키고 루블화를 기축통화로 하는 소련 주도의 독자적 교역체계 조성에 초점을 맞추었다. 끝으로 서방 자본주의와 나토의 위협에 맞서기 위해 소련은 군사동맹체인 바르샤바조약기구 Warsaw Pact를 출범시켰다(1955).

한편 유럽 밖에서는 탈식민지화가 진행되었다. 제2차 세계대전 직후 식민지들은 독립 의지를 강하게 표출했다. 유럽의 제국주의 세력은 이를 진압하려 했으나, 전쟁으로 군사력이 약화된 데다가 자국의 재건에 몰두하느라 그럴 만한 여력이 없었다. 이런 상황에서 미국과 소련이 각각 '자유'와 '인민' 민주주의라는 상이한 이념을 명분으로 내세우며 식민지 해방을 지지하고 후원함으로써 탈식민지화는 가속화되었다. 두 초강대국이 자국의 영향력과 이익을 확대하기 위해 세계 전체를 무대로 패권 경쟁을 벌임으로써, 그들의 위세에 눌린 유럽 열강은 식민지들을 포기해야만 했다. 유럽이 세계를 지배하던 낡은 제국주의 시대가 종말을 고하게 된 것이다.

1949년 중국에 공산주의 정권이 들어서자, 동서 대립은 동아시아에서 훨씬 더 격렬해졌다. 이윽고 한반도에서는 세계적인 냉전이 열전으로 전개되었다. 이를 계기로 미국은 나토 산하에 유럽통합군을 창설하고 서독을 재무장시켜 여기에 가입시켰다. 이와 함께 미국은 일본도 재무장시키면서 아시아에 대한 영향력을 계속 유지하고자 했다.

미국과 소련, 적대적 공존관계

미국의 힘은 핵무기의 독점에서 나왔다. 그런데 소련이 원폭실험에 성공하고 1953년에는 원자폭탄의 수천 배에 달하는 파괴력을 가진 수소폭탄까지 개발하여 미국의 핵 독점을 무너뜨렸다. 게다가 1957년 소련이 인류 최초로 인공위성 스푸트니크호를 쏘아 올리자, 미국은 자존심에 큰 상처를 입고 군비 확충에 한층 더 박차를 가하였다. 미국과 소련의 치열한 군비 경쟁은 쿠바 미사일 위기로 절정에 달하였다.

1962년 10월 미국의 케네디 대통령은 소련이 미국의 앞마당인 쿠바에 미사일 기지를 만들어 미국의 턱밑에 미사일을 들이대고 있다고 발표하였다. 그는 소련이 미사일을 철수하지 않으면 쿠바를 공격하겠다고 경고하였다. 자칫하면 미국과 소련, 아니 전 세계가 핵전쟁에 휩싸일 수 있는 긴박한 상황이었다. 다행히도 이 위기는 소련이 쿠바에서 미사일을 철수하는 대신 미국도 쿠바를 침공하지 않기로 약속함으로써 겨우 돌파구를 찾았다.

이 사건을 계기로 모스크바와 워싱턴 사이에 즉각적인 통화가 가능한 '핫라인hotline'이 개설되어 전면적인 핵전쟁을 제어할 수 있는 수단이 생기기도 하였다. 나아가 극단적으로 증가하던 군비를 축소하자는 논의가 진전되어 1963년에는 '핵실험부분금지조약'이, 1972년에는 '전략무기제한협정'이 체결되었다.

런던에서 열린 베트남 반전시위(1968)

쿠바 위기 이후 미국과 소련은 서로 극한적인 무력 대결은 피하였다. 그러나 두 초강대국은 제3세계의 분쟁에 개입하거나 약소국들을 억압하며 자신의 패권을 행사하였다. 양국은 서로 상대방의 체제를 비난했지만, 자신의 패권을 유지하기 위해 상대의 존재를 필요로 하여 상대의 영향권을 일정하게 존중하는 적대적 공존관계를 이어나갔다. 예컨대 미국이 '공산주의를 막기 위하여' 베트남에서 전쟁을 벌였을 때, 소련은 전쟁이 자신들과 미국의 직접적인 대결로 이어지지 않도록 사회주의 베트남에 많은 압력을 행사했다. 반면 소련이 '미국의 봉쇄에 맞서기 위하여' 프라하의 봄을 짓밟았을 때, 미국은 이에 대해 침묵에 가까운 반응을 보였을 뿐이었다.

1954년 베트남은 식민지 지배를 재건하려는 프랑스에 맞선 전쟁을 끝내고 제네바 협정에 따라 총선거를 통한 남북통일을 눈앞에 두고 있었다. 그러나 이때 미국이 공산주의의 위협으로부터 인도차이나를 지킨다는 명분을 내걸고 베트남에 개입하였다. 그리하여 선거는 영영 실시되지 않았고, 베트남은 잠정적 군사 경계선이던 북위 17도선을 따라 친미 반공정권이 지배하는 남베트남과 공산당이 지배하는 북베트남으로 분단되었다.

1960년 초부터 남베트남의 농촌 각지에서 독재자 응오 딘 지엠 정권에 저항하는 게릴라전이 벌어졌고, 1963년 11월에는 군사 쿠데타가 발생하여 디엠 정권이 붕괴되었다. 남베트남 정권의 위기가 점점 심화되자, 1965년 봄 미국은 전쟁을 떠맡기로 결심하고 북베트남에 대한 대규모 공습을 퍼부었다. 베트남전쟁이 본격적으로 시작된 것이다. 미국은 50만 명 이상의 전투 병력을 파견하였고 엄청난 화력을 쏟아부었다. 광대한 밀림지역과 마을들을 단숨에 불태워버릴 수 있는 40만 톤에 달하는 네이팜탄을 비롯하여 미국의 폭격기는 베트남에 700만 톤이나 되는 폭탄을 투하했다. 또한 고엽제나 유해 제초제를 마구 뿌려대 수백만 헥타르의 농지와 숲을 파괴하고, 각종 인체 피해와 기형아 출산 등을 가져왔다.

그러나 호치민의 지도 아래 베트남인들은 자주적인 통일국가 수립에 대한 불굴의 신념과 의지로 끝까지 미군에 저항하였다. 반면 베트남전의 참상과 공포가 언론을 통해 널리 알려지면서 미국은 세계적인 비난의 표적이 되었다. 또한 1970년대 중반의 세계적 불황 속에서 별다른 성과도 없이 미군의 희생자 수만 계속 늘어남에 따라 미국민들의 반전 감정도 격화되었다. 결국 미국은 '명분 없는 전쟁'에서 패배하여 베트남에서 철수하였다. 1975년 봄 북베트남군은 사이공을 점령하고, 이듬해 남북을 아우르는 베트남 사회주의공화국을 수립하였다. 제3세계 식민지였던 베트남이 거대한 외세와의 기나긴 전쟁에서 승리한 것이다.

베트남전쟁이 한창이던 1968년 8월 20일. 소련군을 비롯한 바르샤바 조약군 20만 병력이 전격적으로 체코슬로바키아를 점령하고, 공산당 서기장 두브체크를 소련으로 연행하였다. 이에 체코 공산당은 철군을 요구하고 시민들은 총파업을 벌여 항의했지만, 오히려 소련은 검열을 강화하고 결사의 자유를 억압하며 7만 명의 병력을 반영구적으로 주둔시키는 결정을 내렸다. 1968년 초 서기장이 된 두브체크는 신문과 방송매체에 대한 검열을 폐지하고 공개적인 비판과 집회 및 시위 등을 보장하며 기업의 자주성 강화와 노동자 평의회 설치 등 여러 가지 정치 · 경제적 개혁안을 제시하여 '인간의 얼굴을 한 사회주의'를 추진하였다. '프라하의 봄'이 온 것이다.

소련은 '프라하의 봄'이 소련과 동유럽에 가져올 장기적인 영향을 두려워한 나머지, 이러한 개혁을 사회주의 체제에 대한 도전으로 간주하였다. 그리하여 "사회주의공동체의 이익은 각국의 개별적 이익보다 우선한다"(브레즈네프 독트린)는 주장을 펴며 체코슬로바키아 민중의 민주화 염원을 탱크로 무참히 압살하였다. 이런 진압을 통하여 소련은 동유럽에서 계속 패권을 유지할 수 있었지만, 세력권 유지에 광분하는 패권국가로 낙인찍히게 되었다.

이처럼 미국과 소련은 서로 직접적인 대결을 피하고 체제를 유지하는 선에서 공존하는 '동반자'의 길을 걸었다. 사실 1960년대 말 미국과 소련은 각각의 진영 내에서 독보적 지위를 점점 더 위협받고 있었다. 독일과 일본이 눈부신 경제성장을 통해 추격해오면서 미국은 경제력의 상대적 쇠퇴를 맞이하고, 베트남전쟁에서처럼 군사적 좌절을 맛보았다. 소련 역시 경제적 침체를 벗어나지 못하고 있던 상황에서 중국과 공산주의 진영의 주도권을 놓고 심각하게 반목하였던 것이다. 바야흐로 국제정세는 미·소 양극체제에서 독일, 일본, 중국 등이 부상하는 다극체제로 변화해가고 있었고, 미국과 중국이 서로 접근을 모색하면서 화해 국면으로 접어들었다. 1972년 미국의 닉슨 대통령이 중국을 방문함으로써 데탕트 시대로 접어든 것이다. 하지만 냉전체제의 근본적인 변화와 해체는 10여 년의 세월을 더 기다려야 했다.

페레스트로이카, 동유럽 사회주의의 몰락을 재촉하다

1986년 4월 말, 우크라이나 북방의 체르노빌 원자력 발전소에서 폭발사고가 일어나서 방사능이 유럽 대부분 지역은 물론 수천 킬로미터나 떨어져 있는 한국과 일본에도 날아들었다. 또한 이 사고로 인한 후유증은 대단해서 피폭 사망자 수가 적게는 4,000명, 많게는 수만에서 수십만 명에 이르는 것으로 발표되어 아직까지도 논란을 빚고 있을 정도이다. 그런데 이 엄청난 사고가 일어난 지 이틀 뒤에야 소련 정부는 원전사고 발생을 시인했다.

당시 소련 공산당 서기장이던 고르바초프는 이 사건을 계기로 근본적 개혁이 시급함을 절감하게 되었다. 그는 사고를 은폐하는 데 급급했던 관료주의와 정보의 통제를 문제삼아, 당과 국가기구에 대한 비판이 가능하도록 언론 및 출판의 자유와 글라스노스트(개방)가 필요하다고 판단하였다. 또한 그는 미국과의 체제경쟁으로 인하여 민생과는 무관하게 우주개발이나 군비 등에 치중함으로써 낙후된 경제에 대수술을 가할 필요성을 절감하고 있었다.

고르바초프는 이런 문제를 해결하기 위하여 '보다 많은 사회주의, 보다 많은 민주주의'를 주장하며 페레스트로이카(개혁) 정책을 실시하였다. 그는 자유경선과 경쟁적인 정당제도를 통해 권위주의적 일당체제를 완화하고, 국유화된 통제경제에 시장경제를 도입하려 하였다. 대외적으로는 '소련의 베트남전'이라고 할 수 있는 아프가니스탄에서 철수하고, 과감한 군비 감축을 통해 미·소 간 긴장 완화를 꾀하였다. 그러나 '개방'은 당과 국가에 대한 불신을 더 깊게 만들었고, '개혁'도 격렬한 찬반 논란을 불러일으키며 내부 갈등이 불거졌다. 이제 소련은 앞날을 예측하기 힘든 혼란에 빠져들었다.

자유화와 민주화를 요구하는 개혁의 목소리는 사실 소련보다 동유럽에서 먼저 터져 나왔다. 1970년대부터 이미 정부와 당에 대한 동유럽 민중들의 불신과 불만은 높아져 있었다. 동유럽 국가들의 생산과 교환이 주민들의 필요가 아니라 사회주의 종주국 소련의 필요에 부응하도록 체계화되었고, 군수산업과 군비에 막대한 돈이 들어가다 보니, 정작 민중들의 생활필수품은 터무니없이 부족하였고 질도 형편없었기 때문이다.

저항의 횃불은 1980년 폴란드에서부터 타오르기 시작했다. 폴란드의 레닌조선소 전기공이던 바웬사는 사회주의에 대한 반대보다는 노동자들의 자주적인 노동조합을 요구하며 파업을 지도하였다. 폴란드 노동자들은 정부와 공산당의 통제를 받지 않는 독립적인 노동조합을 만들기 위하여 '연대'라는 조직을 만들었다. 정부의 탄압에도 불구하고 자주적인 노동조합을 만들고자 하는 운동은 계속되어 연대에 가입한 노동자 수가 1,000만 명을 넘어섰고, 고르바초프의 개혁노선은 이런 움직임을 더욱 확산시켰다. 마침내 연대의 지도자 바웬사는 1990년 자유선거를 통하여 대통령에 당선되었다.

1980년대 후반 자유화와 민주화를 바라는 개혁 요구가 동유럽 전체에 거세게 불어닥쳤다. 1988년 5월 헝가리인들이 가장 먼저 공산주의를 내던졌다. 그들은 공산당 일당독재를 폐지하고 정치적 다원주의를 채택하였으며, 사적 소유와 시장경제의 확대를 추진하였다. 또한 오스트리아 방면의 국경선을 따라 흉물처럼 널려 있던 철조망, 즉 '철의 장막'을 제거하였다. 그러자 동독인들이 헝가리 국경을 넘어 오스트리아로, 그리고 서독으로 들어갔다. 체코슬로바키아와 불가리아에서도 대규모 시위가 일어났지만 비교적 평화적으로 체제변혁이 이루어졌다. 루마니아에서는 민주화를 요구하는 민중들과 이를 탄압하려는 공산당 정부 간에 치열한 시가전이 벌어져 유혈사태를 빚기도 했다. 그러나 역사의 대세를 거스를 수는 없었다. 동유럽 대부분의 나라에서 공산당 일당독재가 폐지되고 새로운 정부를 세우기 위한 자유선거가 실시되었다. 새롭게 정권을 잡은 것은 대부분 비공산당 계열이었고, 이들은 자본주의 체제를 도입하였다.

페레스트로이카로 촉발된 동유럽의 민주화 바람은 동독에서 그 절정에 이르렀다. 공산당 일당독재와 억압적인 정치체제, 지속적인 경제불황에 항의하는 시위가 계속되었지만, 동독 정부는 이런 사태를 직시하지 못하고 여전히 낡은 체제를 고집하였다. 이에 실망한 동독 주민들이 1989년 10월 대규모 반정부 시위를 벌여 장기독재 권력을 휘두르던 호네커를 몰아냈다. 여기에서 그치지 않고 주민들은 연일 대중시위를 벌였다. 또한 베를린 장벽을 넘어 서독으로 탈출하는 사람들을 더 이상 동독 정부가 통제할 수 없게 되었다. 드디어 1989년 11월 9일 동독 정부는 베를린 장벽을 개방하고 서독으로의 이주를 가능하게 하였다. 이날부터 사람들은 자기 손으로 베를린 장벽을 부수어버렸다. 이듬해 3월에는 동독 사상 최초의 자유 총선거가 실시되어 공산당 일당독재 체제가 무너졌고, 1990년 10월 3일을 기해 동독이 서독에 흡수 편입되면서 분단국 독일은 통일되었다. 유럽에서 냉전의 상징이었던 독일이 분단된 지 41년 만에 거둔 성과였다.

소련의 해체와 냉전의 종식

1989년 미국은 동유럽의 변혁이 이루어지자 소련에 대한 봉쇄정책을 마감한다고 선언했다. 이미 1987년 12월에 소련은 미국의 입장을 거의 수용하여 중거리 핵미사일 폐기 조약에 합의했던 터였다. 1989년

12월 초, 미국의 부시 대통령과 소련의 고르바초프 대통령은 지중해의 몰타 섬에서 정상회담을 갖고, 마침내 냉전의 종식을 선언하였다. 곧이어 1991년 두 나라는 전략무기감축협상(START I)에도 서명하였다.

1945년 이후 반세기 동안 전 세계 인류의 삶을 옥죄었던 냉전이 왜 이렇게 허무할 정도로 쉽게 끝나버렸을까? 소련은 냉전기의 체제경쟁을 위하여 군수산업과 무기경쟁에 막대한 예산을 쏟아부었다. 그래서 고르바초프 시대에는 이런 비효율적인 경제체제를 더 이상 감당할 수 없는 지경에까지 이르렀다. 고르바초프는 군수산업의 비중을 줄이고 서방의 선진 기술과 자본을 도입하지 않으면 소련이 살아남을 수 없다고 판단하였다. 그리하여 1980년대 말 동유럽 각국이 소련 블록에서 독립하거나 비공산화될 때에도 그는 군사적으로 개입하지 않음으로써 소련에 대한 서방의 공포를 진정시켰다. 소련보다는 그 절박함이 조금 덜할 뿐, 미국도 사정은 마찬가지였다. 지나친 군비경쟁 때문에 경제가 악화되고, 재정 적자도 갈수록 심화되었다. 게다가 더 이상 소련과 공산주의 세력은 위협적인 존재가 아니었다. 소모적인 싸움을 계속할 이유가 없어진 것이다. 마침내 이념적 대립과 경쟁에 기초한 두 초강대국 사이의 차디찬 전쟁이 종식되었음이 선언되었던 것이다.

한편, 냉전 종식 선언 이후 소련은 연방 해체의 길로 나아갔다. 고르바초프의 개혁·개방정책이 본격화되면서부터 소련을 구성하고 있던 각 공화국들과 소수민족들의 분리독립 요구가 분출하였다. 고르바초프는 연방의 해체를 막기 위해 개별 공화국의 권한 강화, 공산당의 권력독점 폐지와 다당제 도입, 각종 소유권의 도입과 시장경제 확대 등과 같은 개혁정책을 제시하였다. 그러자 1991년 8월 하순, 그 동안 고르바초프의 개혁에 불만이 컸던 공산당이 쿠데타를 일으켰다. 사회주의 국가 소련에서 공산당이 쿠데타를 일으키다니! 그들은 고르바초프의 조치들이 사회주의 체제를 포기하고 통합된 국가로서 소련의 존립을 위태롭게 하고 있다고 보았던 것이다. 쿠데타가 일어나자, 러시아 공화국의 대통령 보리스 옐친은 의사당 앞에 진주한 탱크 위에 맨몸으로 뛰어올라가 쿠데타에 저항하였다. 이에 수만 명의 모스크바 시민들이 열렬히 환호하며 탱크와 군인들을 포위하였다. 국내외의 지지를 받지 못한 공산당의 쿠데타는 실패로 돌아갔고, 도리어 공산당이 해산되는 결과를 가져왔다. 1991년 12월에는 옐친 대통령의 주도로 러시아공화국을 비롯한 11개 공화국들이 소비에트 연방을 탈퇴하여 따로 독립국가연합(CIS)을 결성하였다. 마침내 소련은 해체되었다. 1922년 탄생한 인류 최초의 사회주의연방국가 소련이 70년 만에 역사 속으로 사라져버린 것이다. 이와 함께 반세기 가까이 지속되었던 냉전체제도 사실상 무너졌다.

참고한 책, 더 읽어볼 거리

민석홍, 『서양사개론』, 삼영사, 1997.
이주영, 『서양현대사』, 삼지원, 1994.
이혜령 외, 『문화사』, 한국방송대학교출판부, 1995.
마이클 하워드 · 로저 루이스, 차하순 외 옮김, 『20세기의 역사』, 이산, 2000.
에릭 홉스봄, 이용우 옮김, 『극단의 시대: 20세기 역사』, 까치, 1997.
윌리엄 맥닐, 신미원 옮김, 『전쟁의 세계사』, 이산, 2005.

냉전시대 군비 지출과 핵무기 보유 현황

〈군비 지출 현황〉

(1978년 달러, 단위: 억)

미 국	1950	1955	1960	1965	1970	1975	1980
미 국	395	982	1,000	1,072	1,309	1,012	1,112
NATO	673	1,426	1,503	1,681	1,940	1,849	1,939
소 련	377	512	480	659	925	998	1,073
바르샤바조약기구	407	542	513	713	1,008	1,103	1,195
비동맹국가들	257	296	346	579	857	1,237	1,419
전 세계 합계	1,337	2,264	2,362	2,973	3,805	4,189	4,553

★ 출처 : 윌리엄 맥닐, 신미원 옮김, 『전쟁의 세계사』, 2005, 493쪽

〈핵무기 보유 현황〉

		1970년	1980년
장거리 폭격기	미국	512	348
	소련	156	156
잠수함 발사 미사일	미국	656	576
	소련	248	950
대륙간탄도미사일(ICBM)	미국	1,054	1,052
	소련	1,487	1,398
핵탄두 총수	미국	4,000	9,200
	소련	1,800	6,000

★ 출처 : 위의 책, 490쪽